LA PROSA DE RAMON
PEREZ DE AYALA

A C T A   S A L M A N T I C E N S I A

I V S S V   S E N A T V S   V N I V E R S I T A T I S   E D I T A

SERIE VARIA

TEMAS CIENTIFICOS, LITERARIOS E HISTORICOS

24

Esta obra ha sido subvencionada, en parte, por el Departamento de Lingüística de la Universidad de Extremadura.

JOSE MANUEL GONZALEZ CALVO

LA PROSA DE RAMON PEREZ DE AYALA

Ediciones Universidad de Salamanca
1979

© Ediciones Universidad de Salamanca y
Departamento de Lingüística de la Universidad de Extremadura

ISBN: 84-7481-038-8
Depósito Legal: S. 178-1979
Imprenta «Calatrava». Libreros, 9. Teléfono 21 41 18. - Salamanca, 1979

Prólogo

No es un capricho que el futuro médico aprenda anatomía antes de internarse en el estudio de los procesos patológicos, del mismo modo que la descripción y caracterización del cuerpo humano sólo es posible tras una disección de sus componentes. Pero estas afirmaciones, que pueden antojarse perogrullescas a médicos y biólogos —porque lo cierto es que se trata de ideas elementales y consabidas—, parecen tal vez menos obvias en el terreno literario, a juzgar por una experiencia reiterada y al alcance de cualquier estudioso: la historia literaria ordena, caracteriza y valora a los escritores sin tener en cuenta, en multitud de ocasiones, las formas que los singularizan y los distinguen como tales. Abramos cualquier tratado, manual o no: la prosa de tal escritor es «castiza y jugosa»; la de otro se caracteriza como «imaginativa y rica de matices»; un tercero ofrece un lenguaje «de gran densidad conceptual»... Será inútil que el lector busque ejemplos o pruebas del presunto casticismo, de la admirable riqueza léxica o de la concentración expresiva. En muchos casos, tales rasgos definidores aparecen formulados a bulto, sin estudios previos y minuciosos que garanticen la exactitud del aserto. La descripción anatómica del cuerpo no ha sido precedida de la necesaria labor de disección.

Faltan, en efecto, investigaciones que sirvan de base a una historia de la literatura convertida, demasiado a menudo, en historia de contenidos, con olvido flagrante de que son las formas literarias lo que permite distinguir obras, géneros, series y autores. Hay todavía en nuestra historia lingüística y literaria lagunas profundísimas e incluso, con palabras de Camoens, «mares nunca d'antes navegados», pero que urge recorrer para poder trazar un mapa exento de fantasías y de hipótesis erigidas apresuradamente para salir del paso.

En La prosa de Ramón Pérez de Ayala, *José Manuel González Calvo ha navegado con seguridad por una zona bien delimitada de nuestra literatura novecentista. Con pocas cartas de marear, porque no son numerosas ni de gran enjundia las existentes, pero con pericia y sagacidad de piloto consumado, González Calvo se ha internado en la prosa de uno de los escritores más ricos y originales de nuestro siglo. Y quede claro que ahora, una vez leído su penetrante estudio, la riqueza y la originalidad del* escritor Ramón Pérez de Ayala *no constituyen conceptos vacíos y de acarreo, sino rasgos sobradamente probados y analizados a lo largo de estas páginas. El resultado del trabajo es un modelo de disección que ojalá poseyéramos para cada uno de nuestros escritores. Una disección es siempre una práctica artificial, ya que el cuerpo objeto de análisis es unitario. Sin embargo, por lo que sólo en apariencia es una paradoja, la descomposición en partes permite advertir la unidad del conjunto. En el libro de González Calvo, la selección léxica del escritor asturiano y sus procedimientos combinatorios son dos factores básicos que aparecen, además, estudiados sin perder de vista sus conexiones con la teoría lingüística general y con la literatura coetánea. Nada más lejos del ensayismo —genial o disparatado, que de todo hay— que este libro, cada uno de cuyos pasos va precedido de un acopio cauteloso y perspicaz de datos, y cada una de cuyas afirmaciones se desprende como consecuencia natural de demostraciones anteriores. La pulcritud en la selección de hechos y la actitud objetiva y científica, tan alejada del insufrible dómine como del panegirista beato, avalan la calidad del estudio de José Manuel González Calvo, indispensable para quienes pretendan conocer sin vaguedades la prosa novecentista.*

Al cerrar el libro, una vez concluida su lectura, nos sentimos enriquecidos, porque es una obra que, a diferencia de lo que ocurre en otras de esta índole, sigue el precepto horaciano y «miscuit utile dulci». Congratulémonos de su aparición.

RICARDO SENABRE

Introducción[*]

1) *Justificación*

El presente trabajo se centra exclusivamente en el estudio de los procedimientos expresivos utilizados por Ramón Pérez de Ayala en su obra literaria en prosa. Se trata de un análisis unitario que metodológicamente se realiza en dos apartados: 1) estructura léxica; 2) estructura de la prosa (abarca las estructuras sintáctica y melódica). Es evidente que, en las obras literarias, el léxico está integrado en la sintaxis y que la estructura melódica sigue y se acopla a los cauces sintácticos. El todo, la unidad, es, pues, incuestionable. Pero el análisis parece exigir un método, una división, unos apartados convencionales y siempre superables. Lo importante consiste en

* Este trabajo fue presentado y leído, como tesis doctoral, en la Facultad de Filosofía y Letras de la Universidad de Salamanca, el 2 de marzo de 1974, ante el Tribunal siguiente: Dr. D. Alberto Navarro, presidente; Dr. D. Ricardo Senabre, vocal ponente; Dr. D. Fernando Lázaro Carreter, Dr. D. Antonio Llorente Maldonado y Dr. D. Eugenio de Bustos Tovar, vocales. La tesis fue calificada con Sobresaliente «cum laude».

Quiero manifestar mi gratitud a mi querido maestro, don Ricardo Senabre, cuya generosa dirección ha hecho posible este trabajo.

Para las referencias textuales de la obra ayalina, vid:

1) *Obras completas,* tomos I, II, III y IV, Madrid, Aguilar, 1963-1969. Tras el texto, y entre paréntesis, se citará el tomo y la página o páginas.

2) *Hermann encadenado,* Madrid, Renacimiento, 1924.

3) *AMDG,* Madrid, Editorial Pueyo, 1931.

4) «Cartas inéditas de Pérez de Ayala a Galdós», publicadas por José Schraibman en *Hispanofila,* n. 17, Madrid, 1963, pp. 83-103.

5) Artículos periodísticos: tras el texto, y entre paréntesis, se especificará el periódico y la fecha.

no quedarse en las meras divisiones y clasificaciones, en analizar para después intentar conseguir la compleja unidad que metodológica y convencionalmente se ha desmembrado. La separación, si se tiene siempre en cuenta su carácter arbitrario, puede ser útil para la claridad de los análisis. Pero ya no se puede caer en el error de hablar por una parte del léxico de un autor y por otra de su estilo, como si las nociones de *lengua* y *estilo* constituyesen dos apartados de escasa o nula interdependencia. Un gran número de estudios estilísticos, realizados sobre todo en Francia, han analizado, según M. Riffaterre, la obra literaria en dos tiempos: primero la *lengua* y después el *estilo* del escritor [1]. Pero el término *lengua* está empleado en estos casos de una manera engañosa, ya que no se trata del concepto de lengua tal como lo acuñó Saussure. Más bien se trata de *parole*, de habla, de uso concreto que un autor hace del léxico, y se analiza este léxico tomando como referencia la norma lingüística. Así, el concepto de lengua de autor sólo sirve para aplazar los problemas que plantea la interpretación del estilo como desviación. En la práctica, la lengua de autor no podría reemplazar a la norma como polo de oposición al estilo, porque la propia lengua de autor resulta imposible de definir de otro modo que como estilo. En una palabra, los hechos de lengua no se pueden oponer a los hechos de estilo ni separarse de ellos. En realidad se trata de un mensaje lingüístico único, y las estructuras que ahí se distinguen nunca son cosa distinta del mismo lenguaje [2].

Los elementos léxicos, sintácticos y melódicos se relacionan unitariamente en el plano sintagmático de la obra literaria, y así funcionan para lograr los efectos de estilo. El intenso uso, por ejemplo, de arcaísmos por un escritor determinado no es sólo un problema de léxico que haya que recoger, ordenar e interpretar, sino también, o al mismo tiempo, un problema de estructura de la prosa (un problema sintáctico y melódico). Otro tanto se puede decir acerca del estudio de las voces expresivas, de los cultismos o de la formación de palabras. El análisis de las elecciones y usos de un escritor, la recurrencia a las clasificaciones y a los porcentajes, son elementos interesantes, incluso necesarios, y nunca despreciables siempre que se sepa integrarlos en una metodología debidamente enfocada hacia la investigación estilística concreta.

---

1. Michael RIFFATERRE: *Ensayos de estilística estructural*, Barcelona, Seix Barral, 1976, p. 115.
2. *Ob, cit.*, pp. 118-126. Para sus reflexiones sobre el tema, Riffaterre tiene presente y ataca el método que Monique Parent sigue en su obra *Francis Jammes. Étude de langue et style*, Publications de la Faculté des Lettres de l'université de Strasbourg, fasc. CXXXI, Paris (VIe): «Les Belles Lettres», 1957. También Henri Meschonnic afirma que es preciso superar esa antigua ilusión que separaba en un escritor la lengua y el estilo (*Pour la poétique*, Paris, Gallimard, 1971, p. 14).

Ha pasado ya algún tiempo desde la elaboración de este trabajo (concluido en 1973), y la bibliografía sobre estos temas ha aumentado considerablemente entre nosotros. Muy posiblemente hoy replantearía esta investigación con nuevos presupuestos, pero he preferido dejar la obra tal como era, aun reconociendo sus insuficiencias, inevitables siempre en un terreno tan poco firme como el elegido: el estudio de la creatividad literaria desde la perspectiva oficial del lenguaje. La actividad desplegada en los dominios de la lingüística y de los estudios literarios durante los años 1958-1968, ha transformado sus supuestos y sus métodos, sin que se haya logrado todavía, a mi entender, elaborar un método exhaustivo y consistente. En la primavera de 1958, y ante el Congreso para tratar sobre el concepto de estilo en diversas disciplinas convocado por la universidad de Indiana (Estados Unidos), expuso Jakobson su famosa comunicación «Linguistics and Poetics» [3]. Ha llovido bastante desde entonces. En España, F. Lázaro Carreter ha dedicado atención especial al estudio de la lengua literaria [4], y ha analizado el concepto de *desvío* [5]. Una antiquísima tradición estima que la lengua literaria se produce o manifiesta de modo eminente cuando abundan en ella las *figuras,* entendidas éstas como apartamientos o *desvíos* respecto de una norma lingüística. El estado presente de las investigaciones sobre la lengua literaria impide seguir hablando de ésta como de un conjunto de desvíos más o menos sistemáticos respecto del estándar. Con todo, la noción de desvío se ha enmascarado con ideas como la de *extrañamiento*: explicándola como una modalidad de «dialecto social»; reconociendo una nueva función del lenguaje, la «función poética», que la justifique; etc. Según Lázaro Carreter (art. cit., p. 48), sólo mediante el estudio de poéticas particulares resultará posible alcanzar convicciones científicamente valiosas acerca de las diferencias entre el idioma de los escritores y el estándar. Y tal vez se llegue a describir, por inducción, rasgos universales que permitan materializar de algún modo un sistema semiótico al que sea posible llamar «lengua literaria»; hoy por hoy, ésta parece ser un ente de razón. Tras toda obra literaria, late un sistema lingüístico aparte, constituido todo él por «anormalidades», si por anormalidad entendemos el hecho de que el escritor ha abandonado sus registros habituales de hablante y ha adoptado otro sistema nuevo, en el cual incluso las palabras y los giros más comunes, por haber ingresado en otro sistema, han cambiado de valor, según enseña uno de los más importantes principios estructurales.

En el presente trabajo, si bien se insiste en los casos extraños o curiosos del léxico ayalino, no tiempre es así, y en los porcentajes que se efectúan

3. Vid. R. JAKOBSON: «Lingüística y Poética», en *Ensayos de lingüística general,* Barcelona, Seix Barral, 1975, pp. 347-395.
4. Vid. su obra *Estudios de Poética,* Madrid, Taurus Ediciones, 1976; es una recopilación de trabajos publicados entre 1968 y 1975.
5. F. LÁZARO CARRETER: «Consideraciones sobre la lengua literaria», en *Doce ensayos sobre el lenguaje,* Madrid, Publicaciones de la Fundación Juan March, Rioduero, 1974, pp. 35-48.

se tienen en cuenta tanto los ejemplos más chocantes como otros que pudiéramos llamar «normales». Es un intento, débil, incompleto y muy imperfecto, de buscar ese «sistema lingüístico aparte» que late en la obra literaria de Pérez de Ayala. Haría falta, para completar un poco la empresa, atender al lenguaje figurado y tener en cuenta la perspectiva semántica. Pero esto sería ya objeto de otro u otros trabajos, que por sí solos originarían muchas complicaciones.

También Pérez de Ayala se planteó el problema del hecho literario, y habrá que tener en cuenta sus apreciaciones al estudiar su obra.

2) *Ideas de Pérez de Ayala sobre el estilo*

Si se recorren con detenimiento las novelas y relatos ayalinos podemos descubrir gran cantidad de notas referentes al estilo. Pero es en el ensayo donde más sistemática y científicamente se ha planteado estos asuntos, sobre todo en *Divagaciones literarias* y en *Más divagaciones literarias*[6]. La importancia del aspecto formal de la obra literaria aparece nítidamente expuesta en un texto de *Las máscaras*:

«Los grandes escritores no son los que de antemano dan respuesta a preguntas del porvenir, por la sencilla razón de que todas las preguntas esenciales están ya formuladas desde el orto de la conciencia humana. Lo que cambia en cada época y pueblo es el modo de la pregunta, su expresión circunstancial. Los grandes escritores son aquellos que mejor han sabido responder a las preguntas esenciales y eternas, según el modo y expresión de su tiempo y pueblo» (III, 209).

En *Divagaciones literarias* vuelve Pérez de Ayala sobre la misma idea de forma más concisa e imperativa:

«Hay quien se figura, muy orondo, haber dicho por primera vez una solemne tontería que la Humanidad viene repitiendo desde sus primeros vagidos. Lo único nuevo es la manera de decir; la personalidad, el estilo» (IV, 880).

---

6. Ambos volúmenes recogen artículos periodísticos ayalinos, recopilación efectuada por J. García Mercadal. Fernández Avelló lamenta que en *Divagaciones literarias* no se señale al final de cada artículo la fecha y el título de la publicación en que vieron la luz primera. En *Más divagaciones literarias*, sigue Fernández Avelló, García Mercadal ha seleccionado inteligentemente artículos publicados entre 1922 y 1959 (M. Fernández Avelló: «Ramón Pérez de Ayala y el periodismo», *I.D.E.A.*, XV, 1961, pp. 51 y 52).

La idea se repite en *Más divagaciones literarias*:

«Hechos nuevos e ideas nuevas no llueven del cielo todos los días. No queda otro recurso que la novedad en la manera de decirlas» (IV, 1267 y 1268).

Pero el estilo es un fenómeno mucho más complejo que la novedad en la manera de decir o exponer hechos e ideas:

«Sería menester ponerse de acuerdo previamente acerca de lo que es el estilo» (IV, 976).

Pérez de Ayala afirma que «no hay artista genuino sin estilo» (IV, 1041), y que «el estilo es la manera de producirse el escritor» (IV, 1052). Sin embargo, conviene precisar mejor estas afirmaciones:

«Cuando Buffon afirma que el estilo es el hombre, está en lo cierto[7]. En la formación de un estilo concurren tres factores imprescindibles: uno es la tradición nacional; otro es la modernidad, y el tercero, el hombre que incorpora y realiza en una obra los otros dos factores» (IV, 1220).

Es ésta una idea fija que Ayala repite en páginas sucesivas:

«Estilo: genio de la raza, espíritu de la época, alma individual» (IV, 1042).

«El estilo es el hombre... y la época» (ABC, 22-VIII-1952).

En sus investigaciones estilísticas, Pérez de Ayala llega a enfrentarse con lo que es auténticamente peculiar de un escritor, con aquello que le distingue de los demás hombres; y entonces se topa con lo imposible. No se puede desentrañar el secreto último del estilo:

«El agente genesíaco, o secreto último del estilo, es un *quid divinum*, una genialidad, un numen, como decían los latinos...». «Repitamos: el secreto último del estilo es el alma individual. Conformes. Y ahora, ¿qué es el alma individual? No pretendamos desentrañar este secreto hermético; sería vano. De aquí que el estilo es inimitable, inalienable» (IV, 1040).

Al ahondar en estos aspectos del estilo, Pérez de Ayala se muestra impotente y molesto:

---

7. Ayala cita con frecuencia la célebre y manida frase de Buffon. Pero le dedica unas páginas especiales en un artículo para «someter a examen la certeza y alcance de esta frase axiomática» (vid. R. PÉREZ DE AYALA: *Ante Azorín*, Madrid, Biblioteca Nueva, 1964, pp. 64-71. Edición recogida, ordenada y prologada por J. García Mercadal).

«El estilo absolutamente personal, sin nada de raza vieja ni nada de época actual, es un imposible. Por este derrotero, la novedad del estilo es inaccesible, porque la personalidad pura —aquello profundamente íntimo que a cada cual distingue de los demás hombres— es por esencia inefable y, por ende, ininteligible de los demás. Un estilo absolutamente personal no sería nuevo ni viejo, sería una especie de tenebroso ruido, caos pregenesíaco» (IV, 1041).

Lo inefable del fenómeno estilístico conduce a Ayala a compararlo con la elegancia, ya que «se sabe, sin duda, quién es elegante, pero no el porqué ni en qué consiste que lo sea» (IV, 1054).

«Siempre he pensado que el estilo —y hasta ahora voy entendiendo por estilo algo de uso común en las conversaciones literarias, aunque todavía no satisfactoriamente precisado —guarda cierta similitud con la elegancia... Del estilo no se debiera hablar jamás— y bien que me pesa resignarme a ese trance» (IV, 1053).

Ante la imposibilidad de penetrar satisfactoriamente en el misterio estilístico, Ayala intenta rehuir el problema, desearía no tocarlo, pero en verdad se siente atraído por él y justifica así su intervención en el tema:

«Escribí, en anterior artículo, que recientemente les había entrado a los escritores la manía de disertar sobre el estilo, por lo cual, aunque el propio gusto me inclinase a rehuir este tema, el griterío general me impele a levantar mi voz frente a tanto desconcierto, y no con ánimo ciertamente de concertar a los demás en un acuerdo o acorde unánime ni para dejarme oír, sino por no ser el único indiferente y pasivo, y señaladamente por escrúpulo de conciencia, o sea requerimiento espiritual que le induce a uno a desdoblarse —como dicen los psicólogos—, convirtiéndose en espectador de uno mismo y averiguador de los pensamientos íntimos, añejos, quizás olvidados, acerca de un asunto particular, que están latentes e incorporados en la bodega de la subsconsciencia, más bien como un complejo engranaje de energías y frenos de la conducta que como ideas perfiladas y sistemáticas» (IV, 1052).

Se encuentra Ayala en un callejón sin salida, ante una imposibilidad de seguir más adelante. Es la lucha desesperada del hombre por penetrar con su intelecto en un dominio que se le resiste denodadamente. Entonces es preciso dedicarse a decir qué es lo que no es estilo, o todo el estilo:

«El estilo es un *quid* divino, un no sé qué evidente e inimitable que los lectores (y así todos los del oficio) no aciertan a explicarse. Tan pronto como un escritor se deja reconocer y distinguir no ya por una técnica difusa e imponderable, notoria e inconfundible, y esto no obstante, indefinible, antes bien, en virtud de ciertos sucesos, o bien defectos, o vicios (tranquillos, recetas, giros sintácticos invariables, fetichismo de unos mismos vocablos, frases hechas y lugares comunes, bien sean tomados del pueblo o de otros escritores, o inventados por él mismo, etc., etc.); en suma, que al dejarse reconocer y distinguir se deja, al propio tiempo, contrahacer y parodiar, de suerte que la parodia y contrafigura llegan a confundirse con el original, se repite el caso del fallo elegante, y ahora es el falso escritor o escritor de estilo fingido y, mejor aún, sin estilo, aunque vulgarmente se crea, con error, que en estos rasgos acusados, inocentes, parodiables, reside el toque del estilo literario» (IV, 1054).

Puesto que no se puede penetrar directa y abiertamente en los problemas estilísticos, un modo de acercarse a ellos por otro camino consiste en recurrir a la comparación y a la metáfora. La comparación del estilo con la arquitectura es la más insistente (vid. IV, 1035, 1049, 1172).

Para Pérez de Ayala, «los hechos son materiales de la arquitectura novelesca» (IV, 1034), y el lenguaje es arquitectura:

«El lenguaje de Melquiades Alvarez es arquitectónico, por el predominio de la solidez y proporción (sintaxis), y la tersura y nitidez de los materiales de construcción (prosodia)» (I, 1154).

«El espíritu italiano es singularmente lúcido. Esta lucidez... se patentiza en todo; pero con mayor ostentación en el lenguaje y en la arquitectura. Cualquier edificio italiano, sea de la Campagna, de la Toscana o del Véneto, está desarrollado lógicamente como un párrafo gramatical, y es claro e inteligible de primera intención. A su vez, un párrafo italiano, sea de Machiavelo o de Mazzini, se recorta con silueta depurada y graciosa, y parece obedecer a las leyes mecánicas de la gravitación y del equilibrio, como un monumento arquitectónico. La belleza del idioma italiano, como la de su arquitectura, reside en la lucidez, en el método, en la coordinación lógica (*Hermann encadenado*, 91) [8].

La imagen del estilo como figura geométrica conduce también a una mejor captación del problema:

«La pureza de dicción es el signo sensible de la armonía y unidad entre pensamiento y estilo, ya que el estilo viene a ser a modo del cuerpo, y el

8.   No es de extrañar que las obras ayalinas (algunas en especial, como *La caída de los Limones* o *Belarmino y Apolonio*) manifiestan una fuerte intencionalidad constructiva (vid. para estos aspectos constructivos los trabajos de Mariano BAQUERO GOYANES: «Contraste y perspectivismo en Ramón Pérez de Ayala», en *Perspectivismo y contraste (de Cadalso a Pérez de Ayala)*, Madrid, Gredos, 1963; y Casimiro E. FERNÁNDEZ, *En torno a la obra de Ramón Pérez de Ayala*, Salamanca, Tesis doctoral, 1966).

pensamiento, una proyección del alma. El estilo perfecto se asemeja a una figura geométrica, cuya belleza reside en la simetría, en la proporción, en la dosificación de sus elementos» (IV, 1085).

Pérez de Ayala dedicó también, en diversas épocas de sus escritos, algunas palabras al viejo problema de materia y forma:

«Materia y forma no existen por sí, sino en ayuntamiento indiscutible. La preocupación de la forma jamás es excesiva; y cuando parece excesiva es que todavía no ha sido suficiente» (II, 127).

En ocasiones parece avergonzarse de la excesiva preocupación formal, y trata de justificarse:

«Confieso que la mayoría de los escritores españoles padecemos monotonía de pulcritud literaria. Pero no la padecemos (es de justicia reconocerlo) en mayor grado que los escritores extranjeros. Es una monomanía universal» (III, 550).

Y es que la forma por sí solamente no es suficiente:

«A decir verdad, lo que menos me interesa de Anatole France, como en todos los demás escritores, es la forma por sí solamente» (IV, 1147).

Las ideas de Pérez de Ayala en este asunto, aunque a veces puedan parecer un tanto contradictorias en diversos escritos, no lo son en realidad, pues conviene tener en cuenta la situación, el contexto en que están insertas. Lo que en verdad hace Ayala es rechazar el predominio de la materia sobre la forma, o de la forma sobre la materia. El auténtico pensamiento ayalino sobre materia y forma está perfectamente delimitado en el texto siguiente:

«Sin duda por haber nacido con posterioridad a la era del caos pregenesíaco, jamás he acertado a comprender esa distinción escolástica entre materia y forma, ni he logrado hallar, ya sea en la naturaleza, ya en el arte, materia sin forma ni forma sin materia. Siempre que he oído hablar de un autor rico de contenido, pero pobre de forma, he concluido descubriendo que la deficiencia de forma se engendraba en la escasez de contenido. Y viceversa, cuantas veces me han pregonado un autor de hermosa forma, aunque sin nada dentro (como vulgarmente se dice), hube de comprobar esta disyuntiva: o bien el autor estaba, por el contrario, henchido de sustancia, la cual, por muy diáfana y de impecable claridad, no se echaba de ver al pronto, o bien no había asomos de tal hermosura de forma, sino falaz remedo y deleznable falsificación. Materia y forma están unidas en consorcio indivorciable, y el agente que hace fecundo este abrazo es el espíritu, el espíritu vivificador. Por la agencia del espíritu, la materia, inmutable y constante, adquiere sin cesar formas nuevas. Por eso lo que me interesa en un autor es su espíritu vital, la conciencia que en su vida toma el flujo de apariencia del universo. Todo espíritu vital se reviste necesariamente de una forma distinta, única, individual, bien que en concordancia y armonía con el largo abolengo de las formas establecidas» (IV, 1148 y 1149).

Pérez de Ayala resuelve así el problema que plantean los conceptos de forma y contenido, e intenta ahondar en las dificultades que origina el estudio del fenómeno literario. Sus escritos son en gran parte el resultado de estas ideas, o el motor de ellas muchas veces. En la obra ayalina se manifiesta claramente el abrazo indivorciable de materia y forma, y esa sustantividad del estilo en que coinciden tres factores: el ambiente o época, la raza o tradición y el artista u hombre.

La estructura léxica

El léxico ayalino se caracteriza, en líneas generales, por una combinación y conjunción muy peculiares de formas cultas, arcaizantes y expresivas, cuya estructura y sonoridad contribuyen a formar y reforzar las estructuras sintáctica y melódica, en las que el léxico va inserto. Para investigar la estructura léxica es preciso establecer unos apartados convencionales que ayuden metodológicamente a un mejor estudio del fenómeno, aunque formas que son tratadas en algún apartado pudieran ser vistas también en otro. Es el riesgo que origina el establecimiento de unos apartados rígidos, por lo que nunca hay que perder de vista su arbitrariedad.

I. LA FORMACION DE PALABRAS

La formación de palabras es el procedimiento mediante el cual los hablantes pueden formar nuevos signos a partir de morfemas de base; en el interior de la palabra hay que distinguir entre los morfemas de base y los elementos que al agregarse sirven para aumentar el fondo léxico de un sistema [9]. La composición, parasíntesis y derivación constituyen los procedimientos más habituales a disposición del escritor para el enriquecimiento del vocabulario [10]. No se trata tanto de un problema de *invención* como de *combinación* de elementos ya existentes para lograr un resultado nuevo.

9. Hernán URRUTIA CÁRDENAS: «Aproximaciones metodológicas en el estudio de la formación de palabras», en *Español Actual*, n.º 20, diciembre, 1971, p. 21. Puede consultarse del mismo autor: *Lengua y discurso en la creación léxica*, Madrid, Cupsa Editorial, 1978.

10. Por comodidad, me atengo a esta clasificación de las palabras en compuestas, derivadas y parasintéticas, tal como la ha entendido nuestra tradición gramatical (vid. J. ALEMANY BOLUFER: *Tratado de la formación de las palabras en la lengua cas-*

A) La composición de palabras

Entre los esquemas de composición más habituales en la lengua, la composición con prefijo es la que con mayor abundancia aparece en la obra ayalina, sobre todo en el ensayo. Se trata normalmente de prefijos de carácter culto, que vienen a desempeñar un doble papel: por una parte eludir los superlativos habituales y desgastados, y por otra matizar la palabra en busca de una significación única y precisa [11]. Los prefijos más fecundos con los que Pérez de Ayala opera son: SUPER-, ARCHI-, ULTRA-, SUPRA-, HIPER-. Menos fecundos son ANTI-, SEMI-, SEUDO- y EXTRA-. Las formaciones que con todos ellos consigue se acoplan a los moldes de la lengua, ya que el segundo elemento de la composición es generalmente un adjetivo. Las construcciones con sustantivo son escasas. Es frecuente en Pérez de Ayala que la composición con prefijo venga a rematar la explicación o especificación iniciada con otra forma léxica o con cualquier tipo de expresión. Se echa de ver claramente la intención de matizar la palabra para conseguir el significado único y preciso. Es relativamente normal que junto a la formación con prefijo aparezca otra palabra (en ocasiones construida también con prefijo), unidas ambas por la conjunción Y. Este desdoblamiento, esta bimembración simple y directa origina un indudable ritmo distribucional.

El prefijo SUPER- se une sobre todo a los adjetivos *actual, temporal* y *nacional*:

---

tellana, Madrid, Victoriano Suárez, 1920). También S. Fernández Ramírez («Para la futura gramática», BRAE, XLIV, 1964, pp. 445 y 446), y con él el *Esbozo de una nueva gramática de la lengua española* (Madrid, Espasa Calpe, 1973, p. 170) de la R.A.E., se atiene aún hoy al método tradicional, con lo que considera como palabras compuestas las que siguen el esquema «prefijo + raíz», ya sea el prefijo una preposición propia o impropia. Una vez más, estamos ante una clasificación más o menos útil, pero muy discutible. E. de Bustos Tovar, partiendo de W. von Wartburg, ha atacado con rigor este problema en «Algunas observaciones sobre la palabra compuesta», *R.F.E.,* XLIX, 1966, pp. 255-274. Es difícil trazar el lindero entre formas compuestas y derivadas. Eric Buyssens, siguiendo a A. Martinet, entiende por derivada una palabra articulada en la que al menos un monema no puede ser utilizado como palabra: «ora-*dor*»; y por compuesta, una palabra articulada en que cada monema puede servir de palabra: «abre-latas», «contra-veneno» (*La communication et l'articulation linguistique,* Presses Universitaires de Bruxelles, 1970, p. 122). Pero Buyssens no estudia los casos conflictivos, en los que la motivación ofrece dificultades. En este sentido, el trabajo de E. de Bustos Tovar es más minucioso y riguroso. Insisto en que por comodidad, y por no ser éste un asunto que aquí pueda intentar resolver, sigo el método tradicional aun reconociendo sus limitaciones.

11. Vid. Ricardo Senabre: *Lengua y estilo de Ortega y Gasset,* Salamanca, Acta Salmanticensia, 1964, pp. 37 y 38.

«A la moral cristiana, en cambio, se la ha motejado de antinatural. Y lo es, sin que esto redunde en su daño o menosprecio. Desde luego, es SUPERNATURAL» (III, 588).

«... es una colección internacional, o SUPERNACIONAL» (III, 942).

«... unos pocos espíritus, selectos y lacerados, que no son de este ni aquel país, sino SUPERNACIONALES e inactuales» (III, 479).

«Cierta manera SUPERPOPULAR y SUPERNACIONAL de pasar el tiempo elegantemente, que es propia de los *snobs* y parásitos cosmopolitas» (*ABC*, 17-VII-1952).

«... ser de consuno hombre pretérito y hombre del porvenir, SUPERACTUAL, a pesar de ser hombre de su época» (II, 533).

«El renombre de Séneca es ya SUPERACTUAL e inmarcesible» (II, 395).

«Recluso entre la comunidad innumerable de los libros imperecederos como en un círculo mágico, vivió vida SUPERTEMPORAL e hiperespacial, en comercio exclusivo y cotidiano con las sombras inmortales, seres e ideas» (IV, 889).

Con otros adjetivos existen formaciones como:

«Habitantes de un país deleitoso y SUPERFLUENTE de mantenimientos» (*ABC*, 17-III-1954).

«... un estado SUPERLOCAL» (*ABC*, 14-I-1954).

«El teatro griego era un producto SUPERREFINADO» (*Arriba*, 15-X-1947). Con sustantivos hay construcciones del tipo:

«Nada se pierde en la naturaleza ni en esa SUPERNATURALEZA que es el arte» (III, 613).

«Elevarse sobre toda contemporaneidad hasta la verdadera SUPERTEMPORALIDAD» (*Arriba*, 15-X-1947).

El prefijo ARCHI- está entre los más fecundos en Pérez de Ayala. Como siempre, casi todos los ejemplos que pueden aducirse muestran la construcción con adjetivo o participio. La forma ARCHISABIDO (II, 574), incorporada a la lengua normal, lleva a Ayala a la formación de ARCHIRREDICHO (III, 499) y ARCHIDOCTO (IV, 889):

«El secreto de que esas piezas archirredichas... no logren buen éxito teatral...».

«Algo así como de persona mayor, archidocta y colmada de experiencia».

Se habla también de «un siglo ARCHIACADÉMICO» (*Arriba*, 15-X-1947).

En ARCHIOLVIDADAS (IV, 330), la tensión de la frase está pidiendo la composición, y se llega a ella gradualmente:

«Le habían enseñado automáticamente unas cuantas fórmulas, en cuyo sentido no le permitían penetrar, que repetía de memoria como un loro, con las cuales pasaba en los exámenes, gracias a la recomendación y al soborno; fórmulas que olvidaba de un curso a otro, y las del último curso las tenía archiolvidadas, después de recibir el título».

Pérez de Ayala tilda al pueblo francés de ARCHICÍVICO (III, 995). Y llama a los nietos ARCHIBONITOS (II, 312):

«Y los dos pimpollitos de los nietos
que (declaro con todos los respetos)
otros no pueden hallarse semejantes,
ni ahora ni en tiempos ya pasados.
¡Qué cariñosos son! ¡Y qué tunantes!
¡Qué música sus voces,
a pesar de los gestos destemplados!
¡Y cuán inteligentes! ¡Cuán precoces!
¡Qué archibonitos! ¡Y qué mal criados!».

El recuerdo de los nietos (el texto es de una carta de Ayala a Sebastián Miranda, fechada en 1947) le va llevando a la exaltación de los apelativos cariñosos que culminan en *archibonitos*.

Corominas indica que el prefijo archi- ha servido también para formar «numerosos derivados nuevos, con frecuencia festivos» [12], y algo de esto refleja el Diccionario académico en vocablos como ARCHIPÁMPANO (IV, 438) [13]. Ayala no olvida este matiz festivo y habla de sueldos ARCHIEPISCOPALES (I, 553):

«Sabía que el amigo de su hija había sido diputado varias veces, se figuraba que lo volvería a ser, y daba por sentado que los representantes en

12. Recojo la cita de R. SENABRE: *Lengua y estilo de Ortega y Gasset*, p. 38.
13. Obsérvese la perfecta y festiva gradación jerárquica del ejemplo en Pérez de Ayala: «A tales fechas sería ya catedrático, rector de Universidad, ministro, archipámpano».

Cortes percibían sueldos archiepiscopales y estaban unidos a la dinastía reinante por lazos de consanguinidad».

Una formación con archi- y sustantivo está indicada en Ayala como variante de la forma común. En ARQUETIPO el prefijo está tan amalgamado con el segundo elemento formando el compuesto que éste no se percibe tan claramente como en los casos anteriores. En cambio, si se sustituye la variante arque- por archi-, el compuesto recobra su total valor como tal:

«—¿Por qué pone usted en sus tarjetas Hn? —pregunté.

Se sonrió como un moro, como una sibila o como un catedrático de Universidad. Dijo:

—H = hombre. Pero con H mayúscula: Hombre tipo. Mejor, Archi o Arquetipo. H elevada a la enésima potencia. Hn = P. P = poeta, con P mayúscula» (II, 135).

ARCHIPUERCO aparece en un contexto en que los prefijos marcan gradualmente la fuerza del improperio al compás del enojo de un personaje:

«—¡Puerco! ¡Repuerco! ¡Requetepuerco! ¡Ultrapuerco! ¡Archipuerco! ¡Vaya usted a soltar cuescos a su padre!» (AMDG, 120).

Con el prefijo ULTRA-, las formaciones no son demasiado sorprendentes:

«De otro lado, la filosofía y la religión descentran el espíritu del hombre del deber de su realización dolorosa en la tierra hacia la esperanza de la satisfacción ULTRATERRENA y ULTRAMORTAL» (IV, 1116).

Pérez de Ayala habla también de sombras ultraterrenas (III, 30) y de sentido ultraterrenal (ABC, 19-II-1954), de vida ULTRAACADÉMICA (II, 393) y de estilo ULTRADECADENTE (IV, 1092).

Con este prefijo existen en Ayala algunas formaciones con sustantivo: ULTRAMUNDO (IV, 1239), ULTRAVIDA (III, 588), ULTRAPUERCO (AMDG, 120). ULTRATEATRO (III, 557) aparece en un contexto en que Ayala juega con los prefijos para matizar mejor la idea:

«Pero el cine mudo era una especie de infrateatro, extrateatro o ultra-teatro».

Con el prefijo SUPRA- existen composiciones del tipo:

«Ahora padecemos más que nunca la angustia de lo SUPRASENSIBLE» (III, 428).

«Es curioso observar cómo en nuestro tiempo, que reputamos SUPRA-CULTO, la Historia vuelve a ser eso mismo...» (III, 663).

«La mujer está desposeída de toda personalidad SUPRASEXUAL» (III, 374).

«En esta actitud SUPRATERRENA y SUPRAHISTÓRICA, ningún poeta se mide en estatura con Víctor Hugo» (III, 556).

«Los actores aplicaron luego el mismo método naturalista en la interpretación de las grandes obras poéticas y SUPRANATURALISTAS» (III, 536).

> «La guirnalda sonora
> del vagabundo y ciego mar
> giraba al ritmo de la hora
> SUPRAESTELAR» (II, 58).

Con valor atributivo aparece el participio en «la SUPRAMENTADA explicación» (III, 922).

El prefijo HIPER- ofrece también ejemplos de interés, y no resulta difícil hallar esa característica agrupación de dos elementos a la que Pérez de Ayala se muestra inclinado:

«Se debe tener muy en cuenta que cuando en el teatro prepondera la retórica estática, HIPERLITERARIA e HIPERINTELECTUAL, sobre el idioma dinámico, que se disgrega de la acción misma, esto demuestra que nos hallamos ante un proceso degenerativo o ante una falsificación» (III, 563).

«... vivió vida supertemporal e HIPERESPACIAL» (IV, 889).

En el ejemplo siguiente se observa con facilidad cómo el escritor va exponiendo su idea, perfilándola progresivamente hasta desembocar en la composición con prefijo culto:

«El fenómeno lógico y ético, unidos finalmente en un valor supremo de concepto de la verdad, constriñen a admitir la existencia de un *yo* inteligible, o sea de un alma, una esencia que posee suma realidad, realidad HIPER-EMPÍRICA» (III, 374).

También en el ejemplo siguiente el contexto pide la formación con prefijo culto:

«La literatura latina —ya lo hemos dicho— superabunda en descripciones minuciosas de quintaesenciados deleites gastronómicos e HIPERARTIFI-CIOSOS condimentos» (*ABC*, 18-X-1953).

Rara vez aparece este tipo de formación explicando, especificando o culminando algo sin un contexto elaborado que prepara o explica lingüísticamente su aparición:

«No hay sino cifras pitagóricas y expresiones algebraicas. La matemática es el solo sistema claro de connotación. Incluso la geometría, que es el álgebra en fluencia, porque, contra lo que se cree, la geometría no es estática, sino génesis continua, Vida. Están incesantemente engendrando: el punto, la línea; la línea, la superficie; la superficie, el volumen; el volumen, el tiempo y el espacio; el tiempo y el espacio, la HIPERDIMENSIÓN» (II, 135).

Los prefijos ANTI-, SEMI-, SEUDO-, EXTRA- e INFRA- poseen en la obra ayalina una vitalidad ligeramente inferior a la de los prefijos analizados anteriormente.

Ejemplos con ANTI-:

«... un sexto sentido interno, síntesis de los otros cinco y del alma, prodigiosamente apto para deglutir, asimilar y dar expresión a lo más oscuro del arte y de la vida, y rechazar lo ANTIARTÍSTICO y lo ANTIVITAL» (I, 564).

«Un periódico ANTICACIQUIL y ANTICLERICAL, *El Pulpo,* arremetió contra los jesuitas» (*AMDG,* 70).

«El siglo XVIII es el siglo fundamentalmente ANTIPOÉTICO y ANTILÍRICO» (II, 524).

En verdad, el valor de estas construcciones se capta mejor desde la perspectiva del ritmo sintáctico [14].

Con SEMI-: «una fragancia cálida, SEMIHUMANA y SEMIVEGETAL» (I, 489), SEMILÍRICO (III, 421), «dama SEMIGASEOSA» (III, 389), «superfluidad SEMIMUERTA» (*ABC,* 28-III-1954).

Con SEUDO-: SEUDODONJUANES (III, 174), SEUDOTEATRO (III, 143 y 558), SEUDOARTISTAS (I, 1199), etc.

Con EXTRA-: «virtudes EXTRAARTÍSTICAS» (III, 169), EXTRACIENTÍFICO (*ABC,* 22-VI-1952), etc.

Con INFRA-: INFRAVULGAR (III, 606), INFRAVITALIDAD (III, 156), INFRAPICTÓRICO (*ABC,* 23-VIII-1953), etc.

---

14. Hay algún ejemplo de formación con sustantivo: ANTIPODER (III, 939), ANTIPINTOR (*ABC,* 19-VIII-1953).

Los morfemas que componen el actual sistema de prefijos en español provienen tanto del griego como del latín, y su constitución en el presente responde a una forma culta o a una forma evolucionada.

Pérez de Ayala utiliza también los prefijos monosilábicos. El prefijo PRE- denota antelación, prioridad o encarecimiento:

«¿Es que los que no hacemos esa vida de sociedad somos hombres primitivos, salvajes, PRESOCIABLES?» (III, 164).

«El salvaje, el pastor, el agricultor con los hombres PRECIUDADANOS, PREPOLÍTICOS. La política se erige con la ciudad» (III, 856).

«Cierto estilo nuevo de PREBARROQUISMO literario» (*ABC*, 23-VII-1953).

«La PRECIENCIA o experiencia personal» (III, 599).

«... con obstinación PRECATASTRÓFICA» (III, 1001).

«Tipo de posmono o PREHOMBRE» (IV, 1113).

Con IN- existen asimismo casos de interés: INECONÓMICO (III, 595), INDEGLUTIBLE (II, 621), «entrañas IMPROLÍFICAS» (I, 22), IMPOROSIDAD (II, 298), «los Borbones son incorregibles (IMPROGRESIVOS) y resentidos (vengativos)» (III, 897), «pero no es cuestión de ineptitud, sino de INACTITUD» (*ABC*, 7-VI-1953), «un color gris de agua muerta e INTRANSPARENTE» (I, 989), «lo que ocurre es que en ese orden y estilo de pintura nadie sino Sorolla ha conseguida pintar lo IMPINTABLE» (*ABC*, 19-VIII-1953).

Con EN-: ENFLORECER (II, 456), ENFRUTECER (II, 993), ENOVILLARSE (I, 534), «palacios señoriales y EMBLASONADOS» (II, 685).

Con DES-: DESRAZONAR (II, 465), DESTEATRALIZAR (III, 424), DESENGUEJADO (I, 923), DESNACIONALIZACIÓN (IV, 1187), DESINDIVIDUALIQACIÓN (I, 1147). De DESAMIGA (III, 942) dice el DRAE (cito por la decimonovena edición) que es vocablo antiguo. DESATISFACCIÓN (III, 575) se forma al lado de *insatisfacción* para precisar una idea y estado de ánimo que difieren del contenido de esta segunda palabra:

«Uno de los signos flagrantes de grandeza de la edad contemporánea es la insatisfacción, que no se debe confundir con la desatisfacción. Insatisfacción es la idea de que no está todo hecho, de que aún queda mucho por hacer. Desatisfacción, por el contrario, es desagrado negativo con lo que ya está hecho».

Esta preocupación de Pérez de Ayala por las palabras no puede extrañar, ya que todos los novecentistas tuvieron un gran interés por la palabra y manifestaron una clara tendencia al arcaísmo y al neologismo [15].

Con RE-, un personaje de uno de los cuentos recogidos en *El Raposín* compone REPRECIOSA (I, 1042) para realzar la belleza de una vista panorámica:

«Don Bonifacio; desde aquí, cuando no llueve, como hoy, vese una vista repreciosa».

Con verbo, pueden citarse formas como REMUGIR (II, 1033), RETITULAR (IV, 1227), y REHIPOTECADO (I, 916), participio en función atributiva, que en el contexto viene a reiterar e intensificar el concepto de hipoteca:

«... aquello que de sus dominios no había enajenado lo tenía hipotecado y rehipotecado».

Con la forma reforzada de *re-*, REQUETE-, que encarece la significación del segundo elemento de la composición, según el DRAE, se hallan formas como REQUETEESTRENADA (III, 96), referida a una obra dramática, y REQUETEPUERCO (*AMDG*, 120).

Otras composiciones con RE- más sustantivo entran más bien en el campo de las interjecciones, eufemismos y voces expresivas, aunque parece obligada al menos una somera referencia a ellas en este apartado. Son las formas del tipo REPUERCO (*AMDG*, 120), RECUERNO (*AMDG*, 86), REDIÓS (I, 91), REDIEZ (I, 308), RELECHE (I, 218). Los ejemplos son numerosísimos, y, como es de suponer, aparecen casi exclusivamente en boca de personajes, en muchas ocasiones contribuyendo a su caracterización por el lenguaje que emplean. Expresividad, precisión y enriquecimiento del léxico oficial, todo contribuye a la construcción y ambientación del párrafo, y las palabras y combinaciones que Pérez de Ayala utiliza reproducen a menudo fónica y rítmicamente la idea que se expone. Léase este ejemplo:

«En cambio, los alemanes... cuando un vocablo sesquipedal o PENTAPEDAL, o DECAPEDAL, les hinche la cavidad bucal, la laríngea y aun la pulmónica o pulmonar, se sienten más hombres, más germanos y, por ende, más felices» (III, 605).

A partir de la forma *sesquipedal*, Pérez de Ayala crea *pentapedal* y *decapedal*, une las tres formas y la idea de que a los alemanes les gustan los

---

15. R. SENABRE: «La lengua de Eugenio Noel», en *Romanistisches Jahrbuch*, XX, Berlin, BAND, 1969, p. 325.

vocablos hinchados queda así inflada por el mismo lenguaje. Además, la estructura de tres elementos se repite a continuación al designar las tres cavidades, y la tercera se divide en dos partes para reforzar la ampulosidad, hinchazón que aún se intensifica más con otra agrupación de tres elementos con la que finaliza el párrafo. La estructura repetida por tres veces de tres elementos cuadra muy bien en este contexto, mucho mejor que la de dos elementos. Es en estos casos cuando Ayala, si recurre a la composición, crea su fuego de artificios partiendo de una forma léxica normal. A veces esta aglomeración de prefijos aparece en la misma palabra, pero siempre obedeciendo a una intención humorística y expresiva, que caracteriza el habla de un personaje:

«Manolo… iba amasando rápidamente un caudal con que valerse por su cuenta y riesgo, lo cual no le impedía profesar ideas radicales, cultivar a su modo el intelecto, adquirir un vocabulario de palabras sesquipedales, COMO ARCHISUPERCREMATÍSTICAMENTE, asombrar a sus relaciones con el fárrago de su sabiduría, y enviar, bajo seudónimo, a un periodicucho semanal de Pilares artículos tremebundos, que comenzaban así, por ejemplo: 'La contumelia de las circunstancias es la base más firme de la metempsicosis' (esta frase se la había plagiado a un tal Belarmino, zapatero y filósofo de la localidad)» (I, 242).

La enorme preocupación de Pérez de Ayala por lo misterioso de la palabra le conduce a la creación de personajes más o menos obsesionados, sugestionados por el lenguaje; obsesión y sugestión que desembocan en la utilización y creación de formas cabalísticas. Todos los tanteos que se puedan espigar en la obra ayalina confluirán en la creación de Belarmino y su lenguaje cabalístico.

Una vez realizado el estudio de la composición con prefijos, he aquí, para confirmar las explicaciones efectuadas, los porcentajes de aparición de dicha composición en los diversos géneros literarios utilizados por Pérez de Ayala. De los ejemplos aducidos, un 72,5 por ciento se documentan en el ensayo, un 18,75 por ciento en la prosa de tipo novelesco y un 8,75 por ciento en poesía. Las composiciones de tono festivo y, sobre todo, las formaciones con RE- elevan mucho ese tanto por ciento resultante de la frecuencia de composiciones con prefijo en la prosa novelesca. La explicación no resulta difícil, ya que es lógico que las formas léxicas expresivas y festivas aparezcan con mayor frecuencia en las novelas y relatos, generalmente en boca de personajes las expresivas. Y el lugar más adecuado para la creación de composiciones con algún elemento culto no puede ser otro que el ensayo.

También en el ensayo aparece con más frecuencia otro tipo de composición de indudable matiz culto. Se trata de los denominados por Bustos Tovar *compuestos híbridos*, que incluyen un elemento de lengua distinta de aquella en que se produce el compuesto, y poseen unos matices que dependen, además de la frecuencia, del valor significativo que el hablante reconoce en la palabra extraña [16].

Con esta técnica combinatoria logra Ayala novedades dignas de tener en cuenta. El rasgo humorístico, basado casi siempre en patentes analogías, se puede notar en algunos de estos casos:

«Merced a una circunstancia provisional, se le hicieron evidentes a *Espumadera* los múltiples LORICIDIOS de *Vocina*» (II, 730).

«Apoyo el proyecto de nuestro camarada el *Oruga*: que los alienados y desvariados libres construyan un caserón, con carácter de NORMICOMIO, como él ha bautizado esta original institución, donde nos encierran a los pocos cuerdos que hay en el pueblo» (II, 837).

«Como si por un raro don de receptividad inmediata, frecuente en los DUÓLOGOS íntimos e intensos, don Guillén hubiera trasegado en su cabeza mi pensamiento» (IV, 31).

«Cómo si... las siete solteronas aspirasen inconscientemente a la BIANDRIA y después a la poliandria» (IV, 485).

El matiz expresivo y humorístico de las formaciones expuestas explica su aparición en la prosa novelesca. En el ensayo, en cambio, son frecuentes formaciones como las que siguen:

«La naturaleza ANTROPOTEUTÓNICA» (III, 605).

«No era tiempo de que la cítara reposase porque había que cantar al TAURICIDA ídolo» (III, 783).

«Duró ese LEGICIDIO y mordaza infamante... nada menos que siete años» (III, 912).
«Boscán y Garcilaso, DIUNVIROS de los segundos, nacionalizaban hispano al endecasílabo de Toscana» (IV, 809) [17].

«... por muy materialista, mecanicista, FISIOPSICÓLOGO o conductista que se sea...» (III, 603).

«Los CERVANTÓFILOS extranjeros» (I, 1215).

16. E. DE BUSTOS TOVAR: *Art. cit.,* p. 264.
17. Se trata de un desacierto por parte de Ayala, ya que construye *diunviros* sobre *triunviros,* cuando la forma correcta en la lengua es *duunviros.*

«Todo francés lleva en el PROTEIFORME depósito de su subconciencia...» (IV, 1136).

«Un mensaje organista e HIMNÓGRAFO» (II, 875).

«El JESUITÓFOBO Atienza» (*AMDG*, 233).

«Pero evitemos dejarnos afectar y sobreexcitar por este punto neurálgico, que en casos harto frecuentes se manifiesta como CINEFILIA O CINEFOBIA» (*ABC*, 13-VIII-1948) [18].

Todas estas formas son evidentes cultismos compuestos o creados analógicamente. Con el intento de superar la composición normal en la lengua llega Pérez de Ayala hasta las máximas disquisiciones, como se puede ver en la elección del término HISPANOLOCUENTES (IV, 973), al que llega previo rechazo de *hispanoparlantes*, no incluido tampoco en el DRAE:

«¿Es que los hispanolocuentes —eso de hispanoparlantes me parece feo vocablo— no sienten amor, ni siquiera interés por las letras?».

En AEROBÚS (II, 1048) se descubre fácilmente el modelo: aeronave y aeroplano [19].

Si las formaciones vistas hasta ahora se caracterizan por el predominio del matiz culto, existen también en Pérez de Ayala algunos esquemas de composición en los que predomina el tono expresivo sin necesidad de recurrir a elementos extraños, de otra lengua. El esquema SUSTANTIVO+ADJETIVO tiene cierta fecundidad en la obra ayalina. He aquí algunos ejemplos: PIERNICORTO (I, 830; III, 370), una camarera pelirroja y CARIBERMEJA (I, 834), especie SIMIOHUMANA (IV, 1113), una raza HOMBRIANGOSTA (III, 370). Es curioso el contexto en el que aparece esta última composición. Para carac-

18. Muchas formaciones de este tipo eran corrientes en la época; he aquí algunos ejemplos: ALIADÓFILOS (III, 981), tibieza FRANCÓFILA (III, 1183), la GERMANOFILIA (III, 146), CINÉFILOS (III, 609), etc.

19. *Aerobús* aparece en *La revolución sentimental*, obrilla en forma dramática cuya acción está localizada en el futuro. Pérez de Ayala previene a los *oyentes* para que no extrañen la mezcla de español y jerga galicana que tiene la lengua hablada por los personajes (II, 1043). Por los años en que Ayala escribió esta obra, los puristas de la lengua mantenían una lucha feroz contra los galicismos y los *galicursis*. Es difícil determinar la posible ironía de Ayala en este caso al utilizar profusamente esa *jerga galicana*. Por lo que se refiere a las similitudes entre Huxley y Ayala, Guillermo de Torre considera al segundo como antecesor del primero, y cree ser el primero en señalar que en el *Sentimental Club* ayalino (1909, reedición en 1960 con el título de *La revolución sentimental*), hay «sorprendentes coincidencias, más bien anticipaciones, del *Brave New World* (1933) huxleyano» (vid. «Un arcaizante moderno: Ramón Pérez de Ayala», en *La difícil universalidad española*, Madrid, Gredos, 1965, p. 194).

terizar la raza a la que se refiere, Ayala utiliza una forma parasintética y tres compuestas. Con ello la expresividad se refuerza al máximo:

«Unicamente el hombre, cuyo cerebro está enturbiado por el instinto sexual, puede llamar *bello sexo* a una raza achaparrada, hombriangosta, anquiboyuna y piernicorta».

Sobre el modelo *cornigacho* aparece RABIGACHO (I, 830; III, 370).

Del hecho mismo de la composición nace el valor expresivo del contexto, ya que el significado que se obtiene con la suma de los dos términos crea una representación sensorial en la que se basa la motivación semántica que afecta a la unidad léxica, y no a los elementos que la forman independientemente [20]. En estas composiciones, tras el nombre puede aparecer un término atributivo, bien en forma de participio o de adjetivo. Junto a formaciones muy normales en la lengua como ALICAÍDO (I, 342) y ALICORTADO (I, 1251) [21], aparecen en Ayala casos de gran interés, a veces con variantes que suponen una hábil y variada matización: TESTIERGUIDA (I, 920), TETIERGUIDO (IV, 559) [22] y TETINHIESTO (*AMDG*, 233). Como variante de CEJIJUNTA (II, 1008) se encuentra CEJIAPRETADA (III, 1142; *AMDG*, 46). Y teniendo en cuenta el modelo VIRIPOTENTE (I, 375) y VIRIPOTENCIA (III, 488), Ayala forma VENTRIPOTENTE, término aplicado a personas (III, 1143) y a objetos (II, 770).

Esto mismo se puede observar en TONITRONANTE (frente al galicismo *tonitruante* de Ortega; vid. R. Senabre, p. 80), que califica una voz (II, 998), un discurso (III, 1182) y el aspecto de una persona (II, 735). Resalta claramente la expresividad sonora de estos vocablos, que Ayala busca para recrearse en el hallazgo e insertarlo siempre en un contexto adecuado.

El esquema ADJETIVO + ADJETIVO tiene más fecundidad que el anterior en la obra ayalina: un instrumento INCISOPUNZANTE (II, 1006); estupidez ARIOCRISTIANA (III, 374); una situación, sobremanera crítica y BUFOPATÉTICA (IV, 260); «La biología se ha hecho la ilusión, alguna vez, de haber hallado leyes MATEMATICOBIOLÓGICAS» (*ABC*, 22-VI-1952); «las aurorales leyendas HEROICOMÍTICAS» (*ABC*, 19-II-1954). Las formaciones con este esquema son normalmente, en Pérez de Ayala, de carácter técnico o científico. Así, los dos adjetivos pueden aparecer también separados por un guión. Las agrupaciones del tipo *teórico-práctico* son normales en el lenguaje especializado.

---

20. E. DE BUSTOS TOVAR: *Art. cit.*, p. 263.
21. Vid. A. W. VON MUNTHE: «Observations sur les composés espagnols du type *aliabierto*», en *Recueil de mémoires présentés à Gaston Paris*, Paris, 1889, pp. 31-56.
22. «Cuando la Gloriosa, Juan y Nachín habíanse hallado par a par arrastrando por las calles de Pilares el busto tetierguido y pecaminoso de doña Isabel II».

El matiz tecnicista que se advierte en estas composiciones explica su mayor frecuencia de aparición en la prosa ensayística:

Una farsa EMPÍRICO-ACROBÁTICA (I, 350), la balanza ANÍMICO-MATERIALISTA de los egipcios (III, 635), organización BUROCRÁTICO-BÉLICA (III, 947), una operación ANÍMICO-EXPERIMENTAL (IV, 1179), el secreto VITAL-GENESÍACO (IV, 1086), una historia PICARESCO-ESCOLAR (II, 852), cierto linaje de voluptuosidad BÉLICO-MACABRA (*Hermann encadenado,* 95), fidelidad IMITATIVO-ALCARREÑA (III, 189), un idioma LUSO-GALICANO O FRANCO-PORTUGUÉS (IV, 1187), «el libro de Job, el de Boecio y el Kempis son obras VESPERTINO-CREPUSCULARES» (*ABC,* 10-XIII-1948), etc.

También hay composiciones con más de dos elementos:

«... práctica habitual en otro tipo de mentalidad y civilización, incompatibles con la nuestra de Occidente, GRECO-LATINA-GERMANO-CRISTIANA (II, 392).

Se trata de compuestos *aposicionales* o *atributivos,* cada uno de cuyos componentes es explicador del otro; excepto por la ausencia de inflexión del primer componente, tales compuestos son, en realidad, frases nominales [23].

Un tipo de composición muy fecundo en Pérez de Ayala es el que incluye los compuestos llamados *descriptivos,* en los que «uno de los componentes, actuando como un adjetivo o un verbo, cualifica a otro» [24]. Esta técnica compositiva es ampliamente utilizada por Pérez de Ayala para ocuparse de las matizaciones de colores. Los ejemplos son muy numerosos. La sensibilidad pictórica de Ayala es exquisita; distingue los diversos matices de un color hasta en sus mínimos detalles. En los retratos de los personajes abunda el toque colorista para caracterizarlos. Y el color es elemento primordial en las descripciones de la naturaleza. La adjetivación ayalina se enriquece mucho con este procedimiento. Pérez de Ayala dibujó en los años de su formación. Amigo del escultor Sebastián Miranda, hizo con él algunas figuras de barro. No es de extrañar que este afán escultórico y pictórico se aprecie en la estructura de su prosa [25].

23. F. LÁZARO CARRETER: *Diccionario de términos filológicos,* Madrid, Gredos, 3.ª ed., 1968, s.v. «compuesto».
24. *Ibid.*
25. Vid. para lo dicho Francisco AGUSTÍN: *Ramón Pérez de Ayala. Su vida y obras,* Madrid, 1927, p. 23.

La composición descriptiva se manifiesta generalmente (aunque no exclusivamente) en la obra ayalina a través de los esquemas ADJETIVO+ADJETIVO y ADJETIVO+SUSTANTIVO. Las formaciones así logradas pueden aparecer en la escritura con los elementos unidos (en una sola forma), o bien separados por un guión, o constituyendo dos formas léxicas desunidas. Cuando la asociación de los dos elementos es más o menos habitual en la lengua, Pérez de Ayala construye la composición con los elementos unidos. En cambio, si la asociación es más o menos violenta o sorprendente tiende a separarlos formalmente, mediante guión o sin él. En algunos casos se advierte vacilación:

Carne AURIALBA (I, 644), cabellera AURIRROJA (IV, 535), cabecitas ROJIÁUREAS (I, 489), isla VERDIAURINA (IV, 90), cielo AURIVERDOSO (*Hermann encadenado,* 270), los tonos bermellón y VERDEVERONÉS del uniforme (III, 1133), praderías VERDEVERONÉS (I, 279), VERDE VERONÉS (I, 772), en la penumbra todas (las monjas) eran CETRINOVERDOSAS (II, 1007 [26], etc.

También ofrecen interés formaciones como las siguientes: Un edredón ROSA-GRIS (II, 761), el cono ORO-VIEJO del henil (I, 293 y 294), desgarrones TIERRA-SOMBRA (I, 38), matices SUAVES-LILA (I, 274), «bigote y patillas BLANQUIAHUESADOS» (I, 368).

La composición puede agrupar tres elementos:

«La cianosis, o ictericia violácea, en que predomina inequívocamente el matiz BLANQUINOSO-AZULENCO-CARMÍNEO; y la ictericia, que, por paráfrasis con la anterior, pudiera llamarse lividez (o cianosis) amarillenta, en que prepondera sin duda el color blanquinoso-amarillento, céreo» (III, 1089).

«RUBIO LINO CARDADO la cabellera» (*AMDG,* 171).

Se puede construir la composición con recursos de distinta calidad: el segundo elemento puede designar un objeto coloreado (elemento *concreto*) o ser una forma (sustantiva o adjetiva) abstracta. Las formaciones que atienden al segundo recurso suelen ser más sorprendentes y expresivas. He aquí ejemplos con ambos recursos:

«La penumbra fluida y VERDEMAR» (IV, 635), «humaredas austriacas de color AMARILLO-CROMO» (*Hermann encadenado,* 149), «una cuerda AMARILLO-AZAFRÁN» (IV, 518), «carne BLANCO-MAGNOLIA» (I, 309), «piel de un BLANCO-

26. Los ejemplos más numerosos corresponden a las composiciones más habituales, como VERDINEGRO (I, 1089; II, 214; *AMDG,* 172, etc.), VERDIOSCURO (II, 233; III, 1138; IV, 637), VERDICLARO (I, 387; II, 1027), VERDIAZUL (IV, 208; IV, 720, etc.), etc. El verde es el color que en Ayala tiene mayor variedad de matices.

CIRIO» (II, 1007), «azulejos VERDE-CINABRIO y AMARILLO-ÁMBAR» (I, 367 y 368), «corbata VERDE-DRAGÓN» (I, 830), «paredes color VERDE-DRAGÓN» (I, 618), «sombrilla VERDE-LORITO» (IV, 368), «corbata color AMARILLO-TORTI-LLA» (I, 724), «ojos VERDE-REMANSO» (I, 462), «vestiduras de un BLANCO AR-QUEOLÓGICO» (I, 777), «la anciana avanzó un paso y su lóbrego cuerpo destacó sobre el GRIS CAÓTICO» (I, 762), «una nubecilla incorpórea de color ROSA SOBRENATURAL» (IV, 270), «la comarca ... está desolada, desnuda, de un GRIS INERTE Y LETÁRGICO, como panorama soñado, en un planeta vacío» (*Hermann encadenado*, 150), «cielo de un AZUL TÍMIDO, LITÚRGICO» (I, 985), etc.

Las formaciones descriptivas aparecen con mayor frecuencia en textos novelescos, de ensayo y poéticos que tocan temas descriptivos o ambientes apropiados para la descripción y el retrato. Es obvio que esto suceda con mucha más frecuencia en la prosa novelesca, sobre todo en la primera época, en donde la naturaleza es una nota característica[27]. Sin embargo, en *Hermann encadenado,* donde Pérez de Ayala vierte lo que su sensibilidad va captando del paisaje y espíritu italianos, pueden encontrarse ejemplos muy interesantes de compuestos descriptivos[28]. El porcentaje establecido sobre los ejemplos expuestos y algunos más hasta sesenta casos, ofrece estas cifras: un 83,3 por ciento de frecuencia en la prosa novelesca, un 11,6 por ciento en el ensayo y apenas algunos ejemplos relevantes en poesía. Y tomando para la prosa novelesca el año 1913 como fecha de referencia, el porcentaje, sobre unos cincuenta casos, es el siguiente: 72 por ciento antes de 1913 y un 28 por ciento después[29].

27. Vid. lo que Reinink dice al hablar de *Prometeo, Luz de Domingo* y *La caída de los limones,* las tres novelas poemáticas que se publicaron en 1916: «Hay en ellas una bien marcada evolución hacia lo cerebral y la predilección por el razonamiento abstracto con que el autor va alejándose gradualmente del realismo y de lo descriptivo que caracterizaban las primeras obras. Las tres novelas forman, pues, un período de transición hacia el llamado segundo estilo que empieza con la obra de *Belarmino y Apolonio*» (K. W. REININK: *Algunos aspectos literarios y lingüísticos de la obra de Ramón Pérez de Ayala,* El Haya / HAIA, Publicaciones del Instituto de Estudios Hispánicos, Portugueses e Iberoamericanos de la Universidad Estatal de Utrecht (Holanda), 1959, p. 35).

28. Los artículos de *Hermann encadenado* son de «una originalidad acentuada y un estilo desusado en la cotidiana labor periodística» (Francisco AGUSTÍN: *Ob. cit.,* p. 269).

29. Otros esquemas de composición son menos fecundos en Pérez de Ayala, como el de VERBO+COMPLEMENTO. Los compuestos de este tipo son en su mayor parte comunes en el lenguaje coloquial y, por consiguiente, aparecen en boca de personajes. El carácter de palabras motivadas en su significación explica su frecuencia en el lenguaje afectivo con valores generalmente despectivos. Y ese mismo carácter explica su frecuencia en la creación de apodos (vid. E. DE BUSTOS TOVAR: *Art. cit.,* pp. 263 y 264): SOPLAMOCOS (I, 966), ENGAÑABOBOS (I, 885), ZAMPATORTAS (IV, 298 y 585), CAGATINTAS (II, 665), RASCATRIPAS (I, 1000), INFLAPAVAS (I, 543), PORTFOLIO (I, 262), etc. El esquema SUSTANTIVO+SUSTANTIVO tampoco ofrece interés especial por la exigua cantidad de ejemplos importantes: LOBICÁN (II, 937), CARAVINAGRE (I, 46). Con este

Para finalizar con el problema de la composición de palabras, sólo queda hacer referencia a ese tipo de formaciones propio de las onomatopeyas y palabras expresivas basado en el poder imitativo de una sílaba que se repite, normalmente dos veces, bien en su integridad o en su estructura consonántica con curiosas alteraciones vocálicas [30]. En Pérez de Ayala existen numerosos ejemplos de este cariz, pues se palpa en toda su obra un sincero y vivo interés por cuanto de expresivo contiene el idioma [31]. Voces como RUNRÚN (I, 211), CHASCHÁS (*AMDG*, 9), RUMRUM (I, 136), ZIS ZAS (I, 51), TIQUI TACA (*AMDG*, 109), TRIQUITRAQUE (I, 748), etc., se encuentran con facilidad. En estos compuestos, llamados iterativos, la repetición del componente proporciona fuerza enfática a la composición [32]. Sin embargo, estas voces expresivas se hallan en la lengua común ya tan compactas en su formación que, más que su composición, interesa su valor expresivo y onomatopéyico; este aspecto se tocará más adelante.

Se habrá podido observar cómo la composición de palabras en la obra ayalina sigue unas veces cauces cultos, otras descriptivos, y siempre expresivos. Cultismo y cientificismo, expresividad y descripción son los recipientes a los que Ayala recurre para verter sus composiciones. Las cultas y científicas, con mayor frecuencia en los ensayos; las expresivas y descriptivas, en la prosa novelesca. Son rasgos que orientan sobre la estructura de la prosa ayalina.

B) LA PARASÍNTESIS

Pérez de Ayala recurre con gran frecuencia a la parasíntesis en todos sus escritos, y aunque una buena parte de las formas son habituales, denotan lo que de arcaizante, preciso y expresivo hay en su léxico. Por ser la parasíntesis un medio arcaizante y expresivo, es normal que tales formaciones apa-

esquema hay en Ayala otro tipo de compuestos en que los dos elementos están separados por un guión. Sara Suárez llama ocasionales a estas formas compuestas, distinguiéndolas de «las auténticas, las aglutinadas gráfica e ideológicamente». La formación en las ocasionales es pasajera y provisional; en general, «la relación sintáctica entre los elementos de la composición es heterogénea y complicada» (Sara SUÁREZ SOLÍS: *El léxico de Camilo José Cela,* Madrid-Barcelona, Alfaguara, 1969, p. 487): el MITO-PUEBLO (III, 1116), «la cultura, aunque sin su ETIQUETA-VOCABLO, consistía...» (III, 1024), el PÚLPITO-ATALAYA (*AMDG*, 116), un RESPONSO-DEDICATORIA a los muertos (II, 540), «PROBLEMA-MUERTE no tiene otra solución que DIOS» (I, 1295), CANTO-HECHICERÍA y CANTO-ANUNCIACIÓN (I, 747 y 748), etc...
   30. Vid. E. DE BUSTOS TOVAR: *Art. cit.,* pp. 260-262.
   31. K. W. REININK: *Ob. cit.,* p. 83.
   32. Vid. F. LÁZARO CARRETER: *Ob. cit.,* s.v. COMPUESTO.

rezcan con mayor frecuencia en las novelas y relatos que en los ensayos. El tanto por ciento establecido entre las parasíntesis recopiladas arroja este porcentaje: 74,8 por ciento de frecuencia en novela y 25,2 por ciento en los ensayos. Si en la composición de palabras el elemento culto tenía gran importancia, en la parasíntesis el tono arcaizante domina claramente. Sin embargo, también en este apartado existen formaciones de tipo técnico y culto que elevan sensiblemente el tanto por ciento de frecuencia de aparición de parasíntesis en los ensayos.

Las formas parasintéticas ayalinas se atienen a los esquemas más usuales en este tipo de formaciones. El esquema A+SUSTANTIVO+ADO [33] ofrece gran cantidad de casos. Las voces así construidas denotan, según Alemany, posesión de la cosa designada por el sustantivo primitivo [34]. Según Yakov Malkiel [35], la parasíntesis de este tipo «ha englobado tanto los adjetivos en '-ado' de procedencia latina, provistos del prefijo 'a-', como los participios pasados amalgamados con el prefijo y puestos directamente en relación con el sustantivo, con supresión absoluta del verbo intermediario» [36].

Las formas nominales sobre las que se construye la parasíntesis son muy variados:

Mozalbetes y pollastres ATENORIADOS (I, 26), ATENORIADO engreimiento (II, 943), el rostro ABRUJADO y socarrón (AMDG, 211), el instinto de lo grotesco y APAYASADO (AMDG, 45), unos versos muy repulidos y AMADAMADOS (I, 1274), ABARRAGANADO (I, 343; IV, 783), una APICARADA cabeza femenina (I, 475), el cuello amplio y ABARRILADO (I, 274), un libro de versos revestido y ACORSETEADO (II, 550) [37], etc.

Sobre nombres genéricos de animales y especies alimenticias, las parasíntesis son también interesantes:

Estich, AJIRAFADO y redicho (AMDG, 189), nubes ACORDERADAS triscan en el cielo (III, 1165), un mozo endeble, ALOMBRIZADO y amarillo (I, 355), mujeres de bellezas ATOCINADAS y bovinas (I, 456), manos AMORCILLADAS (II, 1006), etc.

33. Para este esquema, se puede consultar el trabajo de Eva SALOMONSKI: *Funciones formativas del prefijo 'a-' estudiadas en el castellano antiguo*, Zürich, 1944, p. 104 y ss.
34. *Ob. cit.*, p. 8.
35. «The 'amulatado' Type in Spanish», *RR XXXII*, 1941, pp. 278-295.
36. Tomo la información de R. SENABRE: «La lengua de Eugenio Noel», *cit.*, p. 332.
37. Frente a lo normal «encorsetado».

Se puede observar en todos estos ejemplos la economía lingüística que se consigue con las formaciones parasintéticas. Al mismo tiempo, la intensidad expresiva se refuerza, sobre todo si la parasíntesis contribuye a la caracterización de los personajes en los retratos breves.

Sobre la forma verbal parasintética en infinitivo más o menos común en la lengua, aparecen en Pérez de Ayala variadas formas en '-ado':

ALEBRADO (II, 1120), «el AMOSTAZADO estómago» (II, 999), «un fámulo de ABORREGADO semblante» (*AMDG*, 21), «lo ACECINADO de su semblante» (*AMDG*, 174), «las ACECINADAS y enmagrecidas carnes» (II, 936), AMURRIADO (I, 603), ARROMANZADO (II, 515), ABONANZADO (II, 774), «jornada ABORRASCADA» (II, 524), etc. [38].

El esquema EN+SUSTANTIVO+ADO es ligeramente menos fecundo que el anterior:

«El rostro EMPENUMBRADO» (*AMDG*, 204), «la columnata de robles ENYEDRADOS» (*AMDG*, 227), «álamos ENYEDRADOS» (I, 959), «la eminente y ENTORREADA Tarento» (II, 533), «porte soberbio y ENFATUADO» (I, 918: parasíntesis formada sobre adjetivo), «interrogó Lolita, ENCHIPADA, como con un éxito personal suyo» (I, 718) [39].

Las formas ENVEDIJADO (I, 362), ENCISMADO (II, 765), ENHOLLINADO (I, 1055), EMPEREZADO (*AMDG*, 95), ENTRAPAJADO (*Hermann encadenado*, 208), etc., nos conducen a la forma de infinitivo incluida en el DRAE. ENCUCLILLARSE (I, 727) se forma sobre *en cuclillas,* no sobre *cuclillas,* y se debe entonces considerar como forma derivada de voz compuesta [40]. ENRABISCAR (II, 838) y ENRABISCARSE (IV, 558) se forman como variantes de *enrabiar* y *enrabiarse,* con matices expresivos peculiares.

---

38. En infinitivo o en alguna forma personal o finita hay casos como: AMISERIAR (II, 670), «se le AGALLINÓ la piel por todo el cuerpo» (IV, 232), «danza el pino al ATIERRAR» (II, 164), «si los árboles se ATIERRASEN por sí» (III, 199), «los acreedores, rabiosos, APEZUÑABAN la puerta» (I, 548), EMPAVORECER (I, 519), «el mar Tirreno se ENFEBRECE» (II, 402).

39. Esta forma la utilizó Ayala en la primera edición de *Tinieblas en las cumbres*: «El señor Cerdá, ENCHIPÁNDOSE, enarcó las cejas». En la tercera edición, el autor suprimió la palabra y cambió la forma de la frase (vid. la edición de dicha novela a cargo de A. Amorós, Madrid, Clásicos Castalia, 1971, p. 45, nota 4).

40. «Los parasintéticos no deben confundirse con los derivados de voces compuestas. Así, ANTEPECHADO es derivado de *antepecho,* compuesto de *ante+pecho;* pero DESALMADO es parasintético, porque no tiene nuestra lengua los vocablos *desalma* ni *almado»* (F. LÁZARO CARRETER: *Ob. cit.,* s.v. PARASÍNTESIS).

Veamos otras formaciones parasintéticas con distintos esquemas:

«... y otras expresiones, con aderezos léxicos INTRANSCRIPTIBLES» (III, 820), RETEATRALIZACIÓN (III, 537). DESPORTUGALIZAR (IV, 1187) se forma teniendo en cuenta DESESPAÑOLIZAR (IV, 1193). En DESPUCELAMIENTO (I, 7) observamos una formación culta violenta y sorprendente:

«Tratábase de un despucelamiento que Cerdá había llevado a deleitoso desenlace» [41].

Más complicada resulta la creación del siguiente vocablo:

«Parece ser que ahora en España se ha despertado un afán de salir de las fronteras patrias. Cuándo RECIGRATORIAMENTE, cuándo por placer» (I, 1280).

La forma BIDENTADO (II, 380) aparece en la versión al castellano que hace Ayala de la décima elegía del primer libro de *Elegías* de Tibulo. El DRAE no incluye esta forma, ya que en su lugar existe *bidente,* voz considerada por el Diccionario como adjetivo poético. *Bidentado* es, pues, una forma derivada, y está en el contexto exigida por la rima:

«Hagan su oficio el bieldo bidentado,
el paciente azadón y el corvo arado».

Cultismo claro es también la formación parasintética ENFEBLECIMIENTO (I, 810).

La técnica combinatoria es asimismo interesante en casos como:
«Sí, trabajas todos los días. Lo sé. Mas, ¿no profesas el HORMIGOCEN-TRISMO?» (I, 271) [42].

«En el valle de Congosto no había sino un romanonista, *Espumadera,* apodado así porque estaba picado de viruelas, y un ANTIRROMANONISTA, *Vocina,* que vale tanto como poca voz» (II, 730).

---

41. En la primera edición de *Tinieblas en las cumbres,* el primer capítulo tenía el título siguiente: «Cerdá ha verificado un DESDONCELLAMIENTO». En la tercera edición Ayala suprimió los títulos de los capítulos. He aquí lo que Andrés Amorós dice en su *Nota previa* a la edición citada (p. 45, nota 2, y p. 42): «Para la presente edición seguimos la tercera, última corregida por el autor, pero añadiendo las variantes de la primera nunca señaladas con anterioridad. En la tercera edición suprime Ayala varias pedanterías innecesarias...».
42. Se advierte la analogía con *egocentrismo.*

«... comentó la voz MELOFICIOSA y *abaritonada*» (I, 865).

Casi todos los ejemplos aducidos hasta ahora, sean o no creaciones personales de Pérez de Ayala, se inscriben en moldes populares o arcaizantes. Pero también existen, como se ha visto, algunas formaciones de cariz culto. Y no podía faltar la construcción descriptiva: «un casco GRISAZULOSO» (*Hermann encadenado*, 92).

Otro tipo de parasíntesis con *a* protética lo constituyen casos como AGUADAÑADORES (II, 971) y ATRAILLADORES (II, 971). Las dos palabras aparecen en el mismo contexto:

«Oyóse el rebullicio que criados y criadas mueven en el huerto, bajo el parral, holgándose a su modo, con donaires de picardía, cánticos, bufonadas, azotes y retozos; los atrailladores de canes, mozos de cuadra, adestradores de gallos de pelea, zagales del establo, fregatrices y ordeñadoras, hortelanos y aguadañadores del padrón: veinte en junto».

Como ya se advirtió, la parasíntesis aparece con mayor frecuencia en la prosa novelesca. Y dentro de este tipo de prosa, las formas parasintéticas más inusitadas se presentan con más frecuencia en la primera época de los escritos ayalinos. Pérez de Ayala dejó de escribir, como bien se sabe, novelas y relatos a partir de 1928 prácticamente. Tomando como relación el año 1913, se observa que hasta 1913 la frecuencia de las parasíntesis (el porcentaje se establece de la misma manera y con los mismos ejemplos que el anterior) es de un 67,8 por ciento, y a partir de 1913 de un 32,2 por ciento.

C) LA DERIVACIÓN

La derivación de palabras suele ser casi siempre el recurso más permanente y rico de todo escritor para prolongar el ámbito de la palabra. Los moldes que para esto posee la lengua castellana son muy variados. Generalmente se consigue con ello una mayor condensación y economía, con lo que se evita una más amplia explicación, explicación que no siempre sería capaz de captar todos los matices del vocablo nacido por derivación. En Pérez de Ayala, el procedimiento de la derivación es el más fecundo, en cantidad y en variedad. Casi todos los sufijos productivos de la lengua [43] son

---

43. En J. Alemany, *ob. cit.*, se puede consultar la lista de sufijos españoles. El trabajo de S. L. MURPHY, Jr.: «A Description of Noun Suffixes in Colloquial Spanish» (en el vol. *Descriptive Studies in Spanish Grammar*, ed. por H. R. Kahane y

utilizados por él para servirse de sus diversos y precisos matices. Si en la composición de palabras el elemento culto poseía un valor relevante, y el tono arcaizante dominaba en la parasíntesis, en la derivación es la expresividad y el tono popular y coloquial, afectivo, diluidos en múltiples matices, lo que impera. Para apoyar esta última afirmación, basta con tener en cuenta que los sufijos que con más frecuencia aparecen en la obra ayalina son '-illo', '-ito' y '-ear'. Les sigue en importancia el sufijo '-dad', con su claro matiz intelectual, y a continuación '-oso' y '-ón'.

Las formaciones sustantivas logradas con la derivación arrojan el siguiente porcentaje, establecido sobre unos trescientos casos: el sufijo '-dad' aparece en una proporción de 23,3 por ciento. Es el más abundante. Le sigue en importancia el sufijo '-eo', con 11,7 por ciento, a bastante distancia. En tercer lugar, con escasa diferencia respecto al anterior, aparece '-ada' (10 %). En cuarto lugar se encuentra '-ez' (8,5 %). En el quinto, '-ismo' (6,6 %). El sexto corresponde a '-ía', en una proporción de 5 por ciento. Otros sufijos para formaciones sustantivas tienen menos productividad en Ayala.

En la derivación adjetival hay un gran predominio del sufijo '-oso'. El porcentaje establecido sobre unos cuatrocientos casos informa que dicho sufijo aparece en una proporción de 18 por ciento. Le sigue en importancia el sufijo '-al' (9,5 %), a bastante distancia. El sufijo '-ero' ocupa el tercer lugar (8,7 %), con poca diferencia respecto al anterior. Casi en idéntica proporción aparece '-il' (8,5 %). Al sufijo '-esco' (6,6 %) le corresponde el quinto lugar.

Las tradicionalmente denominadas formas *aumentativas* y *diminutivas*[44] tienen en la prosa ayalina, sobre todo de tipo novelesco, una importancia

A. Pietrangeli, Urbana, The University of Illinois Press, 1954, pp. 1-48) ofrece un enfoque del problema muy diverso al presentado por Alemany. Resulta interesante también el breve trabajo de S. T. BALLENGER: «Bound suffixes in Spanish; a frequency count», *Hisp.-Cal.*, 1955, XXXVIII, 282-284. E. MARTÍNEZ CELDRÁN, en *Sufijos nominalizadores del español* (Ediciones de la Universidad de Barcelona, 1975), ha elegido la teoría generativista.

44. Sobre estos sufijos puede consultarse el trabajo de Antony GOOCH: *Diminutive, Augmentative and Pejorative Suffixes in Modern Spanish*, Oxford, 1967.

Ch. Bally incluye este tipo de sufijos en el grupo, más amplio, de los sufijos apreciativos (*Linguistique générale et linguistique française*, 4ième édition, Éditions Francke Berne, 1965, pp. 248-252).

B. Pottier distingue los *infijos* (aumentativos, diminutivos, etc.) de los *sufijos aspectivos*, pues los infijos no cambian jamás la clase o categoría de la palabra, y no hacen más que modificar en extensión la significación de la palabra (*Introduction à l'étude linguistique de l'espagnol*, Paris, Ediciones Hispanoamericanas, 1972, p. 95).

A. Roldán coincide con la posición de R. Lapesa, quien considera la sufijación apreciativa «como accidente gramatical del nombre»; sin embargo, Roldán cree que debe abandonarse ese nombre de sufijación, ya que alude a un procedimiento que es capital. La lengua coloquial tiende al abultamiento y a la afectividad, y esta tendencia se manifiesta en esas sufijaciones. Por lo que se refiere a los *aumentativos*, a las formas superlativas, es evidente que el lenguaje afectivo tiende a realzar la expresión, y ha creado para ello numerosas designaciones con el fin de exagerar cantidades e hiperbolizar la idea de intensidad [45]. Los cálculos realizados sobre algo más de un centenar de casos presentan el siguiente porcentaje: sufijo '-ón', 49 por ciento; sufijo '-ote', 26,5 por ciento; sufijo '-azo', 24,5 por ciento. Los números son claros: gran predominio del sufijo '-ón' y escasa diferencia entre '-ote' y '-azo'.

Dentro del fenómeno de la derivación, el *diminutivo* [46] es uno de los recursos más fértiles en la prosa de Ayala, a la que colorea de afectividad. Por lo que se refiere a la frecuencia de aparición, el recuento efectuado sobre unos cuatrocientos casos arroja el siguiente porcentaje: sufijo '-illo', 31,2 por ciento; sufijo '-ito', 23,7 por ciento; sufijo '-uelo', 11,2 por ciento; sufijo '-in', 10 por ciento; sufijo '-ico', 6,7 por ciento; sufijo '-ejo', 5,7 por ciento; sufijo '-uco', 4,5 por ciento; sufijo '-ete', 4,2 por ciento. El predominio de '-illo' en la obra ayalina es, pues, evidente, a bastante distancia de '-ito', que a su vez saca ventaja manifiesta al resto de los sufijos diminutivos y despectivos reseñados. La función valorativa o emocional de los dos sufijos más frecuentes proporciona un tono afectivo a los escritos de Pérez de Ayala. Son suficientemente conocidos los trabajos que tratan el problema de los diminutivos poniendo en tela de juicio su función empequeñecedora [47]. Se trata normalmente de diminutivos valorativos y *efusivos*, y la función afectiva de los mismos es en muchos casos, dentro del texto, más patente que

propio de la derivación y, como el mismo Lapesa señala, la sufijación apreciativa se «diferencia de la derivación». Por eso Roldán los considera morfemas cuantitativos. La naturaleza diferente de estos morfemas, sigue Roldán, fue ya advertida por K. Togeby, quien basándose en hechos estrictamente funcionales diferenció la sufijación homogénea (la de los aumentativos, diminutivos y despectivos) de la sufijación heterogénea: la de los otros sufijos (vid. A. ROLDÁN: «Notas para el estudio del sustantivo», en *Problemas y principios del estructuralismo lingüístico,* Madrid, C.S.I.C., 1967, pp. 79 y 80).

45. W. BEINHAUER: *El español coloquial,* Madrid, Gredos, 2.ª ed., 1968, p. 199.
46. Sobre la formación diminutiva son de especial interés los estudios de B. HASSELROT: *Études sur la formation diminutive dans les langues romanes,* Uppsala, 1957. Knud TOGEBY: «Los diminutivos en las lenguas románicas de la Edad Media», en *Studia Neophilologica,* XXX, 1953. Y F. GONZÁLEZ OLLÉ: *Los sufijos diminutivos en el castellano medieval,* Madrid, C.S.I.C., 1962.
47. A. ALONSO: «Noción, emoción, acción y fantasía en los diminutivos», en *Estudios lingüísticos (temas españoles),* Madrid, Gredos, 3.ª ed., 1967, pp. 161-189. Las dos teorías opuestas acerca del valor fundamental de los diminutivos, la de A. Alonso y la tradicional española renovada por B. Pottier, pueden ser armonizadas, como indica F. González Ollé (*Ob. cit.,* pp. 222 y ss.).

la de auténtica disminución[48]. Los llamados sufijos *despectivos* se incorporan también al grupo de los aumentativos y diminutivos. Los despectivos pueden tener un matiz de aumento o disminución, según se sienta el carácter despreciable de lo mentado. El valor significativo del sufijo despectivo implica una comparación negativa con respecto de la significación positiva. Así, el esquema de este tipo puede coincidir, a nivel de la lengua, con los aumentativos o con los diminutivos. En suma, la oposición básica la constituyen los aumentativos y los diminutivos[49].

Por lo que se refiere a la derivación verbal[50], la frecuencia de '-ear', sufijo de carácter inequívocamente popular y expresivo, es abrumadora. Las cifras son concluyentes. La estadística realizada sobre centenar y medio de casos arroja estos resultados: 61,4 por ciento para '-ear', con predominio abrumador sobre '-ar', que aparece en 26 por ciento de ocasiones (están incluidas aquí las derivaciones en '-izar'); y más todavía sobre '-ecer' (9,3 %), lo que responde a la tendencia normal del español.

48. S. Fernández Ramírez afirma que cuando salimos del lenguaje en el que predomina la afectividad, nos sorprende a veces la constancia con que se nos presentan los diminutivos en los que predomina la función representativa o nocional, con la nítida idea de lo «pequeño» o «pequeñez relativa» acumulada a la representación del concepto originario. Así pues, el empleo del diminutivo para la cuantificación del tamaño físico se mantiene perfectamente vivo en el español actual. Y esto sin negar el uso del diminutivo para la manifestación afectiva («A propósito de los diminutivos españoles», en *Strenae en homenaje a M. García Blanco*, Salamanca, Acta Salmanticensia, 1962, 185-192). Sobre esta cuestión es asimismo interesante el artículo de Félix MONGE: «Los diminutivos en español», en *Actes du Xe. Congrès International de Linguistique et Philologie Romanes*, Strasbourg, 1962, I, Paris, 1965, pp. 137-147. En la «Discussion» que siguió a esta ponencia, E. Coseriu expuso (p. 147 y s.) que en casos como «Nos hemos construido una casita», «casita» puede ser tan grande como una casa o un palacio, pero es que no se trata de una pequeñez real, sino de una aminoración lingüística. De aquí, precisamente, los valores irónicos del diminutivo por el contraste con la realidad del objeto (que *no es pequeño,* no puede serlo o, simplemente, no admite la apreciación en términos de magnitud). La función «expresiva» (subjetiva), sigue Coseriu, puede ser más frecuente en los textos y aun, si se quiere, más «importante»; pero no es la función básica y constante de los diminutivos. El valor subjetivo es siempre un valor contextual, una «acepción» que se da en la denotación concreta, y no un valor opositivo de lengua, un «significado».
También Alberto Zuloaga («La función del diminutivo en español», *Thesaurus,* BICC, t. XXV, 1970, pp. 23-78) se atiene a la distinción entre significado lingüístico y realidad extralingüística, y entre significado y designación. Y E. Náñez Fernández opina que lo característico del diminutivo consiste en participar tanto de la noción disminuidora como de la valorativa. Es fundamentalmente camaleónico (vid. su obra *El diminutivo. Historia y funciones en el español clásico y moderno,* Madrid, Gredos, 1973, p. 379).
49. Hernán URRUTIA CÁRDENAS: *Lengua y discurso en la creación léxica,* pp. 110-112.
50. Para este tipo de derivaciones, puede consultarse el trabajo de Yakov MALKIEL: «Some contrast between verbal derivations in Spanish and Portuguese», *Univ. of Wyoming Publ.,* IX, 1942, pp. 53-67.

La conveniencia de ordenar tantos y tan variados ejemplos como incluye el fenómeno de la derivación, hace imprescindible su agrupación en dos apartados: derivación nominal y derivación verbal.

1) Derivación nominal

Dentro de la derivación nominal, los sufijos '-illo', '-ito', '-dad', '-oso' y '-ón' son los más fecundos en la prosa ayalina. A continuación, y en menor cuantía, se inscriben otros sufijos que contribuyen, con sus variadas tonalidades y matizaciones, a colorear de expresividad y popularismo, y en alguna ocasión de intelectualismo, la obra de Pérez de Ayala. Estas características expresivas y populares explican que la derivación aparezca con mucha más frecuencia en la prosa novelesca que en los ensayos y poesía.

Con el sufijo '-illo' los ejemplos son lo suficientemente elocuentes como para pensar en funciones que van más allá de la simple disminución, sin que ello suponga supresión de la idea de empequeñecimiento [51]:

«Algunos RICILLOS... tuvieron un estremecimiento de luz» (II, 928), «enteco troje de FENOMENILLOS homogéneos» (IV, 16), «junto a una PAREDILLA ruinosa descansó» (I, 294), «nariz RESPINGADILLA» (IV, 35), «pero ahora tienes ese DESTINILLO que te dio don Sabas» (I, 692), «una CAZOLILLA de cocido de garbanzos» (III, 1148), «aguardó dos años a que un alcalde amigo le concediese un SUELDECILLO en el Ayuntamiento» (II, 766), «vestían extravagantes LEVITILLAS» (III, 1104), «pues los griegos eran muy locuaces y dados a reunirse en improvisados CASINILLOS» (III, 1229), «y ella... se va a antojar con ese SINVERGÜENCILLA que no tiene dónde caerse muerto» (I, 884), «vuelve con una hija... y con DINERILLO» (III, 111), «mi corazón es ya un CANTARILLO que rebosa miel» (IV, 743), «exclamó doña Micaela con DEJILLO sarcástico» (IV, 227), «y nos usurparon el TITULILLO» (II, 815), ARTICULILLO (III, 653), PROLOGUILLO (II, 727), OBRILLA (III, 623), NOVELILLA (IV, 1003), etc.

Pérez de Ayala utiliza también el sufijo '-illo' para adherirlo a sustantivos que indican el cargo o la condición de los personajes:

---

51. El mismo Ayala es consciente de las connotaciones que, en los diminutivos, acompañan a la idea de disminución: «—Bueno, hijito —dijo don Cástulo—, ahora a tomar una cestita de alquiler y derechitos al Collado, como ha determinado, tu buena y sabia madrecita'. La poquedad y azoramiento le inducían a abusar del diminutivo. El hombre, en los grandes conflictos, se achica instintivamente; se vuelve niño y prodende a usar dicciones pueriles» (IV, 280).

«A las horas de abandonar el trabajo hormigueaban las OBRERILLAS jóvenes» (I, 1076), «era lo único que le faltaba: que se pareciese a un INGENIERILLO de ferrocarriles» (II, 748), ESTUDIANTILLOS (IV, 116), «el HIDALGUILLO lugareño» (IV, 871), «Ocaña, el JESUITILLA quisquilloso y guapito» (*AMDG*, 52), «entre el bullicio claro y fragante de infinitas RAMERILLAS que parecían señoras, y señoras que parecían RAMERILLAS» (I, 854), TORERILLO (III, 805), «el COMIQUILLO epiceno» (I, 664), «y el CURILLA vino al encuentro de su tío» (I, 1004), etc.

El sufijo puede ser añadido a nombres propios y apellidos: «Alfonso del Mármol, MARMOLILLO de remoquete» (I, 900), «se me había embotado la memoria por efecto del incentivo carnal... que me inspiraba mi PETRILLA» (I, 804), «un trivial PLUTARQUILLO» (III, 1232), etc.

PUEBLECILLO (II, 665; III, 578; etc.), HOMBRECILLO (I, 143; II, 650; etc.), LENGÜECILLA (I, 463; I, 580; etc.), HUERTECILLO (I, 32; II, 269), MOZALBILLO (III, 352; IV, 445; etc.), son formas que aparecen frecuentemente en los escritos ayalinos.

Con el sufijo '-ito', junto a la idea de empequeñecimiento existen también, en muchos casos, los valores afectivos y emocionales:

«Sol, SOLECITO, que alumbras y calientas» (II, 798), «Meg compuso una MUEQUECITA tan desolada, tan zalamera, tan inocente, que Alberto perdió la serenidad» (I, 463), «de la academia sacas un *sueldecito*» (IV, 490) [52], «Luz, ALMITA, devuélveme ese duro» (I, 358), «me tienes loco, LOQUITO del todo» (I, 460), «¿te acuerdas? ¡Qué AÑITOS los del colegio!» (I, 132), «muy buena muchacha. Le advierto que es DONCELLITA todavía» (I, 308), «el ALDEANITO no respondió» (I, 1018), «urge... ir poco a poco creando un público consciente y de tonificada sensibilidad, en lugar de los varios PUBLIQUITOS

---

52. En estos tres ejemplos, el elemento -ec- es un verdadero interfijo. Según Lázaro Carreter, en casos como *cafe-l-ito*, que alterna exactamente con *cafe-c-ito*, -l- y -c- son alomorfos del mismo morfema: el que se halla en derivados como *aire-c-ico* y, con el morfo ⊦-ec-, en *pan-ec-illo*. Estas formaciones poseen realmente un interfijo, y éste no es meramente antihiático, dista de ser semánticamente vacío y gramaticalmente inactivo, en contra de lo que opina Yakov Malkiel (F. LÁZARO CARRETER: «¿Consonantes antihiáticas en español?», en *Homenaje a Antonio Tovar*, Madrid, Gredos, 1972, pp. 261 y 262). La existencia de consonantes antihiáticas en español ha sido afirmada por Yakov Malkiel, que cree reconocerlas en un reducido grupo de ejemplos que presenta (vid. su trabajo «Los interfijos hispánicos. Problemas de Lingüística histórica y estructural», en *Estructuralismo e Historia. Miscelánea Homenaje a André Martinet*, Universidad de La Laguna, II, 1958, pp. 106-199). Malkiel no vacila en conceder a tales supuestas unidades la condición de morfemas, pero sin otorgarles significación. En cambio, Lázaro Carreter atribuye a los interfijos verdaderos una función gramatical, y hasta un significado bastante netos (*Art. cit.*, p. 254).

que ahora existen» (III, 437), «su novia hubiera quedado ultrajada e indefensa si no es por el ruso, que desafía al OFICIALITO» (IV, 1164), «pero sus actividades subversivas no iban más allá de la publicación quincenal del PERIODIQUITO de combate, que nadie leía» (II, 770), «una espiga metálica... entraba dentro del TRASERITO del divino infante» (I, 682), «se le viene a la cabeza la IDEÍTA de salir de viaje» (II, 842), «San Agustín, el más TALLUDITO de edad» (I, 115), «ese CAPITALITO, más que mío, es de mi niña» (I, 787), etc.

También '-ito' es apto para adherirse a apellidos:

OCAÑITA (*AMDG*, 80), GUZMANCITO (I, 701), «verse el Arbejón con su ARBEJITO... y encararse con su tímido retoño, fue obra de un minuto» (I, 1024).

Incluso se añade a nombres de naciones: «uno de esos emigrantes que vienen de CUBITA» (IV, 288). Y se adhiere a participios, adverbios, gerundios, exclamaciones, no sólo a sustantivos y adjetivos:

«METIDITAS en casa» (II, 92), «un difunto... muy bien GUARDADITO en su ataúd» (I, 1293), ACOGOLLADITA (I, 623), «PEGADITO a las faldas de su costilla» (II, 816), «ACABADITO de pintar» (IV, 22), PRONTITO (IV, 624), TEMPRANITO (IV, 737), «hablando PASITO» (I, 139), QUEDITO (II, 106), AHORITA (I, 661), CABALITO (I, 582), ¡CUIDADITO! (IV, 555), DE PRISITA (I, 296), «¡EN SEGUIDITA la voy a dejar!» (IV, 532), «conque, ANDANDITO a tomar la cestita de alquiler» (IV, 280).

Todas estas formas aparecen en boca de personajes. El habla coloquial representada por los personajes es el terreno más apropiado para la proliferación de estos diminutivos:

«Y aparece una NUBECITA muy CHIQUITITA allá a lo lejos» (I, 572), «tire usted de una MATITA, verá cómo sale el RABANITO» (I, 278).

El sufijo '-dad' [53], de carácter abstracto, proporciona a la derivación ayalina, generalmente popular y expresiva, un tono intelectualizante. La conjunción de popularismo, cultismo y arcaísmo es nota peculiar en la prosa de Pérez de Ayala. Con el sufijo '-dad' se encuentran formaciones léxicas como:

---

53. Según E. Martínez Celrán (*Ob. cit.*, pp. 112 y 113), podemos decir que el morfema -*dad* tiene tres variantes alomórficas: /-dad/, que alterna en distribución libre con las otras dos: /-idad/ y /-edad/, que alternan entre sí complementariamente y son predecibles fonológicamente.

CAPRICHOSIDAD (III, 654), SOMBROSIDAD (I, 17), BOSCOSIDAD (I, 5), «la OBTUSIDAD de algunos lectores» (III, 155).

Algunas veces evita Ayala la forma habitual en '-dad' al construir la derivación sobre otro adjetivo de la misma familia léxica al que no se le suele aplicar el sufijo en cuestión; es el caso de MATERNALIDAD (I, 1249), que es el título que Ayala pone al frente de la quinta *crónica* (así las llama él) incluida en *Terranova y sus cosas,* y de PINGÜEDINOSIDAD (III, 727). En el primer caso, *maternalidad* sustituye a *maternidad* deliberadamente, pues en la *crónica* citada aparece una vez la palabra *maternidad* y dos veces el adjetivo maternal (no cabe duda de que entre materno y maternal hay una diferencia significativa que Ayala aprovecha en su creación derivativa), pero ni una sola vez *maternalidad,* salvo en el título. *Pingüedinosidad* se construye sobre pingüedinoso, y se evita así *pinguosidad,* forma incluida en el DRAE.

«¿Cabe concomitancia de orden lícito entre la representación política y la pingüedinosidad de las ganancias?» [54].

También en MIMOSIDAD (I, 518) y TEDIOSIDAD (I, 349) se advierte, para su formación, el uso de una cadena de sufijos. Otras veces añade Ayala un interfijo a la derivación, como en el caso de TENUICIDAD (I, 448), que viene a ser una variante de TENUIDAD (I, 446). En FOSQUEDAD (II, 931) se comprende la conservación de la 'f-', ya que el vocablo aparece en la novelita *Artemisa,* escrita en 1906, que con *Cruzada de amor* (sobre todo ésta) encierran gran cantidad de arcaísmos, deliberadamente intensificados. La idea de abstracción que conllevan estas formaciones es siempre muy patente, y su carácter intelectualizante explica la gran frecuencia de aparición en la prosa ensayística:

VIBRATILIDAD (I, 311), OBVIEDAD (I, 1155), EXTERNIDAD (II, 625), FUTURIDAD (III, 546), INVENTIVIDAD (III, 592), HACENDOSIDAD doméstica (I, 240), «en general, los ataques que padecemos los escritores son iletradas CERRILIDADES» (III, 1074), SENTIMENTALIDAD (III, 319), VENEREIDAD (I, 499), «un crítico, que tenía una fama y unas orejas detestables (una y otras de ASINIDAD definitiva), habló así» (I, 753), «digo que en la religión no cabe la CON-

54. En *maternalidad* hay que pensar en una cadena de sufijos (LÁZARO CARRETER: *Art. cit.,* pp. 257 y 258, habla de esto a propósito de *cocheril,* formado a partir de *cochero;* no se trata de un interfijo '-er', como pretende Malkiel, sino de una cadena de sufijos: er(o)+il). En *pingüedinosidad* y *pinguosidad* hay que pensar en la alternancia de dos lexemas, según el análisis funcional que preconiza Lázaro Carreter (vid. *Art. cit.,* p. 261). Pinguosidad se forma sobre el lexema 'pingu-'+os+idad (cadena de sufijos); y pingüedinosidad sobre el lexema 'pingüedin-' (del latín *pinguedo, -inis*), más los dos sufijos.

VERTIBILIDAD, sino la conversión, que no son idénticas» (III, 1036), «en Bailén... se desvaneció el mito de la INVENCIBILIDAD del Ejército napoleónico» (*ABC*, 28-IX-1948), «entrever o imaginar el destino fatal de todas las COLOSIDADES y vanidades humanas» (*ABC*, 7-IX-1952), «la abrupta transición del altiplano a las profundidades abismáticas del Pacífico denota la REPENTINIDAD de la estructura» (*ABC*, 11-II-1954), «yo llamaría épocas clásicas aquellas en que la educación literaria o artística se ha hecho general, frisando en el máximo de altura y el máximo de ANCHUROSIDAD» (*ABC*, 9-VI-1952).

La forma *hispanidad* lleva a formaciones analógicas como «la más rancia ROMANIDAD» (*Hermann encadenado*, 67), «los hermanos en ITALIANIDAD» (*Idem*, 41), «entre los asturianos en la tierrina y los asturianos en la emigración, tened por cierto que corresponde la supremacía en ASTURIANIDAD, por decirlo así, a los asturianos en la emigración» (I, 1118) [55].

El vocablo en '-dad' más frecuente en Pérez de Ayala es ABSURDIDAD (I, 261; III, 423, etc.) [56]. También le gustan formas como LEVIDAD (I, 1260; *AMDG*, 184), LENIDAD (I, 396; *AMDG*, 123), TENUIDAD (I, 1186; II, 130), etc. COMPACIDAD (I, 829), BORROSIDAD (III, 45), así como LEVIDAD (vocablo ya visto), formas utilizadas por Ayala antes de 1914, no se hallan incluidas en la edición del DRAE de esa fecha.

Con el sufijo '-oso', junto a formas usuales como SOMBROSO (II, 925), SONOROSO (II, 122), RUMOROSO (I, 987), ABUNDOSO (I, 825), etc., se hallan otras más insólitas. Se advierte en ocasiones el interés por evitar la derivación habitual; otras veces se establece la derivación en '-oso' por analogía. He aquí unos cuantos ejemplos:

«Estos ritmos regulares y MACHACOSOS empiezan por irritar los nervios» (I, 1175), AZULOSO (I, 1086), «las negras entrañas de la noche TORMENTUOSA» (*AMDG*, 229), «lo MULTITUDINOSO y clandestino de la prole» (II, 999), GREÑOSO (I, 996; II, 880), etc.

---

55. Ortega y Gasset considera amaneradas estas formaciones, y dice que fueron los italianos los primeros en hablar de la italianidad, a su juicio un poco cursimente. Para Ortega, es preferible hablar de españolía, y, por tanto, de asturianía e italianía (vid. R. SENABRE: *Ob. cit.*, p. 49). A principios de siglo suscitaba ciertas reservas la admisión del neologismo *hispanidad*, que Julio Casares defiende abiertamente (vid. J. CASARES: *Cosas del lenguaje*, Madrid, Espasa Calpe, col. Austral, 1961, pp. 94-105). A. Manuel de Saralegui y Medina le parece antipática la palabra *italianidad*, así como otras formas en '-dad' que califica de innecesarias, feas, amaneradas, malsonantes y «tal vez inexpresivas» (*Escarceos filológicos*, IV, Madrid, Espasa Calpe, 1928, pp. 180-188).
56. En este caso, Saralegui y Medina defiende esta forma y ataca el empleo de *absurdidez* (*Ob. cit.*, p. 69).

La voz HUMOROSO («la luz amarillenta y humorosa de un candil», I, 46) viene incluida en el DRAE como derivación de *humor,* pero en Ayala posee el sentido de HUMOSO (II, 970), que es la voz que normalmente utiliza[57]. El sufijo '-oso' es fecundo en derivaciones más o menos sorprendentes:

«Anita conservaba aún su continente PRESTANCIOSO de *Virgo Vestalis Maxima»* (I, 446), «y POTENCIOSO, con más dinero que el rey de España y de las Indias» (II, 966), «el padre Francisco toma el PERGAMINOSO libro» (II, 871), «era una bestezuela estúpida, FANFARRIOSA, olímpica» (I, 265), «no se puede negar que es un espectáculo TABARROSO» (I, 1267), «aquel ministril ERISIPELOSO y soez» (IV, 358), «y el tamboril de bruñido y ATINOSO parche retozaba como un mozalbete» (I, 33), etc.

No es infrecuente la agrupación de dos elementos en '-oso':

«Una cuadrilla de SONOROSOS y CLAMOROSOS cuadrúmanos» (III, 451), «aunque sí mucho más ENGORROSA y ESTORBOSA» (III, 1226), «de ABUNDOSAS y MANTECOSAS carnes, sin llegar a la exuberancia» (I, 19)[58].

Otros casos de sufijación en '-oso' son:

LATEBROSO (*AMDG,* 233), TALENTOSO (III, 305), SOBERBIOSO (IV, 749), RADIOSO (IV, 589), ALARDOSO (II, 349), «el choque armado y SANGUINOSO» *(Hermann encadenado,* 105), etc.

Por poseer el sufijo '-oso' cierto tono arcaizante y popular, las formaciones de este tipo aparecen con más frecuencia en los primeros escritos ayalinos, ya que la prosa de la segunda época es más analítica.

El sufijo '-ón' tenía originariamente un sentido individualizador, y a partir de este carácter, la función propiamente románica (el francés exceptuado) es la aumentativa. Con esta significación ha tenido y tiene en español absoluta vitalidad, y su uso es prácticamente ilimitado con sustantivos[59]: ZAPATONES (II, 933), «SOMBRERONES haldudos» (I, 154), CAPOTÓN (II, 951), PALACIÓN (I, 971), «parece un ARAÑÓN; pero no es sino un intrépido soldado

---

57. El vocablo aparece en *Tinieblas en las cumbres,* y supone un evidente desacierto de Pérez de Ayala, en que nunca más volverá a incurrir.
58. En los tres ejemplos la bimembración adjetival proporciona a las frases un ritmo distribucional y acentual. El esquema acentual para las tres bimembraciones es el siguiente: «——/— y ——/—». En estos casos es más interesante el ritmo sintáctico y el melódico que lo insólito de las formaciones léxicas. La aliteración se observa con claridad en el primer caso.
59. Félix MONGE: «Sufijos españoles para la designación de *golpe»,* en *Homenaje a Francisco Ynduráin,* Zaragoza, Facultad de Filosofía y Letras, 1972, pp. 233-235.

alpino» (*Hermann encadenado*, 218 y 219). Sobre adjetivos, forma además derivados para calificar personas, a veces con valor predominante aumentativo, pero, en general, de fuerte componente apreciativo: MAJETÓN (IV, 73), BOBÓN (II, 987), DESCARADONA (I, 406), LLORICÓN (IV, 577) [60].

La forma en '-ón' más frecuente en Ayala es MOZARRÓN (I, 149; II, 699; *AMDG*, 14; etc.). Las variantes sobre este modelo son muchas: MOZANCÓN (II, 935), MOCETÓN (I, 57), MOZALLÓN (II, 770; IV, 424), CHICARRÓN (I, 894), ZAGALÓN (IV, 322), etc.

El sufijo '-ón', en general, forma derivados masculinos aunque el primitivo sea femenino (F. Monge, p. 235); he aquí alguna formación femenina: «levantar ESCANDALONAS» (*Cartas a Galdós*, 88). «Pepa... venía rozagante, fresca y RISONA» (I, 892).

Hay en algunas de las formas expuestas influjo dialectal, como puede observarse también en GOCHONA (I, 935), ZORRONA (II, 968), MOZÓN (II, 966), y más claramente en VIEYÓN (II, 967), así como en COCÓN (I, 71): «duérmete, neño, que va a venir el cocón». Todas estas voces aparecen en boca de personajes asturianos.

Casi siempre con matiz fuertemente afectivo, predomina, con el sufijo '-ón', de ordinario la idea peyorativa sobre la de simple aumento (y, a veces, incluso, un matiz meliorativo en función de la situación y del contexto) [61].

Ya se dijo que la derivación en Pérez de Ayala es abundante y variada. El resto de los sufijos que aparecen en su obra poseen una fecundidad menor si se los compara con los estudiados, pero tampoco faltan las formaciones interesantes.

El sufijo '-eo', para formaciones deverbales de carácter popular y expresivo, se encuentra con frecuencia en la obra ayalina. El sufijo '-ear', por otra parte, es, dentro de la derivación verbal, el más fecundo. Ambos sufijos otorgan a la prosa ayalina, sobre todo novelesca, una gran parte del tono onomatopéyico y expresivo que posee.

Las derivaciones en '-eo' suelen estar insertas en un contexto que intenta reproducir fonéticamente èl ruido, el murmullo o el movimiento:

---

60. *Idem*, p. 234. Además de las formaciones a partir de nombres, '-ón' ha llegado a formar también en romance derivados sobre verbos (*Idem*, p. 235): es el caso de *lloricón*, aunque puede formarse sobre «llorica».
61. *Idem*, p. 235.

«Se oía RUMOREO de charlas quedas» (II, 700), «la sala estaba poblada de misterioso RUNRUNEO, como el que habita dentro de las grandes cacerolas» (I, 624), «poblaba el aire ese vasto MOSCARDONEO compacto» (I, 697), «oíanse los gritos de los hombres de mar entre el sordo REZOGUEO del oleaje» (I, 832), «el TEMBLEQUEO nervioso del rabo» (I, 263), «oíase... el TECLETEO de algún miserable piano de manubrio» (I, 782) [62], «hizo un breve, obsceno y raudo CADEREO» (I, 653), «ya se mueven las filas torpemente, con BASTONEO, carraspeos y arrastrar de pies» (IV, 213), «manso runrún, que se mezclaba al SISISBEO de los árboles» (I, 211), etc.

BISBISEO (I, 400) es la voz de esta índole más utilizada por Ayala: «y aquí se levantó un BISBISEO de risas, ahogadas tras de la servilleta» (*AMDG*, 81). Le sigue en frecuencia CHICHISBEO (I, 79): «se oía... CHICHISBEO de boscaje» (II, 927), «las gentes que andaban por allí próximas curioseaban y hacían CHICHISBEOS vivos» (I, 223).

Bisbiseo, chichisbeo, sisisbeo y runruneo denotan onomatopéyicamente toda clase de murmullos y ruidos confusos y apagados [63].

Las derivaciones en '-eo' refuerzan la sonoridad de los párrafos, y contribuyen a la formación de la estructura melódica de los mismos:

«Acaso resbala un fugitivo CABRILLEO fosforescente sobre la crasa epidermis de las aguas» (*Hermann encadenado*, 265), «el CHACOLOTEO de los pies hacía un ruido acompasado y cacofónico» (I, 60), «hasta la calle desciende activo rumor de hacendosidad doméstica; TRAQUETEO de sillas, RASGUEO de escobas, y provocadoras risas jóvenes» (I, 240) [64].

El carácter expresivo de estas derivaciones explica sobradamente su abrumadora frecuencia en la prosa novelesca, sobre todo de la primera época, más descriptiva.

El sufijo '-ada' tiene generalmente un marcado carácter arcaizante [65]. El valor primitivo y fundamental de las formaciones latinas en '-ta' ('-sa') es el

---

62. La formación normal en la lengua es *tecleo*. En *tecleteo* se observa el influjo de formas como *tableteo, traqueteo* y *golpeteo*.
63. *Chichisbeo* es voz italiana, que se introdujo en español con la acepción de galanteo, coqueteo, obsequio y servicio cortesano y asiduo de un hombre a una dama (vid. *Diccionario de Autoridades*, t. I, Madrid, Gredos, 1969, s.v. CHICHISVEO). El Diccionario académico, en su edición decimonovena, conserva esta acepción clásica, y no da ninguna otra. En Pérez de Ayala, chichisbeo entra en el campo semántico de bisbiseo, siseo, sisisbeo, etc.
64. Otros ejemplos de derivación en -eo: CLAMOREO (I, 997), AZACANEO (II, 985), ESPEJEO (I, 865), CAMPANEO (I, 871), etc.
65. De los tres formantes españoles que han servido y sirven para la denomina-

de acción abstracta. La forma española '-ada' aparece con varios sentidos desde los primeros textos, pero el valor fundamental continúa siendo el de acción [66]:

«Oigo los *blincos* del trasgo y la RISADA del diablo» (IV, 735), «celebraban divertidos los sobresaltos, aspavientos, visajes y SANTIGUADAS de la vieja» (IV, 764).

A partir del sentido abstracto de acción, las formaciones en '-ada' han desarrollado otros muy diversos. El primero que se desgaja de la función primitiva es el que indica una acción característica de una persona o de toda una clase de personas o animales, o, quizá mejor, *acto propio de*: TE-NORIADA (IV, 782) es una voz construida analógicamente sobre *calaverada*: «alguna tenoriada y calaverada oportuna es lo que a mí me falta». En estos nombres de personas se trata de arquetipos y no de auténticos individuos; además, se observa, en general, un sentido peyorativo. Es común a muchas de las formaciones en '-ada' un matiz aumentativo y ponderativo: UÑARADA (II, 352; *AMDG*, 119), HUMORADA (II, 1030), LUMBRARADA (II, 1029; IV, 732), «una HILADA de barcos boniteros» (II, 598). El sentido aumentativo lleva a la representación de gran cantidad: «a media tarde tenían los escorpiones una PERCEBADA en el chigre del Nolo» (II, 794), «habían llevado al chigre un saco enorme de percebes. Los cocían a CALDERA-DAS» (*Idem*).

El sufijo '-ada' se aplica también a lexemas que indican tiempo: MATI-NADA (I, 79; II, 686; *AMDG*, 9), OTOÑADA (II, 970), AÑADA (II, 157), MESADA (I, 539; II, 1001).

Resulta curiosa la masculinización de *alborada* en el texto siguiente:

«El ALBORADO derritía sutil claridad de roca sobre la cumbre de los montes fronterizos» (I, 1047) [67].

ción de *golpe* ('-ada', '-ón' y '-azo'), el más antiguo en este uso es '-ada'. Pero '-ón' y '-azo' han ido invadiendo a lo largo de la historia el ámbito que '-ada' señoreaba en español antiguo, y '-ada' es hoy menos vital y fecundo que ellos (F. MONGE: *Art. cit.*, p. 229). Hans-Martin Gauger se ocupa de estos tres sufijos en los primeros capítulos de su trabajo *Untersuchungen zur spanischen und französischen Wortbildung*, Heidelberg, Carl Winter Universitätsverlag, 1971.

66. F. MONGE: *Art. cit.*, p. 230. Para el estudio del sufijo '-ada' en Ayala, se seguirán las observaciones de Monge (vid. pp. 230-233).

67. En América se dan alternancias de uso (con o sin diferencia de significado) entre formaciones en '-ada' y en '-ado' (F. MONGE: *Art. cit.*, p. 230, nota 4).

El sufijo '-ez' es sólo muy ligeramente inferior en frecuencia al anterior, pero las formaciones que Pérez de Ayala logra con él son más insólitas [68]:

«La ERRABUNDEZ perdurable había puesto en las pobres gentes un poco de melancolía» (I, 34), «una historia de penalidades y ERRABUNDECES» (I, 64), TACITURNEZ (I, 205), ENTEQUEZ (I, 599), GROTESQUEZ (I, 1248 y 1270), ADULTEZ (I, 930; II, 516; III, 272; IV, 1155), IRACUNDEZ (III, 1155), «francesismo y españolismo... son dos personalidades irreducibles. Admiten la COYUNDEZ, la unión, pero no la amalgama» (IV, 1184).

Ayala destaca, entrecomillándola, la forma EXTRAORDINARIEZ, construida analógicamente sobre *ordinariez*:

«Todas las confesiones famosas, de hombres famosos, producen imprevisión de insinceridad, de teatralidad, de artificio vanidoso, que redunde en la exaltación y «EXTRAORDINARIEZ» (si me permitís la palabra) del que finge, y acaso se figura de buena fe estar confesándose en público» (IV, 995).

CUITIDEZ (I, 1008) se utiliza en vez de la forma común *cuitadez*:

«A menudo menudeaban los sollozos, y el labriego fue cuitándose, cuitándose, hasta que su cuitidez lindaba en el llanto».

Otras derivaciones en '-ez':

«Con agudeza y SESUDEZ imprevistas» (IV, 331), «la grácil MACICEZ de las caderas» (I, 1188), «asimismo puede haber PLEBEYEZ y vulgaridad (ineptitud para conocer) en la nobleza heredada» (II, 418), «pedigüeñerías y MENDIGUECES» (*AMDG*, 11), CADUQUEZ (I, 1201; II, 87), DESPOTIQUEZ (I, 1084; I, 1176), etc.

El sufijo '-ismo' ofrece también ejemplos de interés. Ya se vio la forma parasintética HORMIGOCENTRISMO (I, 271). El sufijo sirve para formar vocablos de marcado cariz jocoso, con matices despectivos o irónicos:

«Es CALAMARISMO, confusionismo, tinta disuelta en palabras; o viceversa» (III, 651), «el BABELISMO es el prólogo de toda desintegración cultural» (III, 652), «no caigas en cobarde FAQUIRISMO» (II, 727), «suele acompañarse con promiscuidad, bastardización o MESTICISMO» (III, 1216), «sin embargo, nuestro Padre la Colombière y sus cofradías de CORDIOCOLISMO se impusieron» (*AMDG*, 85).

68. Para este sufijo vid. A. BURNELL: «Spanish and Portuguese '-ez', '-es'», *Academy*, London, 1882, XXI, 233. Y L. H. GRAY: «L'origine de la terminaison hispanoportugaise '-ez'», *BSL*, Paris, 1935, XXXVI, 163-166.

No es difícil hallar el deseo de huir de la forma habitual para conseguir determinados matices significativos:

«Échase de ver que en este romance se acentúa el sentimiento de LEALISMO monárquico» (I, 1113), «me clausuro... y yazgo... en mi YOÍSMO ensoñador» (II, 297), «la última cristalización literaria del YOÍSMO senequista» (*ABC*, 23-VII-1953), «habiéndose casado en Circasia con una princesa de extraordinario ardor e insaciable VENUSISMO» (*AMDG*, 7), «el *cazurrismo o plebeyismo* se manifiesta en el juicio como una suspicacia» (IV, 899), «no olvidemos que el PICARISMO O SENEQUISMO rahez y anecdótico se define en la práctica por una nota intelectual» (III, 329) [69].

El sufijo es apto para funcionar con nombres de persona: carlismo, maurismo, etc. El tono jocoso se muestra claramente al formar la derivación sobre el apellido del padre Crisóstomo Riscal, muy devoto del Sagrado Corazón de Jesús: «Sequeros... comienza a hacer sus propagandas de CORDIOCOLISMO y RISCALISMO, y todas las *madreselvas* se vuelven locas» (*AMDG*, 87) [70].

La derivación más sorprendente en este apartado es ATLEÍSMO (I, 1132):

«Por entonces se solía renombrar aquella Universidad [71] como la Atenas de España. No me atrevo a sostener que semejante renombre no encerrase un tanto de hipérbole, pues, claro está, que de sostenerlo me cabría a mí una trayectoria de atleísmo».

Otros ejemplos son más normales:

«El ABOGADISMO... tiene por oficio trocar los naturales términos de las acciones» (III, 720 y 721), «el español, en cualquier estado, propende al CAUDILLISMO» (III, 493), «marxismo y sindicalismo pudieran agruparse bajo una etiqueta común: OBRERISMO» (III, 1038 y 1039), etc.

El tono intelectualizante que poseen las formaciones logradas con este sufijo, explica su mayor frecuencia de aparición en la prosa ensayística.

El sufijo '-ío', '-ía' tiene casi siempre un sentido de 'calidad de' [72]:

69. Años más tarde vuelve Ayala sobre los conceptos de picarismo y senequismo: «En el orbe moral hispánico hay un hemisferio de luz, el senequismo, y otro de sombra, el picarismo» (*ABC*, 14-VII-1953).
70. Las *madreselvas* son las beatas.
71. La Universidad ovetense.
72. Según Martínez Celdrán, '-(er)ía' es un sufijo paroxítono que tiene la posibilidad de aparecer con un interfijo que es imprevisible por el contexto fonológico:

«Aficionadas a TEATRALERÍAS y extremosidades» (II, 627), «*Mimetismo o pose o* FARANDULERÍA, ¿qué más da?*» (I, 707), «al menos tienes el valor de confesar tu CANALLERÍA» (I, 405).

Derivaciones más normales son:

MOCERÍO (II, 614), TORERÍA (III, 761), BURLERÍA (II, 807), GANDULERÍA (I, 417), PEDIGÜEÑERÍAS (*AMDG*, 11); HURAÑÍA (I, 631), «habláis mal de los tertulines de café, de la CHARLATANERÍA y POLITIQUERÍA españolas» (I, 714), etc.

Se observa en algunos de los ejemplos aducidos un claro matiz despectivo y caricaturesco; en otros, el deseo de evitar el sufijo más desgastado y común.

El sufijo '-ista' suele indicar *partidario de*:

«Se afirma individualista
y es de algo o de alguien un *ista*» (II, 299).

DICTATORIALISTA (III, 924), CANZONETISTA (I, 528), «concedamos hipotéticamente asentimiento a los HISTORISTAS» (IV, 1210).

El sufijo es muy apto para aplicarlo a nombres de políticos, con lo que así se forman los partidos correspondientes:

«Hay PRIMORRIVERISTAS, pero no dictatorialistas» (III, 924), ROMANONISTA y ANTIRROMANONISTA (II, 730), GARCIAPRIETISTA, VILLANUEVISTA, ALBISTA, GASETISTA, MERINISTA, ALCALAZAMORISTA, CIERVISTA, URZAÍSTA, JAIMISTA, MAURISTA (III, 722 y 723).

En un artículo de *Política y toros*, Pérez de Ayala habla de los partidos políticos en España con cierta ironía, y surgen todos esos vocablos en '-ista' que se acaban de citar.

El sufijo '-ción' tiene realizaciones parasintéticas que ya se vieron en el apartado correspondiente. Otras formaciones son

«Llegar a la NORTEAMERICANIZACIÓN de Rusia» (III, 904), «aquellos estados los más morosos de LEGIFERACIÓN y de mayor estabilidad política» (III, 921), «REVENTACIÓN social» (III, 904), «promiscuidad, BARTARDIZACIÓN

así, en *panadería* no hay interfijo '-er-', pero sí en *bellaquería* ya que no existe *bellaquero* (*Ob. cit.*, p. 116).

o mesticismo» (III, 1216), DETESTACIÓN (II, 432), «una cultura no es únicamente MEMORACIÓN y evocación de un pretérito espléndido, sino un hacer y creer incesantes» (*Arriba*, 9-X-1947), «también la miopía lleva consigo su MEMORACIÓN o ideación parejas» (*ABC*, 29-VIII,1952), «severa REGIMENTACIÓN de las costumbres» (*ABC*, 17-VII-1952), «antes de haber sido colegiadas en un cuerpo homogéneo, de SERIACIÓN cronológica» (*ABC*, 22-VIII-1952), «inventaron la letra de cambio, que es la DESMATERIALIZACIÓN y volatilización del dinero tangible» (*ABC*, 20-III-1954), «un instrumento... para llevar a cabo la universal ESTULTIFICACIÓN de las masas populares» (*ABC*, 13-VIII-1948), etc.

Todos los ejemplos están documentados en los ensayos, lo que no debe extrañar dado el tono culto y científico de este sufijo. La desinencia '-ción' se adopta generalmente en castellano para caracterizar los vocablos con que se designan la acción y el efecto de los verbos a que respectivamente corresponden [73].

El sufijo '-al' [74] ofrece formaciones por analogía: PRELACIAL (I, 1039) es vocablo más insólito que ABACIAL (I, 609) y PRIORAL (II, 874), cuyo modelo de derivación sigue. Lo mismo sucede con NOCTAL (II, 53) y VESPERAL (II, 1044; II, 634) [75] si se comparan con AURORAL (II, 456) y MATUTINAL (*AMDG*, 129), formas que aparecen frecuentemente en Pérez de Ayala, sobre todo la última.

Otras derivaciones importantes son:

«La mentira ABOGACIAL oficial» (III, 849), «el trazado ESTRADAL de la guerra italiana» (*Hermann encadenado*, 199), «una especie de crisis PUBERAL» (III, 926), «el limbo oscuro del tártaro AVERNAL» (II, 220), «aroma de recuerdo, siempre joven y siempre LATINAL» (I, 1196), «la sima lóbrega de una boca LETRINAL» (*AMDG*, 21), «coloquio VIVIAL sobre el amor»

---

73. M. DE SARALEGUI Y MEDINA: *Ob. cit.*, p. 192. Saralegui y Medina rechaza por incorrectas derivaciones como individualización, motivación, escogitación, encumbración, superación, intensificación, musicalización, etc. (vid. pp. 189-197), formas que hoy son de uso corriente. Sin embargo, también afirma: «Justo es reconocer, y lo reconozco de buen grado, que las tales leyes de derivación filológica son, en realidad, tan varias, tan oscuras e imprecisas, que su exacta y sensata aplicación está muy lejos de ser caracterizada por nada que signifique práctica científica de sistemática doctrina merecedora de mediana respetabilidad» (p. 190).

74. Vid. para este sufijo M. L. WAGNER: «Zum spanish-portuguiesischen suffix '-al'», *VKR*, 1930, III, 87-92.

75. Vesperal, en la decimonovena edición del DRAE, sólo hace referencia al libro de canto llano, que contiene el de vísperas. En Ayala el adjetivo en cuestión se refiere al tiempo: «ya comienzan a decir por la radio el epílogo vesperal». Otro ejemplo: «dentro de poco vendrá la fiebre a hacerme su vesperal visita» (*Cartas a Galdós*, 87).

(IV, 1057), «la dilatada mesa evoca efusiones CONVIVIALES» (*Hermann encadenado*, 57), «el secreto de este incentivo irresistible y unánime del *football* debe residir en lo que los biólogos denominan un residuo VESTIGIAL» (*ABC*, 17-VII-1952), «este BANDAL de traductores, intérpretes y hermeneutas» (I, 1213).

Pérez de Ayala forma TERRAL y PRADIAL con acepciones no incluidas en el DRAE[76]:

«Punto de honor enhiesto y firme, en el uno, sencillez terral, hombría de bien en el otro» (I, 1214).

«Cuando atina a erguirse, algunas hierbas y hojas... lo coronan como a divinidad pradial» (II, 20).

«Es un libro... un poco místico, algo pradial y algo eclógico» (II, 870).

El sufijo '-ero' supone generalmente una variación y matización ante otros más habituales:

«Todo intento de romper con lo USADERO es loable en principio» (III, 417), «Constitución DOCEAÑERA» (III, 943)[77], «nuestra habla cotidiana y USADERA» (IV, 855), «repite que las obras literarias perdurables y PERDURADERAS...» (IV, 1219), «todo equilibrio se sustenta sobre un eje o centro de gravedad que es, mecánicamente, lo constante por bajo de lo CAMBIADERO» (III, 499), «cuyo tronco robusto y largamente VIVIDERO se corporiza...» (IV, 1258)[78], ARTIMAÑERO» (II, 340), «cuentecico TERRUÑERO» (I, 1052), «amor constante y TERRUÑERO» (IV, 1033 y 1034), «gargantas MONTAÑERAS» (*Hermann encadenado*, 165), «ello es que la Convención tomó por su cuenta lo del nuevo calendario. Encargó su confección a Romme... hombre poco ESTRELLERO y nada matemático» (*ABC*, 13-VIII-1952)[79].

Otras derivaciones menos sorprendentes son: amigos DILIGENCIEROS (I, 830), género chico o SAINETERO (III, 504), ojos PARLEROS (II, 938), HAZAÑERO (III, 346), etc. HUIDERO (I, 35; II, 1027; etc.) y MADRUGUERO (I, 726; II, 1174; etc.) son las formas más frecuentes en Ayala.

---

76. El DRAE habla únicamente del viento terral, y pradial es el noveno mes del calendario republicano francés que comprende desde el 20 de mayo al 10 de junio.
77. Se trata de la Constitución doceañista, la de 1812.
78. *Perduraderas, cambiadero* y *vividero* muestran, en su construcción, la analogía con voces como *perecedero*. Según el DRAE, *vividero* se aplica al sitio o cuarto que se puede habitar. En el texto de Ayala viene a significar lo mismo que *perduradero*.
79. *Estrellero*: m. ant. «astrólogo», según el DRAE.

Los ejemplos más interesantes de sufijación en '-ero' aparecen casi exclusivamente en la prosa ensayista, para ayudar a la precisión de lo que se quiere calificar.

El sufijo '-il' aparece en bastantes formaciones especialmente insólitas. Junto a formas ya normales y frecuentes en Ayala como MUJERIL (I, 12; II, 259; etc.), MOCERIL (III, 1073; IV, 737; etc.) [80], MUCHACHIL (I, 794; *AMDG*, 253; etc.) y DONCELLIL (I, 288; II, 228; IV, 302) se hallan derivaciones analógicas como «TERCERILES artes» (II, 287), «la indumentaria VULPEJIL» (I, 209), RAMERILES laudes» (I, 113), «artilugio RAMERIL» (I, 577), «con MATRONIL energía» (IV, 685).

Junto a «moral CORDERIL» (III, 52) se hallan «tímida condición CARNERIL» (III, 950), «carne BORRIQUIL» (II, 999), «diferentes especies de ganado: vacuno, caballar, BORRIQUIL, humano y alguno que otro individuo de cerda» (I, 1246).

Junto a «CONCEJIL pareja» (I, 126) y MINISTRIL (IV, 358) aparece «palabrería ABOGACIL» (IV, 358), «inteligencia ABOGACIL» (III, 720), «labia ABOGACIL y sibilina» (II, 753) [81].

Y junto a formas usuales como BARBERIL (*Hermann encadenado*, 177 y 178: «tormento barberil» y «facundia barberil»), PORTERIL (I, 484), COCHERIL (I, 822; IV, 267) [82], CARRETERIL (I, 727) se hallan otras más inusitadas como «vocablo MARINERIL» (*AMDG*, 216), «disertación CRIADIL» (III, 131), «romería CRIADERIL» (IV, 780), «arte MODISTIL» (II, 972).

---

80. Mariano de Cavia se ensaña, a principios de siglo, con el lanzamiento de esta derivación: «*Moceril* han dado en llamar a todo lo *juvenil*, sin distinguir de colores y a carga cerrada, los que presumen de innovadores de la lengua... *Mocero*, en buen romance, es el dado a mozas. *Moceril*, por consiguiente, lo que toca y corresponde a los *moceros*... Muchachos españoles: dad al diablo a todos estos cacógrafos y cursis que, so color de daros nombres nuevos y sonoros, os ponen los apodos más repugnantes que trae consigo nuestro idioma» (M. DE CAVIA: *Limpia y fija*, Madrid, Renacimiento, 1922, 179-180). El DRAE, en su decimoquinta edición, de 1925, admite *mocil*, con el sentido de lo que es propio de gente moza. En la decimoséptima edición, de 1947, se pueden encontrar ya las palabras *mocerío* y *moceril*. La primera con la acepción de conjunto o agregado de mozos o de mozas, gente joven, o de mozos y mozas solteros. A la segunda se le da el mismo significado que a *mocil*, y deriva de *mocerío*, no de *mocero*.
81. Vid. más arriba ABOGACIAL. La derivación normal es *abogadil*, de *abogado*. Ayala construye la derivación sobre *abogacía*.
82. Yakov Malkiel reconoce la presencia de un interfijo '-er-' en ésta y otras palabras. Pero existe *cochero*, como existe *portero* y *carretero*, y habría que pensar, antes de aislar un interfijo '-er-', en una cadena de sufijos ER(O)+IL (vid. F. LÁZARO CARRETER, «¿Consonantes antihiáticos en español?», en *Art. cit.*, pp. 258 y 259). Por influjo analógico de estas formas se puede explicar la aparición del elemento '-er-' en casos como *criaderil*, aunque en Ayala aparece también *criadil*.

El sufijo '-il' es, en Pérez de Ayala, uno de los más fecundos, si no tanto en cantidad, sí en novedad:

«Servidumbre TENDERIL» (II, 822), «sus ZAPATERILES prevaricaciones» (III, 63), «reporteros y críticos GACETERILES» (III, 507), «los usos del derecho HOSTERIL internacional» (I, 852).

La forma HOSPEDERIL es frecuente en Ayala:

«Tugurio HOSPEDERIL» (I, 1236), «negocios HOSPEDERILES» (I, 731), «la HOSPEDERIL semana culinaria» (I, 676), «la metrópoli HOSPEDERIL» (IV, 24), etc.

Al hablar de los picadores de toros, Pérez de Ayala forma el adjetivo PICANDERIL (III, 826):

«Esto es, que los picadores recabaron y consiguieron una ventaja: la de picar fuera del círculo siempre que quieran, en compensación de una desventaja picanderil que los ganaderos habían recabado y conseguido: la de la lanza con arandela».

En ocasiones parece que la presencia de '-il' obedece al deseo de renovar una formación que el escritor considera mortecina o reiterativa:

«Y un tumulto de energías contenidas, de ímpetus latentes, de sangre turbulenta, de vida, de mocedad PAGIL y frenética...» (III, 1137), «los primeros besos casi la gratificaban, como una llovizna tibia sobre la piel FIEBRIL» (IV, 717), «tal fue el concepto del amor TROVADORIL y caballeresco» (III, 346) [83].

El sufijo '-esco' funciona generalmente en español con carácter jocoso [84]. El sufijo tiende con frecuencia al envilecimiento, lo que se observa en formas ya instaladas: SACRISTANESCO (I, 664; III, 64; etc.), CURIALESCO (III, 752), BRUJESCO (IV, 481), LOQUESCO (I, 110; III, 287), DIABLESCO (II, 194), ANDANTESCA caballería (III, 54).

Más insólitas son derivaciones del tipo:

---

83. Formaciones más normales son: «empresas FREGONILES» (I, 828), «influencias CACIQUILES» (I, 252), «la CACIQUIL ondulación» (I, 445). El vocablo *caciquil* se encuentra incluido en Roberto PASTOR Y MOLINA: «Vocabulario de madrileñismos», *RH*, 18, 1908, p. 54.
84. Werner BEINHAUER: *Spanischer Sprachhumer*, Benn und Köln, Ludwig Rörscheid Verlag, 1932, p. 116.

«Ciencia ZAPATERESCA» (IV, 46), «mundo meramente LITERATURESCO y escénico» (III, 100), «mítines POPULACHESCOS» (I, 732), «guardarropía ITALIANESCA» (III, 569).

Por analogía con CHULESCO (I, 312), CANALLESCO (I, 307; *AMDG*, 202), RUFIANESCO (I, 135), CHALANESCO (I, 393), SAINETESCO (II, 504), aparecen derivaciones como «en actitud CHABANESCA, e impúdica» (I, 136), «un coro destemplado y SATIRESCO» (I, 219). Y por analogía con *picaresca* surge la forma *villanesca*: «los cuarteles, señora, son academias de la villanesca y la picaresca» (IV, 703).

El sufijo es apto para ser añadido a nombres propios, apellidos, de artistas y escritores. Si se tiene en cuenta el modelo QUEVEDESCO (I, 696), SANCHOPANCESCO (III, 1149), se llega a la construcción de formas como:

«Romances ZORRILLESCOS» (IV, 816), «la obra galdosiana, como la HUGUESCA y la LOPESCA...» (IV, 948) [85], «también es magnífico, VICTORHUGUESCO, enunciar este hecho en la lista de las hazañas napoleónicas» (III, 1181 y 1182), «rojo TICIANESCO» (I, 501).

'-esco' se adhiere también a nombres de personajes históricos, sin que nunca desaparezca la capacidad jocosa inherente al sufijo: «restaurantes HELIOGABALESCOS» (I, 1282).

El sufijo '-udo' se utiliza con frecuencia para subrayar rasgos físicos y grotescos [86]:

«Feo sapo GRANUDO» (II, 176), «por eso yo no quiero novias de cuello corto y MORRILLUDAS» (IV, 502), «la VENTRUDA Blanca» (I, 763), «TALENTUDOS señores extranjeros» (I, 1188). El influjo dialectal se muestra en este caso: «la *figa* pa la mociquina FALDUDA» (IV, 739).

El sufijo '-dor' se adhiere para formar derivados de agente; esta característica se manifiesta con exuberancia en el ejemplo siguiente, en que sólo tres formas en '-dor' pueden resultar insólitas:

---

85. El adjetivo *lopesco* está muy extendido, en contra de la opinión de Menéndez Pidal («se me resiste el adjetivo *lopesco* por lo que tiene del verbo *pescar*», en *El Padre las Casas y Vitoria*, Madrid, Espasa Calpe, 1966, p. 100, n.), y a pesar de no haber sido incluido en el DRAE. En el DRAE de 1914 no vienen las voces sacristanesco, curialesco, brujesco, diablesco, chulesco, canallesco, sainetesco, quevedesco, sanchopancesco.

86. Vid. Anne WUEST: «The spanish suffix '-udo'», *PMLA*, 1948, LXIII, pp. 1283-1293.

«En la cultura española, en la vida social española de los últimos cincuenta años, ha habido un Maestro; un verdadero maestro; un sembrador de estímulos, un INSUFLADOR de energías, un ACUNADOR de conciencias, un clasificador, un *parturidor* de ideas, un incubador de almas, un creador de historia, un escultor de futuro. Todas estas capacidades (y muchas más) se albergan potencialmente en el núcleo de este vocablo: Maestro» (III, 544).

Otros casos interesantes son:

«A uno de los grandes predicadores españoles, San Dámaso, se le llamaba *Auriscalpius matronarum*, COSQUILLEADOR de orejas femeninas» (I, 759), «modulados arrullos de pasión, rumorosos y ONDULADORES como las olas del mar» (I, 988) [87].

Los sufijos '-ario' y '-orio' ofrecen casos de interés:

«Ejercicios CUARTELARIOS» (*AMDG*, 115), «investigaciones ESTERCOLARIAS» (*AMDG*, 158), «arte TORMENTARIO» (II, 548), «rueda VOLTARIA» (III, 255), «en lo íntimo no estimaba el arte pictórico sino como arte ANCILARIO» (I, 501), «en su PRECEPTUARIO, la lascivia... no se consideraba vicio» (III, 250), «escolásticos y QUODLIBETARIOS pretendían reducir la religión, el culto de Dios, a un sistema» (I, 124().

Con '-orio' también existen formaciones chocantes, y en ocasiones se advierte el interés por superar la forma habitual:

«DIVAGATORIAS ideas» (I, 1152), «esfuerzo INVESTIGATORIO» (III, 546), la huella OSCULATORIA (I, 622), «líbrenos Dios de toda cualidad OSTENTATORIA» (II, 574), «la llavera tomó un polvo de rapé, CANCELATORIO de diez años de iglesia purgante» (II, 1028), «advenimiento diario del dinero por caminos POSTULATORIOS o aleatorios» (I, 546), «doña Consuelo se apoya en la pierna sana y con la otra pendulando dentro del FALDORIO, a manera de badajo de campana» (I, 309), «de donde infiero que el criterio punitivo y PROHIBITORIO no es un antojo de mi imaginación» (III, 286), «España es hoy el gran RESERVATORIO y conservatorio musical del mundo» (III, 517), «instrumento POSESORIO» (III, 598), «apóstrofes REFORMATORIOS» (I, 835).

---

87. Derivaciones más usuales son APETECEDOR (I, 966), BRILLADOR (II, 807), TEMBLADOR (II, 44), ABOFETEADOR, GUARDADOR (I, 1020; II, 192), PATALEADOR (III, 314), etc. Una gran parte de estas formas tienen equivalentes de más uso con otros sufijos. Recuérdese la forma *novelador* (y no novelista, que no es exactamente lo mismo) que aparece en el título del trabajo de F. YNDURÁIN: *Lope de Vega como novelador*, 1962. También Ayala utiliza NOVELADOR (II, 594). Para este sufijo vid. J. B. SELVA: «Lozanía del habla; el sufijo '-dor'», *CInt*, 1915, nn. 40 y 41.

El sufijo '-ante' forma, además de los participios de presente, algunos derivados de sustantivos:

«Ríos de sangre impetuosos, BORBOTEANTES como frases de amor» (I, 1061), TEMBLEQUEANTE abdomen (I, 662), «intelectual LITERATURIZANTE» (III, 656), «desde Julio César hasta Marco Aurelio, los emperadores romanos fueron muy LITERATURIZANTES» (ABC, 24-X-1953), «licor ígneo e INEBRIANTE» (II, 175), «se habla de la capacidad ESTULTIFICANTE del cine» (ABC, 13-VIII,1948), «los tres grandes TRAGEDIANTES helénicos» (III, 555) [88], «todo ello será INTRAVAGANTE, que no extravagante» (III, 400), etc.

El tono culto de este sufijo explica que las formas aparezcan con más frecuencia en el ensayo.

El sufijo '-ble' es muy fecundo en la lengua, e indica lo que puede ser o lo que debe ser hecho, según lo designado por la forma simple a la que se adhiere. Pérez de Ayala utiliza también este sufijo para ampliar el ámbito de palabras que no se usan comúnmente con esas derivaciones:

«Acontecimientos CRONICABLES» (II, 1113), «este mismo fenómeno... es DISCERNIBLE en la Historia» (ABC, 29-VIII-1952), INEXHAUSTIBLE (II, 752).

En ocasiones, una forma normal en '-ble' atrae, como ya se ha observado también con otros sufijos, la formación de otra más inusitada:

«Tigre Juan escuchó esta parrafada con su máscara verdosa de monstruo bufo, que así era espantosa como APIADABLE y a ratos risible» (IV, 746), «la vida, para ser VIVIBLE y tolerable, debe estetizarse» (III, 223), «risible o LLORABLE, separemos los elementos de que se compone esta pieza» (III, 258), «el carácter de contemporaneidad, lejos de ser OBJECIONABLE, debiera ser exigible» (Arriba, 15-X-1947), etc.

Otras veces se trata de llegar a la máxima matización:

«Han pontificado autoritariamente sobre tesis harto DEBATIBLES y debatidas» (III, 501).

El sufijo '-ote' mezcla a la noción aumentativa un matiz despectivo, sin olvidar el de ordinariez y tosquedad, no exentos todos ellos, a veces, de cierto tono afectivo. Algunos ejemplos ofrecen gran interés:

---

88. Páginas más adelante los denomina TRAGEDAS: «los tres tragedas griegos Esquilo, Sófocles y Eurípides» (III, 617). La forma *tragediante* aparece también en Ortega y Gasset (vid. R. SENABRE SEMPERE: *Ob. cit.*, p. 56) y en Valle Inclán (vid. *Tirano Banderas*, 4.ª parte, libro V, cap. II).

«Zanquilargo y DESGARBADOTE» (I, 264), «más que bobón, COBARDOTE» (II, 987), «ese COBARDOTE y lloricón de Berte» (IV, 577), INGLESOTE (II, 926), «HIDALGOTES y CACICOTES» (II, 645), «el austero y CLASICOTE don Alberto Lista» (IV, 854), MUJEROTA (*AMDG*, 205), RUSTICOTAS (IV, 289), PIERNOTAS (I, 104), «carcajadas SANOTAS» (I, 133), etc.

El sufijo '-azo', además de poder indicar golpe, sirve como aumentativo en numerosas ocasiones[89]. Y es que la función principal de '-azo', actual y pretérita, es la de formar, a partir de sustantivos y adjetivos, palabras de la misma clase con sentido aumentativo y peyorativo; aunque en ocasiones se trata de simples aumentativos sin matiz peyorativo, y a veces contienen incluso una calificación meliorativa[90]:

JUERGAZO (I, 114), MULATAZAS (*AMDG*, 167), HOMBRAZO (I, 727), MASTI-NAZO (I, 885), «un CANGILONAZO de agua» (I, 1053), «después del ESCANDALA-ZO de Monte-Valdés» (I, 657), CADERAZAS (I, 104), «Pastora, la GITANAZA, y otras varias gitanillas, en torno de ella» (III, 287), «y yo a mis LIBRAZOS, ca-*rape*» (*AMDG*, 50), NEGRAZO (I, 565), BRIBONAZO (II, 654), VINAZO (IV, 496), etc.[91].

A la vista del carácter popular y expresivo del sufijo, no puede sorprender que las formaciones aparezcan normalmente en la prosa novelesca.

Con el sufijo '-uelo' existen ejemplos realmente diminutivos, pero en otros muchos casos se observa también la intención de destacar efusivamente una noción:

«Vense unos mulos paciendo sobre un OTERUELO» (*AMDG*, 111), COSTE-ZUELA (I, 849), MONTAÑUELA (I, 148; II, 485; etc.), «Ruth, Ruth, corderilla mimada de mi REBAÑUELO» (*AMDG*, 184), «calla, calla, LOCUELA, que no sabes lo que te dices» (II, 680), PRADEZUELO (I, 207; II, 959; etc.), HIERBE-ZUELA (I, 1078; II, 47; etc.), «MANOJUELO de mis entrañas, MANOJUELO de plantas de olor» (IV, 475), HOJUELA (II, 707; IV, 833; etc.), «la acción sucede en una ALDEHUELA arcádica» (III, 254), PEDREZUELA (II, 639) y PIEDRE-ZUELA (I, 1185), MUCHACHUELA (I, 902), MOZUELO (II, 132), etc.

89. Véanse los abundantes ejemplos aducidos por M. L. WAGNER: «Ibero-romanische Suffixstudien», *ZRPh.*, LXIV, 1944, pp. 321-363.
90. F. MONGE: «Sufijos españoles para la designación de *golpe*», en *Ob. cit.*, pp. 240 y 241.
91. El sufijo '-aco' tiene escasa importancia en los escritos ayalinos: MOZACO (II, 966), en boca de un personaje asturiano, tiene sabor dialectal. PAJARRACO (II, 961) y LIBRACO (*AMDG*, 52; IV, 98) son formas corrientes en el lenguaje coloquial.

No podía faltar algún ejemplo de '-uelo' aplicado a un apellido: OCAÑUE-LA (*AMDG*, 73). Ni algún caso con matiz irónico y despectivo: «los inso-lentes y traidores ESCRITORZUELOS» (III, 93), «arriba, señor PINTORZUELO, grandísimo granuja, o echo abajo la puerta» (I, 155).

El sufijo '-ín' indica nociones de pequeñez y afecto a un mismo tiempo. Estas derivaciones aparecen casi exclusivamente en boca de personajes, ge-neralmente asturianos. El sufijo '-ín' colorea de popularismo los relatos aya-linos de ambiente asturiano, o caracteriza, junto con otros elementos, a al-gún personaje asturiano fuera de Asturias. El valor principal de '-ín' en Ayala es, pues, el de color dialectal [92]:

«A veces, cuando habían regado las calles asfaltadas, el ciego decía: 'Huele un POQUIÑÍN'. El decía siempre un POQUIÑÍN» (I, 693), «dirigióse al cuchitril de la servidumbre a beber una BOTELLINA de sidra» (I, 913), «a la semana, andaba el PAISANÍN tan campante» (I, 1054), RAPACINA (II, 786), «cómo viene... LLENÍN de polvo y mundicia, como Jesús pa el Calvario» (IV, 290), «¿por qué no hacía el SEÑORÍN de Dios caridad a los pobres?» (II, 988), «mire usted este HOMBRÍN, vestido de negro» (I, 502), SEÑORITÍN (I, 326), CERDÍN (I, 437), «es una CASINA sola. Por detrás está el VENTANÍN» (I, 59 y 60), NEÑÍN (I, 314) y NEÑINA (I, 687), «y hasta lo hubieras alcanzado otra vez de una CARRERINA» (IV, 768), SANTÍN (*AMDG*, 15), MOCINA (I, 362), CALLECINA (I, 1022), etc.

La derivación puede sufrir un alargamiento, bien mediante un infijo o mediante otro sufijo:

MOCIQUÍN (I, 31; II, 808), MOCIQUINA (I, 270), «en pasando aquel PUEN-TIQUÍN» (I, 87), «de lino muy SUAVIQUÍN y bien obrado» (I, 972).

No es '-ín' tan apto como '-ito' para adherirse a adverbios:

«No te esperaba tan TEMPRANÍN» (II, 647). Sí lo es, en cambio, para ser añadido a nombres propios:

FELIPÍN (I, 780), FRANCISQUÍN (II, 114), ACISCLÍN (I, 1053), TEOFILÍN (I, 709), VESPASIANÍN (I, 879), PLACIDÍN (I, 1026), MARUJINA (*AMDG*, 205), etc.

---

92. Este sufijo posee unos matices de blandura y dulzura que Pérez de Ayala supo captar perfectamente: al referirse al apodo *Pancina,* habla de la tierra «que forja estos blandos diminutivos» (I, 198). Y como testimonio de la cepa septentrio-nal de un autor, dice que «bastaría acudir a los diminutivos, tan dulcemente em-pleados en el Norte» (I, 1208).

El tono irónico se advierte en: «habláis mal de los TERTULINES de café» (I, 714), «es un chico muy fino, agregado en la legación de no sé cuál de esas REPUBLIQUINAS americanas» (I, 621).

El sufijo '-ico' es utilizado por Ayala unas veces directamente y otras a través de los personajes:

«Le encontré muy DESMEJORADICO, muy DESMEJORADICO» (I, 738), «mi boca para ti y tú para mi boca, Amada mía, FRESECICA temprana» (II, 46), «más RELLENICA que Rosaura» (*AMDG*, 39), «las *fabricantas* (operarias de las fábricas) más CARNOSICAS» (I, 46). «sus ESCAPADICAS a la ciudad» (I, 177), «las doncellas TERNECICAS» (I, 681), «las PROVINCIANICAS, allá al pie de los álamos» (I, 829), «los PUÑADICOS de agua» (I, 158), «Consuelo que deja sólo una hija, y no BLANDECICA, que bien se azacanea» (II, 1120), «qué BONICA eres, PALOMICA mía» (II, 50), VALLECICO (I, 161; II, 950; III, 48; etc.), ZAGALICO (I, 205), MOCICA (I, 155), PAÑOLICO (I, 855), MONTAÑICAS (II, 952), etc.

También '-ico' se encuentra con más frecuencia en la prosa novelesca que en los ensayos.

El sufijo '-ejo' posee matices atenuadores y afectivos, sin olvidar en ocasiones los despectivos e irónicos:

«El cual jamás se movió de su LUGAREJO aldeano» (IV, 899), «mi hermano, en su testamento, ha dejado unos CUARTEJOS» (IV, 87), «una muchedumbre de PARTIDEJOS republicanos» (III, 724), RAPACEJO (I, 71), LIBREJO (I, 5), OBREJA (III, 76), ARTICULEJO (IV, 1002), TITULEJO (I, 57), ROTULEJO (III, 127), «se ocultaba detrás de la CORTINEJA que hay a la entrada de la camarilla» (*AMDG*, 197), BIGOTEJO (II, 1000; IV, 719), «fuera de la cárcel de este VALLEJO» (II, 781), COPLEJAS (II, 665), CABALLEJO (II, 976), POLLINEJO (I, 342; *AMDG*, 131), etc.

Los matices del sufijo '-uco' son más neutros:

«De allí sacaba la señora las PESETUCAS para dárselas a él» (I, 970), «el fondo sombrío de la CAPILLUCA» (I, 999), IGLESUCA (I, 44; I, 163), «hasta que esta MONJUCA fue mi concubina» (IV, 532), «los miserables CABALLUCOS trotaban jadeantes» (I, 110), «unas tupidas MATUCAS» (*AMDG*, 21), RAPAZUCA (I, 493), «la PUERTUCA de entrada» (I, 330), «la calle es el río, POBRETUCO y nervioso en esta ocasión» (III, 1138), PUEBLUCO (I, 257), «dos MESUCAS propincuas a un ventanal de vidrios» (I, 1023), etc.

El sufijo '-ete' encierra matices atenuadores, de modestia, y, como otros sufijos diminutivos, también despectivos:

«Mujer de ABOGADETE de pueblo» (IV, 231), «un CASTILLETE de naipes se derriba de un soplo» (III, 706), «ni dinero puede ofrecerte, como no sea unos DURETES» (I, 909), «hay CERRETES, lomas y collados» (III, 49), MOCE-TE (I, 716); IV, 557), MUCHACHETE (*AMDG*, 89), etc.

Hay una serie de sufijos conservados en su forma culta que, añadidos al vocablo simple, forman adjetivos proparoxítonos. De estos sufijos el más fecundo en Ayala es '-ico'[93]. Construcciones con '-ático', al estilo de «matrimonio MORGANÁTICO» (I, 940), corriente en la lengua, son, por ejemplo: «presuntas estrellas OPERÁTICAS» (IV, 14), «ve en la familia la célula GER-MINÁTICA de la sociedad» (III, 855).

Otras terminaciones en '-ico', proparoxítonas, son asimismo inusitadas y sorprendentes:

«Refinamientos SARDANAPÁLICOS» (*AMDG*, 54), «LENOCÍNICOS arrabales» (I, 18), «flauta PÁNICA» (II, 229), «su peculiar manera SINTÁXICA» (I, 1115), «el informe AUTÓPTICO del cadáver de Napoleón» (III, 665), «la serenidad IDIÓTICA de los ídolos» (I, 623), «nuestra desmedrada, IDIÓTICA y desnaturalizada aristocracia española» (III, 519), «entusiasmo CATAPÚLTICO» (III, 1019), «la apretada y SUSTANTÍFICA hierba» (I, 291), «sorbed el SUSTANTÍFICO meollo» (II, 877), «era imprescindible alguna cita, SUSTANTÍFICA y nutritiva, de San Agustín» (*ABC*, 14-VII-1953), etc.

La forma ADÁNICO (II, 137) surge por analogía con *edénico,* y constituye al mismo tiempo un juego de vocablos:

> «¿Eres piedra, o eres barro
> rojo y edénico?
> —Y adánico».

En otra parte se habla de ADANIDA (II, 226):
> «Antes que el primer hombre,
> el estupefacto adanida»[94].

---

93. Menos interesantes son las formaciones en '-áceo' e '-íceo': PORRÁCEO (I, 34), OLIVÁCEO (I, 249), «vestidos de túnicas PELLÍCEAS» (*AMDG*, 140), etc. Otras formas proparoxítonas en '-eo' tampoco ofrecen mayores sorpresas, pero todos estos tipos de voces contribuyen a dar un tono culto a la prosa ayalina: CINÉREO (II, 734), acción MECENÁNEA privada(IV, 1029), testa MEDÚSEA (III, 287), el TARTÁREO caos de la bodega (II, 818), etc. Son formas cultas en creciente desuso, sobre todo en la lengua hablada, según el parecer de J. Casares, cuando trata la forma *femíneo* (vid. *Cosas del lenguaje, Ob. cit.,* p. 198).
94. Pérez de Ayala, aunque con menor intensidad, opera con otros muchos sufijos. Todos ellos proporcionan riqueza y variedad a su léxico: '-miento': ACONCHABAMIENTO (I, 1109), EMBADURNAMIENTO (I, 530), etc.

2) Derivació verbal

Los sufijos formadores de verbos (infinitivos), fuera de su carácter *transpositivo*, no aportan una caracterización mayor. Los matices aspectivos señalados tradicionalmente no los aportan sin más; el significado de la base de la lexía determina la funcionalidad en este aspecto [95].

Con el sufijo '-ear', algunas derivaciones contrastan con la forma habitual en la lengua, compuesta con el sufijo '-ar'. Así sucede con MACHAQUEAR (I, 933) y LACRIMEAR (I, 1058 y 1059):

«El sonsonete de la oración machaqueó largo rato».

«Los surtidores lacrimean quejumbrosos».

Son numerosas las derivaciones en '-ear' formadas sobre sustantivos y adjetivos. La formación resultante viene así a suplir un sintagma de mayor complejidad, con lo que se gana en economía y plasticidad:

«Las importunidades del peluquero mientras nos JARDINEA y acicala el cuero cabelludo» (III, 536), «esto no es prurito de PARADOJEAR» (II, 526), «desviándose a VOLATINEAR con argucias de poca probidad» (I, 1048), «MUEQUEABAN de asombro y proferían risotadas» (*AMDG*, 169), «ese indecente vicio de METAFISIQUEAR y neoplatonizar a solas con la naturaleza» (I, 184), «dos eran las cosas que Mur abominaba sobre toda ponderación: la primera, que, yendo en filas... se tararease o MOSCARDONEASE por lo bajo» (*AMDG*, 121).

'-ancia' y '-encia': GOLFERANCIA (I, 662), BOYANCIA (III, 207), ROZAGANCIA (I, 418), MAJENCIA (II, 968).

'-ura': FOFURA (IV, 563), OSATURA (I, 1065), PRECIOSURA (I, 326), GUAPURA (II, 966).

'-ísimo': MALDITÍSIMO (*ABC*, 4-IV-1954), TUYÍSIMA (I, 459), INFERIORÍSIMO (I, 1144), CHISTOSÍSIMO (IV, 22), FUTURÍSIMO (III, 152), etc.

'-ado': BRITANIZADO (IV, 1227), TARIFADO (I, 829), etc.

'-iego': sufijo productivo en la lengua ya desde el *libro de Buen Amor*: ANDARIEGO (I, 340), NOCHARNIEGO (I, 548; II, 91; IV, 888), sensualidad ALDEANIEGA (II, 156). Para este sufijo, vid. el documentado y ya clásico trabajo de Yakov MALKIEL: *The Hispanic Suffix '-iego; a morfological and lexical study based on historical and dialectal sources*, Berkeley, Los Angeles, 1951 (Univ. of California Publ. in *Ling.*, IV, n. 3, pp. 111-213).

'-iento': AZARIENTO (I, 107; II, 1022), GRANUJIENTO (II, 780), ORINIENTO (II, 965), etc.

'-izo': noches INVERNIZAS (II, 970), hojas CAEDIZAS (II, 1014), movilidad ANDADIZA (III, 1278), piel ALBARIZA (I, 343), etc.

Otros sufijos poco productivos y relevantes en Pérez de Ayala son: '-ucho', '-eño', '-uno', '-ar', '-uzco', '-astro' y '-astre', '-acho', '-aje', '-umbre', '-anza', '-ango' e '-ingo'.

95. Hernán URRUTIA CÁRDENAS: *Lengua y discurso en la creación léxica*, pp. 115 y 116.

Se advierte en alguno de estos ejemplos una intención deliberadamente jocosa; he aquí otro caso para confirmarlo:

«Aquí yace la Luqui, ramera.
Nació, VULPEJEÓ; fue núbil, VULPEJEÓ» (I, 108).

La derivación en '-ear' sobre *castañuela* ofrece en Ayala dos soluciones que difieren de la oficial, *castañetear*; una consiste en mantener la diptongación: «CASTAÑUELEAR con los dedos» (I, 384; I, 611), y la otra en monoptongar: «CASTAÑOLEAR los huesos» (I, 867).

El sufijo '-ear' es enormemente fecundo para las formaciones onomatopéyicas. Muchas de estas derivaciones están ya plenamente integradas en la lengua común. Pérez de Ayala utiliza los verbos onomatopéyicos con gran intensidad, y son parte esencial en el aspecto expresivo de su prosa. La forma que aparece con más frecuencia es BISBISEAR (I, 627; II, 987; *AMDG,* 43; etc.). Verbos afines a *bisbisear* y también integrados hoy en el acervo lingüístico común son: RUNRUNEAR (I, 259; I, 1085; etc.), BALBUCEAR (II, 1032), CHICHEAR (I, 630), CHARAREAR (II, 413) y otros más habituales. Con estos modelos a la vista Ayala construye CHICHISBEAR (IV, 363; IV, 551 y 552).

Las formaciones verbales frecuentativas también ofrecen en Pérez de Ayala ejemplos de interés, aparte los casos más comunes: TOSIQUEAR (I, 459), QUEJIQUEAR (IV, 755), ESCRIBAJEAR (IV, 92), etc.:

«Y proceden a correr, CHUCOLETEANDO sobre las losas encharcadas» (I, 1038), «echó a andar bajo los porches, CHOCLEANDO con las almadreñas en las losas del piso» (IV, 595), «no cesan un punto de menudear cotilleos y comidillas, RISOTEAR, hablar a gritos» (*ABC,* 17-VII-1952).

En alguna ocasión, '-ear' invade la esfera de '-izar':

«Son vías espaciosas, MACADAMEADAS en piedra caliza» (*Hermann encadenado,* 74).

Los ejemplos de derivación en '-ear' aparecen con mayor intensidad en las obras ayalinas de la primera época. Los siguientes casos, escritos antes de 1914, no se hallan insertos en la edición del DRAE de esa fecha:

PIRUETEAR (I, 310; I, 1056; etc·), BORBOTEAR (I, 458; I, 1175) [96], MORDISQUEAR (I, 453; I, 644), GANSEAR (I, 345), etc. [97].

---

96. En 1914 sólo se hallaba incluida la forma *borbotar,* así como *mordiscar,* para el ejemplo siguiente.
97. Otras formas verbales tampoco admitidas en 1914 son: JUERGUEAR (I, 491), CHARLOTEAR (II, 935; I, 559), FREGOTEAR (I, 92; I, 886), AZACANEAR (I, 491), DENGUEAR (*AMDG,* 107), TINTINEAR (*AMDG,* 65), BIZQUEAR (I, 721), etc. La lengua ha ido enriqueciéndose progresivamente con la aceptación oficial de estas voces.

La sufijación en '-ear', sin olvidar los consiguientes deverbales en '-eo', es uno de los procedimientos principales al que Ayala recurre para proporcionar a su prosa un patente carácter expresivo y onomatopéyico.

El sufijo '-izar' es mucho menos fecundo que el anterior, pero presenta algunos casos insólitos:

ESTETIZARSE (III, 223), «la monarquía se reformaba constitucionalmente y SE REPUBLICANIZABA» (III, 912), «no contribuye a IMBECILIZAR ni a corromper al público» (III, 465), «el nido en que amor SE PERENNIZA» (II, 1064), «y le HERALDIZAN los aullidos alegres de una jauría» (II, 965), NEO-PLATONIZAR (I, 184), MADRIGALIZAR (I, 583), «ni mucho menos se abandonaron a la tentadora tarea de DITIRAMBIZAR sobre la patria del ayer o la del mañana» (*Arriba*, 9-X-1947), «y no eran (los griegos) menos aficionados a LITERATURIZAR y FILOSOFIZAR *en torno* y acerca de los banquetes» (*ABC*, 14-X-1953), «hecho HIPOTETIZADO o supuesto» (III, 606).

Una forma corriente en '-izar' puede, como ya se ha observado en otras formaciones, impulsar al escritor a la creación de otras derivaciones más sorprendentes:

«El Oriente SE EUROPEÍZA, esto es, SE GRECORROMANIZA. Pero no es imaginario que Europa SE JAPONICE O SE INDOSTANICE, por mucho que cunda la moda de beber té, vestir quimono y escribir *hai-kais*» (I, 1150)[98].

«El próximo oriente, después de Alejandro, SE HELENIZA densamente. Pero, a la par e inversamente, el mundo helénico SE ORIENTALIZA en lo político, con Alejandro y después de él» (*ABC*, 14-I-1954).

Por ser el sufijo '-ear' de carácter eminentemente expresivo, se encuentra empleado más abundantemente en la prosa novelesca que en el ensayo, y mucho más en los primeros escritos ayalinos que en otros más tardíos. No pasa así con '-izar' y '-ar', sufijaciones de tono más culto y científico, por lo que las formaciones logradas con ellas aparecen con más frecuencia en los ensayos de cualquier época.

Con el sufijo '-ar' también existen ejemplos dignos de tener en cuenta:

98. Estas formaciones no son del agrado de Carlos R. Tobar que, a propósito de *americanizarse*, dice: «Feo, refeo, es, a la verdad, el verbo; pero no es mejor el *europeizarse*, que leo en un diario de Barcelona» (*Consultas al Diccionario de la Lengua*, Barcelona, 3.ª ed., 1911, p. 40). En 1914 no habían sido admitidas aún las voces *europeizarse* y *americanizarse*.

POSTERAR (III, 1203), «y SE ESENCIÓ las solapas de la chaqueta» (I, 312), «el prior del monasterio REPRIMENDA ásperamente al hermano Teodoro» (III, 277), «el ámbar de sus pestañas SE IRIDÓ un poco» (I, 853), «al presente, casi todos los plumíferos DISQUISICIONAN o definen, prolija o sentenciosamente, sobre el estilo» (IV, 1045), «el que la recibe (la propina) está siempre convencido de que SE LE HA PROPINADO con cálculo, tacañería y mezquindad» (*ABC*, 3-VIII-1948), «no se sabe si el alma del poeta es el espejo de la naturaleza, o si la naturaleza es el espejo del alma del poeta. La una y la otra se identifican y UNIMISMAN» (*ABC*, 9-VII-1953), «los ingleses pasan por extravagantes precisamente porque nunca EXTRAVAGAN» (IV, 1018).

Estas formaciones logran mayor precisión, que puede estar ligada al ingenio y al juego de vocablos:

«El hombre de imaginación y activo, frente a este suelo raso, ilimitado y ocioso, predijo, o lo que es lo mismo, PRODIGIÓ, lo que pudiera llegar a ser» (II, 529), «todo consiste en meterse entre los bastidores de uno mismo, INTROSPECCIONARSE» (I, 690), «y para *cohonestar* —si es lícito aquí el uso de este verbo— que la atribulada dama sea madre de su amo...» (III, 229).

Sobre *enhiesto* se forma ENHIESTÁNDOSE (I, 1038), cuando el DRAE sólo admite *enhestar*. La voz ESTRIDULAR (I, 327), usada por Ayala en 1911, no se encuentra en el DRAE de 1914 [99].

Dentro de la derivación verbal, las formaciones adverbiales con sufijo '-mente' tienen su interés en la obra ayalina, y el sufijo se añade no sólo a adjetivos, sino también a adverbios:

ABASTADAMENTE (II, 953; III, 399), BASTANTEMENTE (I, 533; III, 305), ADREDEMENTE (I, 830; II, 565; *AMDG*, 6), DEMASIADAMENTE (I, 732), PACHORRUDAMENTE (I, 8; *AMDG*, 105), sonrió CAZURRAMENTE (I, 333), «viviendo CONSANGUÍNEAMENTE con nosotros» (I, 1135), «echó a correr HURACANADAMENTE» (I, 920), «sentirse feliz SACIADAMENTE» (II, 667), «imagina que todo huésped que NOCHARNIEGAMENTE la requiere es un salteador de honras» (I, 834), DILATORIAMENTE (*AMDG*, 56), «sacudiendo la cabeza COGITABUNDAMENTE» (I, 287), MUCHACHILMENTE (I, 430), «siempre llegáis PRIORMENTE» (II, 1045), TARDEMENTE (I, 833), AHITADAMENTE (II, 955), corría DESALADA-

---

99. El sufijo '-ecer' es mucho menos productivo. Hay tres formas que Ayala utiliza con profusión: LAGRIMECER (I, 430; II, 1128; etc.), LIVIDECER (I, 516; II, 1001; etc.) y MADURECER (I, 239; II, 429; etc.). Otras formaciones son: AMARILLECER (I, 985), LOBREGUECER (*AMDG*, 234) y ENFRUTECER (II, 401). En '-acer' resulta curiosa la siguiente formación: «uno SE ESTUPEFACE al considerar cómo ha sido posible tan ingente producción» (II, 496 y 497).

MENTE (I, 549), mirando APICARADAMENTE (IV, 289), «por algo la especie se produce científicamente, EGENESÍACAMENTE» (II, 1057), «hasta se ponía los pantalones —aunque no INDUMENTARIAMENTE, claro está— y se metía en los asuntos caseros de sus ministros» (*ABC*, 9-VIII-1953), etc.

La economía lingüística que se consigue con estas formaciones es bien patente. El sufijo '-mente' se adhiere también a adjetivos un tanto sorprendentes: «las vacas mugían LAMENTITOSAMENTE» (I, 1246). La intención de apartarse de la forma habitual en la lengua se nota con mayor claridad aún en este otro ejemplo:

«Y es que las virtudes, aun las más acendradas, cuando se manifiestan OSTENTATORIAMENTE, pierden su naturaleza virtuosa» (II, 573 y 574).

La derivación más sorprendente es la que sigue:

«A pesar de tanta nobleza acumulada, don Anselmo, el duque, no era AEROSILADAMENTE noble» (I, 939).

El fenómeno de la derivación en la prosa de Pérez de Ayala se caracteriza, primordialmente, por los rasgos de expresividad y popularismo, aunque el escritor opera también con algunos sufijos que logran formaciones cultas y arcaizantes.

Es preciso analizar por separado los tres puntos que caracterizan el léxico ayalino: expresividad y color local, arcaísmo, cultismo. Estos elementos se conjugan en la prosa ayalina, aunque en algunos momentos, y en algún género literario, predominen más unos u otros.

II. COLOR LOCAL Y EXPRESIVIDAD

Resulta sumamente difícil sintetizar debidamente el léxico familiar en la obra de Pérez de Ayala. Además, los fluctuantes límites de lo familiar ponen en peligro toda clasificación rigurosa, y la elección de la terminología para los diversos apartados puede suscitar encontradas opiniones. Las diferencias entre el lenguaje hablado y el escrito, como dice F. Ynduráin, siempre han sido tan evidentes como mal conocidas, y aún se conoce mal la varia gama de hablas peculiares de los distintos grupos sociales [100]. Por los

---

100. Francisco YNDURÁIN: «Sobre el lenguaje coloquial», *EA.*, n. 3, Madrid, 1964, p. 2.

escritos novelescos ayalinos pululan múltiples personajes de condición rústica y barriobajera, lo que explica el interés de Ayala por los aspectos más coloquiales del español hablado, esos aspectos que adentran al lector en «el mundo interior de la afectividad, la sabiduría popular, los dislates de la imaginación, todo lo que cristaliza en esa cháchara casera y callejera llena de desenfado y colorido» [101]. En la mayoría de los casos, este colorido de términos familiares responde a unas intenciones expresivas y no a mero deseo ornamental. El color local en la novelística ayalina es un ingrediente importantísimo que en su vertiente más popular nunca ha sido tratado, ni siquiera de forma somera. Su análisis, sin embargo, es imprescindible para un conocimiento adecuado de la expresividad de la prosa ayalina.

1) Popularismos, formas jergales, vulgarismos

Una de las muestras más patentes del divorcio entre lengua coloquial y lengua culta está representada por las variaciones de femenino en algunos vocablos. El uso popular y arcaizante tiende a dotar de moción femenina en '-a' a las formas que no la poseen. En Ayala, la palabra HUÉSPEDA (II, 403; III, 300; IV, 428; etc·), de amplia y sabrosa tradición [102], se halla con cierta facilidad. Flagrantes arcaísmos son también DUENDA y DIABLA. El primero aparece referido a una o unas palomas (I, 26; II, 235; III, 303) [103], aunque también califica a una mujer (II, 805) [104]. El segundo se refiere a una mujer (II, 802 y 805), y en ocasiones sirve para formar una locución adverbial: «van escritas un poco a la diabla» (III, 628). Muchos de estos femeninos son ya habituales o han pasado repetidas veces al lenguaje literario: PETIMETRA (III, 1243; IV, 482), INDIVIDUA (*AMDG*, 196; III, 120), COMEDIANTA (III, 166), CACICA (II, 690), PRESIDENTA (II, 654), LAS BORBONAS (III, 898) [105]. Otros se sienten más violentos: «las FABRICANTAS (operarias de la fábrica) más carnosicas, invitadas por algunos señoritos seductores» (I, 46), «la fuerza artística no reside en la figura aislada, sino en las figuras suma-

101. Sara SUÁREZ SOLÍS: *Ob. cit.*, p. 123.
102. Julio Casares la señala en Covarrubias, Cervantes y Mal Lara (*Divertimentos filológicos. Crítica efímera*, I, Madrid, Esp. Calp., S. A., 1947, pp. 225-227).
103. Así se suele encontrar generalmente. Noel escribe «la retrechera paloma DUENDA», y hay antecedentes, por ejemplo en Quevedo (vid. para este asunto R. SENABRE: «La lengua de Eugenio Noel», p. 333). Lope de Vega y Cervantes usan la forma DIABLA (vid. Carlos FERNÁNDEZ GÓMEZ: *Vocabulario completo de Lope de Vega*, 3 vol., Madrid, Real Academia Española, 1971, sv. DIABLA; y del mismo autor, *Vocabulario de Cervantes*, Madrid, Real Academia Española, 1962, sv. DIABLA).
104. Otro ejemplo moderno en Ignacio ALDECOA: *Santa Olaja de acero y otras historias*, Madrid, Alianza Editorial, 1968, p. 229: «la doncella, DUENDA, leve, llevó la bandeja desde el aparador hasta la cabecera de la mesa».
105. J. CASARES: *Ob. cit.*, pp. 301-307, habla de la catedrático, la abogado, etc., como femeninos mal entendidos.

das, en el espectáculo, en el coro de FIGURANTAS Y SUSPIRANTAS» (III, 101), «que si debuto porque soy una INTRIGANTA y una golfa» (I, 622) [106].

La oposición -o / -a se advierte en casos como:

«La fecundidad del matrimonio fue breve; dos hijas o VÁSTAGAS, según don Medardo, dio por todo fruto» (I, 281), «¿es que yo, digo nosotros, no tenemos derecho, derecho de urbanidad, entiéndaseme, a exigir que esa CHI QUILICUATRA, y la propia princesa de Asturias, no nos menosprecie sin razón?» (IV, 649).

La forma ICONA (II, 13) aparece tres veces en la misma breve composición poética.

La moción alcanza a cualquier tipo de masculinos acabados en consonante:

«Damas sentimentales y BACHILLERAS y eruditos magistrales» (III, 515) [107], «hicimos de Urbano un ángel y le condujimos al tálamo a que se uniese con UNA ÁNGELA, Simona» (IV, 388) [108].

---

106. Franquelo y Romero, a propósito de *sirvienta*, dice que en los participios activos, que son los acabados en '-ante', '-ente', '-iente', no cabe alteración de género más que por el artículo. Pero al existir en algunos dicha alteración, recomienda en última instancia «agarrarse a la batuta de la Academia» (Ramón FRANQUELO Y ROMERO: *Frases impropias, barbarismos, solecismos y extranjerismos*, Málaga, 1910, pp. 116 y 117). En cambio, M. de Cavia (*Ob. cit.*, pp. 149-150 y 202-208), y en ello coincide con J. Casares, se muestra favorable al uso femenino de éstas y otras formas.

107. Ángel Resenblat dice que hay tres épocas en el uso de las formas femeninas. En la primera, desde los tiempos más remotos de la lengua (la tendencia se manifiesta ya en latín), se van generalizando progresivamente las formas femeninas. El femenino designa muchas veces, como en *la presidenta*, a la mujer del presidente. El título de la mujer era una prolongación del del marido. En la segunda época, de feminismo naciente y expansivo, las mujeres aspiran a una designación propia y diferenciada: *la presidenta, la regenta*, ya no son la mujer del presidente o del regente, sino la que preside o que rige. No faltaron gramáticos conservadores y hurañios que regatearon la legitimidad de esos usos. Pero el feminismo gramatical se impuso. Sin embargo, al generalizarse la forma femenina cundió en algunos casos el descrédito (y es la tercera época); es lo que sucede con *bachillera*, simple femenino de bachiller, que pronto se hizo sinónimo de mujer pedante y charlatana. Algo análogo está pasando en los últimos tiempos con los títulos de *abogada, médica, ingeniera*, etc. La superproducción los está desvalorizando. El uso de un título o de un tratamiento está condicionado por la valoración social; la forma del masculino conserva mayor prestigio (*Buenas y malas palabras*, I, Caracas-Madrid, Editorial Mediterráneo, 1969, pp. 29-31).

108. Los femeninos *ángela* y *vástaga* se hallan también en Arniches (vid. R. SENABRE: «Creación y deformación en la lengua de Arniches», en *Segismundo*, n. 4, Madrid, 1967, pp. 257 y 258).

El femenino FREGATRIZ, construido con sufijo culto, actúa a menudo con fines jocosos en la lengua [109]: «fregatrices y ordeñadoras» (II, 971), «por la ventana podía verse el rostro chato de una fregatriz» (I, 1294).

Netamente popular es el uso de plurales como:

«Poner a buen recaudo LOS DINEROS» (I, 98), LOS CUARTOS (dinero», I, 996; I, 1017), «te quiero mucho más desde que andas por LOS PAPELES («periódicos», I, 541), «sabía de LATINES» (II, 928).

Y populares o vulgares, son también construcciones del tipo «si todos fueran como EL SU marido» (AMDG, 212), «LOS SUS fíos son hermanos de los tuyos» (I, 1008) [110].

Las formas populares en Pérez de Ayala son de procedencia varia. No es de extrañar, ya que el léxico popular está constituido por elementos heterogéneos. En la base de todos ellos está la lengua general, el caudal de palabras comunes que no pueden adscribirse con preferencia a ninguno de los planos del idioma [111]. A partir de esta base, se puede estudiar el núcleo de palabras característicamente populares, sentidas como términos más propios del medio popular que de cualquier otro nivel del idioma. Enclavados dentro de ese núcleo hay elementos de diversa procedencia: el vulgarismo, el regionalismo, el gitanismo y los préstamos de germanía y jergas son componentes diferenciales de la lengua popular [112]. El afán de expresividad, constante en todos los escritos ayalinos, y sobre todo en las novelas y relatos, origina una gran floración de formas y expresiones populares y populacheras expresamente deseadas y transcritas por Ayala, que no se recata en defender su uso. En una escena de El curandero de su honra, habla así Tigre Juan:

109. J. Corominas lo documenta por primera vez en español a principios del siglo XVII (Breve Diccionario Etimológico de la Lengua Castellana, 2.ª ed., Madrid, Gredos, 1967, s.v. FREGAR). Es frecuente en Tirso de Molina (vid. M. GARCÍA BLANCO: «Algunos elementos populares en el teatro de Tirso de Molina», BRAE, XXIX, 1949, pp. 418 y 419).

110. En Ayala se trata casi siempre de un rasgo dialectal, muy utilizado por los personajes populares asturianos. «Sigue siendo general, en todo el dominio del dialecto, el uso del posesivo con el artículo antepuesto, construcción conocida del antiguo castellano» (A. ZAMORA VICENTE: Dialectología española, 2.ª ed., Madrid, Gredos, 1970, p. 207).

111. En la revista Yelmo, en la «Sección bibliográfica» (vid. especialmente del n. 1, agosto-septiembre 1971, al n. 8, octubre-noviembre 1972), José Polo ofrece una amplísima bibliografía sobre el español coloquial y zonas afines.

112. Manuel SECO: Arniches y el habla de Madrid, Madrid-Barcelona, Alfaguara, 1970, pp. 129 y 130.

«Yo, como menos instruido que tú, quizás hablo con más propiedad, porque el lenguaje lo establece el vulgo, que no los cultos, por cuanto para el vulgo el lenguaje pertenece al vivir y al obrar, y para los hombres cultos pertenece el pensar; de manera que asícomo los cultos emplean las palabras según su origen y para esclarecer las causas de las cosas, nosotros, los vulgares, enderezamos el habla a expresar los anhelos y propósitos de nuestra voluntad» (IV, 788 y 789).

En 1953, Pérez de Ayala vuelve a hablar sobre este asunto:

«Las gentes del pueblo podrán variar la prosodia de región a región, y aun de barrio a barrio, pero en lo que toca a la propiedad de las voces y a la seguridad sintáctica suelen aventajar en no corta medida a la burguesía. Son las vestales del idioma vivo. Yo siempre gusté de aleccionarme en la gramática del pueblo» (*ABC*, 9-IX-1953).

«En España hay muchas gentes de pueblo analfabetas, las cuales, aunque sin darse cuenta, conocen la gramática mejor que algunos académicos de la lengua» (*ABC*, 13-IX-1953).

El Diccionario académico no ha recogido ni mucho menos toda la riqueza léxica popular, y en escritos y conversaciones oficiales o en ambientes refinados y cultos no se permite con facilidad el empleo de voces y expresiones familiares:

—«Pues hijo... —tomó Alberto la palabra, con mucho desabrimiento—, no me hacen ni pizca de gracia tus discursos irónicos. Si veo que tú no crees nada de esto, ¿a qué sigues la pamema?

—Señor acusado, emplee usted exclusivamente palabras que estén en el Diccionario de la Academia.

—La verdad es que yo no pude pensar que durase tanto el intríngulis.

—Repito que se atenga usted al Diccionario...

—¡Qué c...! —murmuró Alberto, saliéndose de su natural apacible.

—Al Diccionario, al Diccionario —sentenció el juez a punto de reír» (I, 352 y 353).

Las voces populares espigadas en la obra de Ayala son de difícil e irregular distribución. Reinink incluye el vocablo MANDUCO («hoy no hay manduco», II, 742) en su vocabulario de asturianismos [113]; pero no incluye MAN-DUCATORIA («dos meses escasos de manducatoria», I, 870). Según Beinhauer, el latinismo *manducar* procede de la jerga estudiantil [114]. INFRASCRITO («y que si el infrascrito don Angel era un golfo», I, 543) procede del lenguaje curialesco [115].

Voces eminentemente coloquiales y de diversa procedencia son:
«Estuvo si ESPICHA o no» (II, 833), «sí, señora, ESPICHA sin remedio» (IV, 156), «como ese buey me imponga tal cuota, lo ESCABECHO» (II, 653), «no ha debutado aún y ya le ha salido un ADLÁTERE» (I, 620), «¿te estás CHUNGANDO de mí con todas esas zaragatas que tú mismo inventas?» (I, 769), «de cariño y de CÓNQUIBUS, o séase, los cuartos» (IV, 566), «la idea no es original mía, sino FUSILADA de un artista» (I, 347), «niño LITRI» (I, 493), «has concluido tu librito, pues AGUR, y ahí queda eso» (I, 792) [116], PI-RRARSE POR (I, 754; III, 370), «AHUECARÉ, pero no sin armar una pelotera» (III, 112), «dos MACHACANTES son dos MACHACANTES» («duros», I, 777), «también a él se le había muerto la madre de una PUNTÁ» («pulmonía», I, 957) [117], «el día del entierro su padre cogió la primera MIRLA de viudo» (I, 957), «¿sabes, hija mía, lo que es una borrachera, un *lavabus*, como le di-cen a la MERLUZA, a la TURCA, a la MICA, a la PAPALINA, a la CURDA, esos señoritos?» (I, 287), «acerca del nombre de este líquido no son unánimes las opiniones. Unos lo llamaban néctar, que es lo que bebían unos seres su-periores, llamados dioses; otros le decían PELEÓN» (II, 1068), «mientras que aquí, ¡PICHÚ, Angelín PICHÚ!» (I, 634), «otras tantas LA SOLFEÉ las costillas con este instrumento» (IV, 717), «y la tu Manuela está ARRECACHADA y FALA-GUERA» (I, 319) [118], «afloje usted unas cuantas PELAS a Verónica» (I, 554), AN-DORGA (*AMDG*, 14), «REPAPILÁNDOSE de antemano con el éxito que iba a te-ner» (I, 804), «te advierto que yo ME DESPEPITO POR el baile» (I, 580), «era un bárbaro MAZCANDO y ATARAÑANDO» [118]. «Un día se dio una terrible PANZADA de castañas» (I, 1053), etc.

113. K. W. REININK: *Ob. cit.*, p. 147. Manuel Seco recoge la forma MANDUCA (*Ob. cit.*, p. 417).
114. Werner BEINHAUER: *El español coloquial*, p. 228.
115. Manuel SECO: *Ob. cit.*, pp. 152 y 160.
116. «Voz turca aceptada por nosotros, a la vez de abur, también de los del gorrito encarnado» (R. FRANQUELO Y ROMERO: *Ob. cit.*, p. 120). Según Rosenblat, las viejas expresiones se llenan de valores nuevos. Cuando en la guerra civil española los anticlericales quisieron imponer el ¡*abur!*, que viene del *augurium* latino (el vasco conserva todavía *agur*), no podían sospechar que estaban reviviendo viejas supersti-ciones paganas (vid. *Ob. cit.*, III, p. 189).
117. La Academia admitió *puntada* en su Diccionario de 1956 (A. ROSENBLAT: *Ob. cit.*, II, p. 72; para *punzada*, *puntada* y *puntá*, vid. pp. 69-72).
118. Asturianismos; vid. *recachar* (p. 468), *falar* (p. 105) y *mazcar* (p. 145) en Lorenzo R.-CASTELLANO: *Contribución al vocabulario del bable occidental*, Oviedo, Instituto de Estudios Asturianos, 1957.

La lista sería inacabable. En ocasiones, Pérez de Ayala explica el significado de las voces populares que utiliza:

«—¿Y qué? Que has hecho la noche. El mejor MIQUERO de Madrid y su extrarradio.

Miquero quiere decir aquel que burla mujeres, dejándolas de satisfacer el debido estipendio» (I, 550).

«Llámase FUELLE, en la vida del colegio, a los chismosos, acusones, correveidiles, etcétera, etc.» (*AMDG*, 107).

«El espectro de la indigestión, denominada familiarmente en el colegio TRIPONCIO, se cernía en el refectorio» (*AMDG*, 158).

«Se ha avejentado bastante, el pobre. Dice que está CHONÍO... Poco había cambiado, desde mis tiempos; pero, no obstante, se advertía que estaba CHONÍO. Yo no sabré decir lo que es *chonío*» (I, 830 y 831).

El argentinismo MACANA («macana pura; pura FILFA», I, 538) ha sido asimilado por nuestro lenguaje popular [119]. No faltan las creaciones festivas de los personajes: «es la princesa del CARAMÁNCHIMAL, Emeterio» (I, 478).

También hay usos madrileños ya generalizados: «no me JOROBES» (I, 158), «nos CHINCHA, matrona» (II, 1045), «ha sido una sanción PISTONUDA» (II, 722) [120]. La vaciedad de la fraseología en el habla popular madrileña es algo notado y recogido por escritores costumbristas [121]. Un sufijo muy admitido en el habla popular madrileña es '-ales', como *viejales* y *frescales* («Eh, tío FRESCALES!», I, 474) [122]. La forma SILBANTE («Y hasta me parece preferible que hayas elegido un artista a uno de esos señoritos silbantes», I, 527), que aparece en Galdós unos años antes que en Ayala, no posee, según Ynduráin, un sentido muy claro, pero parece referirse a gentes sin mucho dinero [123]. No podían faltar, para caracterizar el habla popular madrileña, las

119. Amado Alonso decía que todo el lenguaje de Buenos Aires se podía reducir a dos palabras de signo opuesto: todo lo bueno es *lindo,* todo lo malo es *macana* (A. ROSENBLAT: *Ob. cit.,* p. 22).
120. Estas voces están recogidas en el ya citado «Vocabulario de madrileñismos», de R. Pastor y Molina (seudónimo de A. Bonilla y R. Foulché-Delbesc), pp. 62, 56 y 67 respectivamente.
121. F. YNDURÁIN: «Sobre *madrileñismos*», en *Filología Moderna,* 27 y 28, abril-agosto, 1967, p. 291.
122. *Ibíd.,* p. 294.
123. *Ibíd.,* p. 293. Se refiere Ynduráin al significado de la palabra en el texto de Ayala, comentado por él. Con el sentido de *pillo, vago,* parece haber entrado en uso hacia 1887, según se desprende de un texto de Azorín. La voz *silbante* parece más bien desusada hoy (pp. 292 y 293).

formas apocopadas [124]: le preguntan a Sebas por la caricatura que anda haciendo y contesta, «hoy hice varias SÚPER» (II, 150) [125]; «y no, que hay que cerrar el pico, porque las PROPIS de la señorita Rosa...» (I, 478), «vamos, ¿se lo iba yo a decir? Ni que fuera un PIPI» (I, 606). Beinhauer llama a estas apócopes «abreviaciones argóticas que se oyen con particular frecuencia, empezando por los nombres de pila» [126].

Los vocablos expuestos en este apartado de popularismos son heterogéneos. Somos conscientes de la índole diversa (hay incluso asturianismos) y distinta procedencia de las voces que estamos comentando, pero tienen algo en común: pertenecen ya en su mayoría al lenguaje poular, coloquial, y eso es lo que aquí se pretende poner de relieve al estudiar el léxico ayalino. No es cometido de este trabajo intentar deslindar con precisión y detalle lo que es andalucismo, caló, germanía, etc., asunto que sería sumamente complicado por otra parte. Lo que importa es llamar la atención sobre la expresividad que lo coloquial y familiar proporciona a la prosa de Pérez de Ayala.

Los popularismos se tiñen a veces de dialectalismo andaluz, que a menudo aparece unido, en el mismo enunciado, a voces de otro tipo [127]. En muchos casos no se puede afirmar con certeza si un vocablo que figura en uno o más vocabularios andaluces es meridional; o viceversa, si palabras que hoy parecen generales y como tales figuran en los diccionarios pueden haber sido hasta hace poco propias de la región andaluza [128]. Los casos que a continuación se van a citar, se encuentran en el *Vocabulario* de A. Alcalá Venceslada, Madrid, RAE, 1951:

«Ya que las mujeres APENCAN con todo si el pretendiente guarda hacienda» (IV, 71) [129], «aborrezco al viejo CIPOTE teñido» (I, 593), «tiés una ASAÚRA que te cuelga, Veri» (I, 608), «pero en casa se empeñan en que si tengo tanto así de ASADURA y que si pierdo el compás» (I, 580) [130].

---

124. Vid. Z. BIAGGI y F. SÁNCHEZ ESCRIBANO: «Manifestación moderna y nueva de la apócope en algunas voces», *HR*, V, 1937, pp. 52-59.

125. Ynduráin cree que *súper* es la versión madrileña del souper, en combinaciones del tipo *souper-dansant*, que se convirtieron en un *súper* con el sentido de *extra, superior*, muy frecuente en Arniches (*Art. cit.*, pp. 294 y 295).

126. W. BEINHAUER: *Ob. cit.*, p. 313. Hace notar también la dislocación acentual que se produce con la abreviación.

127. Vid. M. DE TORO Y GISBERT: «Voces andaluzas (o usadas por autores andaluces) que faltan en el Diccionario de la Real Academia Española», *RHi.*, XLIX, 1920, pp. 313-647; W. BEINHAUER: «Algunos rasgos evolutivos del andaluz y el lenguaje vulgar», *HDA* I, 1960, pp. 225-236; Gregorio SALVADOR: «La fonética andaluza y su propagación social y geográfica», en *Presente y futuro de la lengua española*, II, Madrid, 1964, pp. 183-188.

128. M. SECO, p. 140.

129. Otros ejemplos en I, 335 y III, 735.

130. En las novelas ayalinas hay también algunos personajes andaluces, que Pé-

Del andalucismo se pasa insensiblemente al caló. El influjo cultural de lo gitano-andaluz, atestiguado literariamente desde los tiempos de Cadalso y Jovellanos, abarca todo el siglo XIX y penetra aún vigoroso en el XX [131]. Muchas voces gitanas son ya comunes en el habla popular, sobre todo en el habla madrileña, y por ello se pueden encontrar en distintos vocabularios madrileños y andaluces. Las fronteras entre andalucismo, germanía y caló son a veces borrosas; pueden delimitarse estas esferas, pero no siempre, y en todo caso el madrileñismo convencional ha adoptado no pocas voces de estos otros ámbitos, no importa el grupo social que las utilice [132]. No existe un libro de conjunto que sintetice el complejo de arduas cuestiones que suscita el *gitanismo* en España; sin embargo, los gitanos, sus costumbres y su lenguaje, por tradición *flamenca* o andalucista, o por especial inclinación de algún escritor, pueden ser todavía materia de elaboración poética y literaria, filón de medios expresivos o de inspiración profunda [133].

Alcalá Venceslada incluye en su vocabulario de andalucismos la voz PÁPIRO («digo que si le dará tantas pelas, ¡qué pelas!, tantos pápiros como pesa», I, 478); pero M. Seco (*Ob. cit.*, p. 132) la incluye entre los gitanismos. GACHÓ (I, 621; I, 1278) y GACHÍ (I, 489 y 655) vienen también en el *Vocabulario* de Venceslada, pero son gitanismos introducidos en el habla popular, tal vez a través del andaluz [134].

He aquí otros casos de gitanismos y voces populares:

rez de Ayala caracteriza reproduciendo en sus conversaciones la fonética andaluza. Es el caso, por ejemplo, de Lolita, en *Troteras y danzaderas* (vid. I, 714-722); y de *Chanela*, picador de toros, en *Araña* (vid. II, 1097-1099). *Cipote* y *asaúra* aparecen, como voces populares, en Luis BESSES: *Diccionario de Argot español*, Barcelona, Sucesores de Manuel Soler, Editores, sin fecha.

131. M. SECO, p. 130.
132. F. YNDURÁIN: «Sobre *madrileñismos*», p. 296.
133. C. CLAVERÍA: *Estudios sobre los gitanismos del español*, Madrid, RFE Anejo LIII, 1951, pp. 8 y 50.
134. M. Seco (p. 132) y W. Beinhauer (*El español coloquial*, pp. 62, 78 y 79) no dudan en considerar gitanismos puros ambas palabras. Según M. L. Wagner, en «El abolengo gitano-indio de *chavó* y su familia», *RFE*, XLV, p. 305, la palabra es «de pura cepa gitana». El vocablo figura también en el *Vocabulario de madrileñismos* de R. Pastor y Molina. Según Margherita Morreale, *chavó*, tanto como *gachó*, se oyen a cada paso en los barrios bajos de Málaga (vid. Beinhauer, p. 78). Sobre el influjo de los gitanismos en el habla de las clases humildes, vid. M. L. WAGNER: «Sobre algunas palabras gitano-españolas y otras jergales», en *RFE*, XXV, 1941, pp. 161-181; del mismo autor, «A propósito de algunas palabras gitano-españolas», *Fil*. III, 1951, pp. 161-180. Carlos CLAVERÍA: «Studing the language of the spanish gypsies and its impact upen spanish colloquial speech and literature», en *Year Book of the Amer. Philos. Soc.*, 1952, pp. 276-277; y del mismo autor, «Nuevas notas sobre los gitanismos del español», *BRAE*, XXXIII, 1953, pp. 73-94).

«Esa es LA CHIPÉN» (I, 570 y 641), «y siempre LA CHIPÉN» (I, 716) [135], «y no te creas que es cosa der MENGUE» (I, 716) [136], «SE LAS GUILLA con el poeta lilial» (I, 781) [137], «el maestro me llama PANOLI» (I, 543) [138], «y na, que a lo mejor, hoy, no ha catao entavía el PIRI» («cocido», I, 604), «¿te vas a hacer el LILA?» (I, 631), «me parece a mí que usté está CHALÁ, madre» (I, 608) [139], «pues na, señores; que he pasao un CANGUELO que ya, ya...» (I, 651), «casi se le reían, como si los nombres y sistemas de los autores tudescos fuesen CAMELOS, como ahora se dice» (III, 461) [140], «es una cesta que pesa varios quintales. DE ÓRDAGO, hijo, para llevarla yo sola» (I, 792), «debe de ser una gachí DE ÓRDAGO» (I, 655) [141], APANDAR (I, 994).

Muchas de estas veces se hallan en los vocabularios de madrileñismos; se trata de voces gitanas plenamente incorporadas al lenguaje popular madrileño. Por eso no es de extrañar que casi todos los ejemplos aquí citados pertenezcan a *Troteras y danzaderas* [142].

135. Hans Schneider trata esta forma (vid. Reseña de la 2.ª ed. alemana, en *Romanistisches Jahrbuch*, IX, 1958, p. 360; tomo la cita de Beinhauer, p. 270). Venceslada la incluye en su vocabulariodel andaluz.
136. M. L. WAGNER: *Notes linguistiques sur l'argot barcelonais*, Barcelona, 1924, p. 13, explica la forma *mengue*.
137. Los vocabularios gitanos han atribuido a *guillar*, lo mismo que a *chalar*, además de su significado de *irse, marcharse*, la acepción de *enloquecer* (vid. C. CLAVERÍA: *Estudios sobre los gitanismos del español*, p. 157.
138. Estas tres últimas voces figuran en el vocabulario de madrileñismos de R. Pastor y Molina. Para L. Besses, *panoli* es voz popular y las otras son formas del caló.
139. C. Clavería, en pp. 152 y ss., trata *chalao, chalar* y *chalarse*.
140. Según Rafael Lapesa, en la conversación media parece advertirse algún retroceso de gitanismos y elementos argóticos, aunque *camelo, mangante, coba* y otros se hayan generalizado y prolifiquen en derivados: *camelar, camelista, mangancia, cobista* («La lengua desde hace cuarenta años», *ROcc.*, I, 8-9, 1963, p. 205).
141. Con el sentido de *primera clase, superior*, el lenguaje popular emplea *de buten, de órdago* y *de rechupete*. Las tres expresiones están tratadas por M. L. Wagner en el ya citado artículo «Sobre algunas palabras gitano-españolas y otras jergales». H. Schneider (reseña citada, p. 360) añade *de chipén*. Según Rosenblat (*Buenas y malas palabras*, I, p. 220), en España se ha recurrido frecuentemente al caló para renovar la terminología, y habla sobre *de chipén* (= *de órdago*). M. Seco (p. 139) no considera como préstamo gitano esta locución adverbial, sino como préstamo de la jerga del juego de cartas. Beinhauer la considera forma derivada del gitano, y para ello se apoya en M. L. Wagner (vid. *El español coloquial*, pp. 270 y 272). A la jerga del juego de cartas pertenece: «cuando le tocaba ver las cartas, exasperaba la paciencia de los demás jugadores, PINTÁNDOLAS, esto es, descubriéndolas muy poco a poco» (I, 912).
142. Sobre el lenguaje popular madrileño vid. F. RUIZ MORCUENDE: «Algunas notas del lenguaje popular madrileño», *HMP*, II, 1924, 205-212; F. LÓPEZ ESTRADA: «Notas del habla de Madrid», en *CLC*, VII, 1943; Luis FLÓREZ: «Apuntes sobre el español en Madrid, año de 1965», *BACol.*, XVI, 1966, 232-250; A. ZAMORA VICENTE: «Una mirada al hablar madrileño», en *Lengua, Literatura, intimidad*, Madrid, 1966, 63-73; Antonio QUILIS: «Notas para el estudio del habla de Madrid y su provincia», *AIEM*, I, 1966, 363-372; Francisco TRINIDAD: *Arniches. Un estudio del habla popular madrileña*, Madrid, Editorial Góngora, 1969.

Veamos otros ejemplos:

PESQUIS (I, 1118; IV, 623), «¿cuándo nos dejarás en paz con esa pala-brita FINOLIS?» (I, 135), «¿qué hay del PIRABÁN, doña Leocadia? ¿No ha cometido todavía la machada gorda?» (II, 737) [143], «los GUINDILLAS» (IV, 723), «te he TAÑAO» (I, 555).

Algunas voces germanescas [144] han alcanzado cierta extensión en el uso popular, con lo que han perdido así su adherencia al mundo delincuente donde nacieron; es decir, han pasado a formar parte del vocabulario del pueblo. Según Clavería, tampoco la *germanía* (o lengua de los medios ru-fianescos de los siglos XVI y XVII) ha sido aún estudiada rigurosamente y se sabe muy poco de su proceso de formación y de su evolución [145]:

«Cesa al fin de AFANAR» (II, 339), BIRLAR (III, 169; I, 368) [146].
Otros términos germanescos, también incorporados al léxico familiar, son, en cambio, sentidos por los hablantes como peculiares de un determinado grupo social [147].

No todos los autores citados coinciden a la hora de precisar si un voca-blo pertenece al caló, germanía u otro tipo de jerga. Por poner un solo ejemplo, M. L. Wagner («Sobre algunas palabras gitano-españolas...», p. 176) registra *canguelo* como voz de germanía; L. Besses como del caló y popular; y Alcalá Venceslada incluye el término en su *Vocabulario andaluz*. Esto da una idea de lo confuso que resulta este tipo de estudio. Incluso los términos argot, germanía y jerga no siempre se emplean con claridad [148]. In-

---

143.   C. Clavería habla de las dos primeras voces al tratar el sufijo '-is' (vid. pp. 191-216). Sobre *panoli*, voz ya expuesta, dice que son varias las palabras del lenguaje popular español que sirven para designar al *tonto, infeliz, inocente*; *panoli* y *gilí* han sido seguramente las de mayor difusión y arraigo literario (p. 249). Al tratar la forma *pirandón*, hace referencia a *pirabán*, y dice que el verbo *pirabar* debía ser corriente en el gitano español (p. 184, nota 8).
144.   Sobre este punto vid. Carlos CLAVERÍA: «Sobre el estudio del *argot* y del lenguaje popular», *RNE*, n. 12, 1941, pp. 65-80; del mismo autor, «Argot», en *ELH*, II, Madrid, CSIC, 1967, pp. 349-363 (es interesante por la precisión con que trata e intenta definir los términos *argot*, germanía y caló, sin olvidar la extensa bibliografía que sobre el tema aduce en sus notas).
145.   *Estudios sobre los gitanismos del español*, p. 16.
146.   *Birlar* figura en el citado vocabulario de madrileñismos de R. Pastor y Mo-lina. Las dos voces están incluidas en John M. HILL: *Voces germanescas*, Indiana University Publications, 1949.
147.   Esta distinción la establece M. Seco.
148.   Según Carlos Clavería («Argot», pp. 349 y ss.), *argot* resulta ambiguo como término lingüístico, pues no sólo ha servido para designar el lenguaje del hampa, sino también los lenguajes especiales, técnicos o secretos, de ciertas profesiones o de ciertos grupos sociales. Clavería cree que jerga y jergal, como términos generales que abarquen todas las posibles acepciones del argot, no han llegado a imponerse ni si-

sisto en que, a pesar de las deficiencias que en este trabajo se observen en la explicación de las voces coloquiales, sí se comprenderá que el léxico ayalino es rico y variado en lo que a la expresión familiar se refiere. Sigamos, pues, con este asunto.

Muchas veces el léxico popular rebaja humorísticamente el tono normal de dignidad de muchos vocablos. Esto es habitual en la lengua coloquial, y Ayala lo recoge. Para designar, por ejemplo, la cabeza y la cara, existen gran cantidad de palabras populares y aun vulgares:

CHOLA (IV, 584 y 738), CHOLLA (*AMDG*, 54; I, 1032; etc.) CALAMOCHA (II, 1020), SESERA (I, 58; 879), CALETRE (I, 242; *AMDG*, 84), TESTA (VOZ referida a personas: I, 1049; II, 953), MAGÍN (I, 136), CACUMEN (II, 684), CHAVETA (III, 192; IV, 85), MOLLERA (I, 553; II, 948), JETA (VOZ referida a personas: I, 725; III, 452), etc.

Esto no es más que una pequeña muestra. Pérez de Ayala recurre con profusión al lenguaje coloquial para caracterizar a sus personajes. Se atiene para ello a lo que dice de Tigre Juan:

«Tigre Juan atemperaba su lenguaje a la inteligencia, estado y estilo del interlocutor. Con las personas educadas procuraba hablar por lo retórico. Con Nachín de Nacha, el aldeano, empleaba voces y giros del dialecto popular» (IV, 559).

Es preciso hacer hincapié en este aspecto del léxico ayalino. Hay en Pérez de Ayala una manifiesta intención popularista con el fin de reflejar ambientes y caracterizar personajes (no se olvide que él mismo dijo que siempre gustó de aleccionarse en la gramática del pueblo), y este interés sirve de contrapunto al intelectualismo de sus escritos. Lo que se ha hecho con la palabra cabeza podría hacerse con muchas más, pero no se trata de exhu-

quiera entre los lingüistas que han intentado sistematizar y deslindar sus campos.

J. Casares (*Introducción a la lexicografía moderna*, Madrid, C.S.I.C., 1950, pp. 272 y ss.) propone una diferencia entre caló, germanía histórica y germanía moderna como lenguas especiales, aparte de otras diferenciaciones en la lengua común, particularismos profesionales, etc.

F. Lázaro Carreter (*Diccionario...*) sí nos remite a «jerga»: lengua especial de un grupo social diferenciado, usada por sus hablantes sólo en cuanto miembros de ese grupo social. Fuera de él hablan la lengua general. Y distingue: a) lenguaje del hampa; b) lenguaje profesional; c) lenguaje de cualquier grupo social; d) conjunto de palabras procedentes de fuentes oscuras.

El DRAE (19.ª ed.) entiende por 'jerga' el lenguaje especial y familiar que usan entre sí los individuos de ciertas profesiones y oficios, como toreros, estudiantes, etc.

La verdad es que la mayoría de las formas jergales usadas por Pérez de Ayala pertenecen ya al lenguaje popular y coloquial.

6

mar de los escritos ayalinos y clasificar todo el ingente material de voces populares comunes que en ellos aparecen. Basta con comprender cómo por razones de expresividad y caracterización se busca deliberadamente un lenguaje hablado, coloquial e incluso barriobajero, que presta cualidades altamente coloristas a la prosa. No es de extrañar, pues que las imprecaciones, improperios, exclamaciones, apelaciones, tacos y eufemismos aparezcan abiertamente en boca de los personajes [149]:

«Arriba, MANGUÁN, y que te vayas pronto de casa» (II, 788) [150], TONTO-RONTAINA (IV, 44 y 350), ZARRAMPLÍN (I, 612; II, 695), PIPIOLOS (*AMDG*, 42), «¡calla, MARICA!» (*AMDG*, 94), «¿quién eres, CHACHO?» (IV, 141), «no haga usted caso de ese LENGÜETA» (I, 361), «Federico, REITÁN» (II, 793), «TÍTERE! ¡MAMELUCO! ¿Qué dices?» (*AMDG*, 124), MASTUERZO (I, 253; II, 644), BRAGAZAS (I, 475), MARRANO (*AMDG*, 33), «!mal rayo te parta, CABRÓN!» (II, 989), «calla tú, CABRITO» (I, 356), «¡no me amueles!» (I, 15), «¡Virgen de Guadalupe!» (I, 554), «¡ave María Purísima!» (II, 1036), «¡Jesús, María y José!» (II, 1021), «¡Dios nos coja confesados!» (II, 1021), «¡Dios de Dios! !Silencio!» (II, 983), «¡Voto al chápiro!» (*AMDG*, 86), «¡olé tu *cuelpo*!» (I, 214), «¡no me jorobes, leche!» (I, 190), «¡ay, qué leche!» (I, 165), «¡ma cas' en Deu!» (I, 133), «os juro que os reviento, por la madre que me parió» (I, 111), «¡concho con don Angel!» (I, 603), «¡Cristo, qué tabarra!» (I, 813), «me cisco en el Kaiser» (II, 757), «¡Santo Cristo del Rosario!» (I, 1053), «¡Virgen de la Leche y del Buen Parto!» (IV, 318), «¡cabrones, daos pol tal; me lo habéis de pagar!» (*AMDG*, 216), «¡rediós! ¡Vaya una hostia!» (I, 51), ¡CRISTO! (IV, 791, ¡RECRISTO! (I, 713; II, 115; IV, 695), ¡REDIÓS! (IV, 762), etc.

Cuando una palabra **tiene** significación grosera, o implica cierto tabú social o religioso, se tiende a usarla deformada, jugando con ella. Cambia de aspecto para poder penetrar en buena sociedad o presentarse ante señoras. En una serie de casos se deforma la palabra convirtiéndola en otra que la

---

149. Sobre las interjecciones de tipo obsceno, la mayoría de las cuales «están semánticamente tan gastadas por el uso que el hablante apenas tiene conciencia de su contenido indecente», y sobre el eufemismo, véase W. BEINHAUER: *El español coloquial*, pp. 87-90. Sobre el eufemismo son asimismo interesantes los trabajos de Charles E. KANY: *American-Spanish Euphemisms*, Berkeley - Los Angeles, 1960; y Nora GALLI DE PARATESI: *Semantica dell'eufemismo e la represione verbale, con esempi tratti dall'italiano contemporaneo*, Torino, 1964. Particular importancia, por la distinción que se establece entre eufemismos denotativos y no denotativos, merece el trabajo de Ricardo SENABRE: «El eufemismo como fenómeno lingüístico», *BRAE*, LI, 1971, pp. 175-189.

150. Si *mangar* es (como sostienen M. L. Wagner y C. Clavería) de origen gitano, ha sufrido sin duda la influencia de *manga*, al menos en algunas de sus significaciones (ya Américo Castro y Leo Spitzer han estudiado *manga* con el valor de trampa o negocio turbio, en el período clásico). Probablemente ha influido también en el *mangullón* o *manguán* de Asturias (A. ROSENBLAT: *Ob. cit.*, I, p. 194, nota).

sugiere, que la elude y alude a ella a la vez. Otras veces se la sugiere con puro juego de sonidos, con una especie de pirotecnia sonora, con combinaciones de fonética impresiva. Cada una de las formas podría explicarse por asociaciones más o menos inconscientes [151]:

CONCHO (I, 603), «¿crees que pienso dedicarla a monja, RECAÑA?» (II, 973), MECACHIS (II, 747; IV, 251), ¡TOÑO! (IV, 723), ¡MADIÓS! (IV, 731), ¡CÁSPITA! (IV, 718), «voy a decirte una cosa en secreto, REGORGOJO» (AMDG, 252), ¡REPUÑO! (II, 982), ¡RIÑONES! (I, 731), COIME (I, 1049; IV, 737), «¡ah, RECONCHO!» (IV, 716), RECOIME (I, 781; IV, 409), CARACHO (II, 1126; IV, 114), RECARACHO (IV, 609), ¡CARAYO! (I, 134), CARAY (I, 351; II, 858; IV, 715), CARAPE (I, 147; II, 806; III, 101), DEMONTRE (I, 1258; II, 760), DIANTRE (I, 251; I, 692) [152], «¿cuántas veces te he de decir que te guardes el xiblato en el c..., hijo de cabra?» (I, 355), «sé formal, rec...» (AMDG, 23), CUESCOS (AMDG, 120), «¡qué c...!» (I, 353), ¡CARAMBO! (I, 18), ¡CANARIO! (AMDG, 126), ¡CARACOLES! (I, 344; I, 640), «¡qué RECUERNO!» (AMDG, 253), «MECACHIS EN DIEZ con la literatura» (I, 725), «ME CISCO EN esa aristocracia» (IV, 85), ¡PARDIEZ¡ (II, 345), ¡REDIEZ! (I, 913), ¡ARRENIEGO! (II, 752).

Los juramentos pueden tener también, por razones humorísticas, un neto cariz culto:

«¡Avecilla, no se aparte de mi vera! ¡Por los clavos de Cristo! O si usted quiere, ¡por el empeine de diamante de Buda! O, si le parece mejor, ¡por el lunar del hombro izquierdo de Mahoma! O ¡por el clister de Sesostris! Por lo que usted más quiera» (I, 1269).

La proliferación de todas estas expresiones en las novelas ayalinas es enorme; no así en los ensayos, donde sólo algún que otro leve y tímido eufemismo aflora. En la prosa ensayista no es posible caracterizar ambientes y personajes típicos, por lo que resulta difícil recoger expresiones como las antes expuestas. Es más fácil, en cambio, encontrar en el ensayo esas voces familiares que pertenecen al caudal de palabras comunes de la lengua general. El humor y el uso apropiado de estas voces y giros comunes populares proporcionan mayor movilidad y soltura a la prosa ensayista. El ensayo en Ayala es en su gran generalidad una labor periodística, y las voces y giros familiares pueden, además de convertirse en estilo por su uso adecuado

151. A. Rosenblat, II, p. 166. Rosenblat trata voces como carape, caracoles, caramba, caray, caracho, concho, etc. Todas ellas son exclamaciones eufemísticas que tienden a evitar, y también evocar, otras más crudas.

152. El nombre del diablo es siempre tabú y se debe evitar: al decir su nombre puede aparecerse, a menos que nos persignemos. Por eufemismo, en lugar de diablo se dice diantre, demontre, diaño, demonche, etc. (Rosenblat, II, pp. 165 y 166).

y oportuno, facilitar la comunicación y comprensión del tema que se toca. Pero en las novelas y relatos, gracias al artificio de los personajes, puede el escritor dar paso libre a muchos aspectos de su concepción de la expresividad que no podría permitirse en los ensayos; esa expresividad que siempre preocupó tanto a Pérez de Ayala:

«A las primeras invitaciones de la segunda ama respondieron con gruñidos y pintorescas palabras, de esas que el vulgo designa en aumentativo, *palabrotas*, sin que se haya averiguado la causa de ello» (I, 101).

«El presbítero empleó un sinónimo de la palabra zorra, más usual, más enérgico, más agresivo, más sonoro» (I, 149).

«En rigor, ¿qué importa describir o pintar? ¿Qué importa obtener una visión de dos o de tres dimensiones? Lo importante es comunicarse, manifestarse, darse a entender, siquiera sea por alusiones remotas, gestos mudos y palabras volanderas» (IV, 35).

El fuerte valor expresivo que Ayala descubre en el lenguaje está perfectamente expuesto en estas palabras, muy conocidas y ya tópicas para quienes conocen bien al escritor asturiano, de Tigre Juan:

«Una interjección, un ajo, un reniego, son para mí más propios y expresivos que un apóstrofe ciceroniano o castelarino» (IV, 789).

Por razones de expresividad se comprende también el abundante uso de voces genéricas, rasgo típicamente popularista:

«El abominable monstruo, ducho... en TAIMONIAS y fingimientos» (I, 1026), «es que como te has disparado con esas CHANFAINAS tuyas» (I, 789), «déjeme usted de meditaciones y GARAMBAINAS» (IV, 288), «¿te estás chungando de mí con todas esas ZARAGATAS que tú inventas?» (I, 769), «echáronse monte arriba haciendo cabriolas y ZALEMAS» (II, 955), «sabe Dios las cosas que habrá contado de señoríos de allende y diversiones y ZARANDAJAS» (II, 939), «y era además muy dado a LA ZUMBA» (I, 905), etc.

La sonoridad de muchos de estos vocablos incita en muchas ocasiones a insertarlos en un contexto en que el juego de los sonidos reproduce plástica y auditivamente lo que se pretende expresar: «El carruaje echó a rodar cuesta abajo, con alegre fanfarria de maderas y herrajes» (II, 953).

Las formas populares sobrepasan el nivel léxico y nos encontramos entonces con los modismos y comparaciones, locuciones, frases adverbiales, giros coloquiales, refranes, sentencias, proverbios, hipérbole e idiotismos [153]. La verdad es que el modismo tiene en nuestro idioma tanta importancia como el vocabulario serio, puesto que se usa más frecuentemente y determina de modo gráfico, expresivo y general la idea que pretendemos exponer [154]. Estas fórmulas particularmente pintorescas, graciosas y llenas de sabor popular provienen «del venero mismo del lenguaje que corre por el mundo, no del erudito que duerme en los diccionarios y del que se obtiene un idioma de cartón piedra» [155]. No existiría el lenguaje coloquial sin estos ingredientes, y así lo entendió Pérez de Ayala:

«El estilo denso y sustantífico, por mucho que se le refine, se compone en último término de materias primas humildes y comunes, pero auténticas y permanentes. No hay por qué hacer ascos y repulgos ni prescindir de las citas consabidas, modismos, estribillos y frases hechas, cuando sea menester y como argamasa del estilo, no de otra suerte que en el más soberbio edificio se emplea cal y arena junto con los materiales más nobles» (IV, 1269).

En la prosa ayalina, sobre todo de tipo novelesco, abundan esas «materias primas humildes y comunes, pero auténticas y permanentes»:

«Vivir de guagua» (I, 924) [156], «está usté apañao del quinqué» (I, 485), «armar una pelotera» (III, 112), « los malditos no querían estirar la pata» (II, 722), «le romperé la crisma» (I, 226), «si no, te puedes ir al guano, y buen desengaño me llevo» (I, 789), «tomar a chacota» (I, 899), «soltar la mosca» (I, 608), «no tiene usted chicha» (I, 546), «soltar el trapo a reír» (I, 605), «pues hijo, te portas como hay Dios» (I, 792), «armará la de Dios es Cristo» (III, 136), «no hay tu tía» (II, 808), «anda y que te den morcilla» (I, 1255), «quiere éste chupar del bote» (II, 302), «no caerá esa breva» (AMDG, 196), «no hay Cristo que le haga pagar» (I, 543), «no se trata de verso, ni de poesía, ni Cristo que lo fundó» (III, 243), «don Juan, el hombre más irreverente y sacrílego que ha parido madre» (III, 381), «las cuentas claras y el chocolate espeso» (IV, 348), «pero Hipólito, en menos que se santigua un cura loco, le clavó el par en el morrillo» (III, 1233), «a pesar de ser mártires con toda la barba» (II, 1021), «eres un sangre gorda» (AMDG,

153. Para una amplia bibliografía sobre estos aspectos, consúltense los números ya citados de la revista Yelmo.
154. R. CABALLERO: Diccionario de modismos (Frases y metáforas), Madrid, 1905, p. 1180.
155. G. GÓMEZ DE LA SERNA: «Un estudio sobre la literatura social de Ignacio Aldecoa», en Ensayos sobre literatura social, Madrid, Guadarrama, 1971, p. 197.
156. La institución de la golilla se entronca con la vieja picaresca y tiene, desde el Siglo de Oro, el nombre castizo de gorra: vivir de gorra. Guagua es una variante (Rosenblat, III, p. 190).

50), «yo no me apuro maldito de Dios la cosa» (I, 959), «nos la han dao con queso» (I, 781), «pues ahí es moco de pavo una princesa y la amante de un ministro, que hasta los gatos lo saben» (I, 617), «y aquí de los apuros de la anciana» (*AMDG*, 24), «y digo que no sé por qué se me figura que todo el aquel que usté le encuentra, en cuanto que se vistiera como un niño litri, no quedaba pero que ni esto» (I, 493), «debe de estar pasando pero que las morás» (I, 603), «lo cual que de mí no se burla nadie» (I, 543), «talmente como que lee dentro de una» (I, 421), «pues na, señores; que he pasao un canguelo que ya, ya...» (I, 621), etc.

El ingenio popular tiende a veces a deformar las locuciones, a destruir en alguna manera los moldes y esquemas fijos, con lo que se produce la sorpresa y el humor:

«—Ya te lo mostraré. Por lo pronto, aprovecharemos el tiempo bebiendo sidrina hasta anochecido. ¿Qué te parece?

—De rechupete, como Cristo nos enseña.

—Sí, ¿verdad? ¿En qué evangelio dijo Cristo *de rechupete*?

—Vaya, déjese, señor, de chanzas» (II, 980).

Otros ejemplos suponen variantes buscadas con intención expresiva o de réplica:

«Es una chocolatera del año de la nanita» (II, 1031).

«Esta casona de Balmaseda, en donde nací y en donde he de estirar la pata; en donde tú naciste y en donde, por tu parte, en llegándote la hora, has de estirar las cuatro patas» (II, 994).

«—No parece sino que os pagan por hacer el gancho —concluyó irónicamente.

—¿Y tú? ¿De qué estás haciendo tú, sino de condón?» (I, 361).

«Mentira parece que tú, tan despabilao, no arrepares en la almendra de la cuestión» (IV, 559).

El lenguaje coloquial emplea medios de expresión lógicamente superfluos. Pero para reconocerlos en su justo valor deben ser enfocados con un criterio psicológico, en vez de lógico, y entonces se comprenderá que, lo que en la lengua escrita se tildaría con razón de hojarasca o superficialidad, en la hablada cumple funciones no sólo justificables, sino incluso necesarias [157]. Beinhauer habla de «ligera ampliación retardataria», que contribuye en muchos casos a realzar la expresividad y poner de relieve lo esencial de lo que el hablante quiere enunciar:

«En presencia DE ESE ANIMAL de don Ataúlfo» (I, 354), «como sostienen ESOS BOBOS DE románticos» (IV, 288), «un diente más chico, pero, de todas suertes, TODO UN CABALLERO DIENTE» (*Hermann encadenado*, 220), «ESTA MAL EDUCADA DE DOÑA BALDOMERA no deja vivir a las demás» (I, 783).

Pero en el lenguaje hablado se observa también la tendencia opuesta y complementaria: la precipitada anticipación de la idea que quiere manifestarse, con la consiguiente necesidad de precisar a continuación lo provisionalmente enunciado. En «a ese joven le gusta bastante SU hija DE USTED» (I, 447), la añadidura *de usted* no es sino una especificación superflua del anticipado *su*, especificación superflua cuando no existe ambigüedad. En esta misma tendencia de ampliación o precisión posterior, y con más carga de expresividad, están los ejemplos siguientes:

«He comprado este libro escrito por él. ¡PUAF! Macana pura» (I, 538), «y al menor descuido, PUM, se las guilla con el poeta lilial» (I, 781), «tanto guardar al hijo en un fanal y, de pronto, ¡CATAPLUM! el rapto» (IV, 234), «y al primer ensayo, ZAS, se estropeó todo» (I, 906).

Estas tendencias del lenguaje coloquial, retardatarias unas, aceleradoras otras, a veces amplificativas por la precisión posterior y retardatarias a la vez, suelen manifestarse en flujo y reflujo continuos, contribuyendo con sus numerosos recursos a mantener, en alto grado, la fluidez y particular rapidez propias del lenguaje hablado español [158].

Los modismos y comparaciones, las frases hechas, los clisés, son una constante expresiva del lenguaje popular, su propia estructura, bien los conserve intactos o, por ingenio, ironía o humor, los varíe con más o menos ligereza. Dentro de este aspecto popularista no pueden olvidarse, y ya se dijo antes, los refranes, sentencias, proverbios, muestras patentes de la sabiduría popular a la que recurren los personajes para justificar, sentenciar o corroborar ciertos hechos o ideas en momentos determinados. Es una nota más de color local, imprescindible como medio de caracterización:

«Viuda honrada, el hoyo de la cabeza del marido siempre en la almohada» (IV, 579), «de enero a enero, el dinero es del banquero. Axiomático»

157. W. BEINHAUER: «Dos tendencias antagónicas en el lenguaje coloquial», *EA.*, n. 6, Madrid, 1964, p. 1.
158. *Ibíd.*, pp. 1 y 2.

(II, 833), «y ahora, por las glorias se nos van las memorias» (I, 296), «el granizo de antaño no daña la flor de hogaño» (I, 426), «llegada la hora, la muerte no demora, y pierde saliva quien a Dios implora» (II, 1122) [159], «Domingo Jimeno, por su mal vido el ajeno» (II, 1123), «grano a grano, hinche la gallina el papo» (II, 1123), «lobo y vulpeja, de una conseja» (II, 1122), «quien merca y miente, su bolsa lo siente» (II, 1123), etc.

Las sentencias y frases proverbiales son numerosas. He aquí unos cuantos ejemplos:

«De tal palo, tal astiella» (I, 424), «y a quien Dios se la dé, San Pedro se la bendiga» (II, 822), «dice nuestro proverbio: *El buen paño en el arca se vende*» (III, 489), «ojos que no ven, corazón que no siente. Más duro es deprender que olvidar» (IV, 735), «tanto monta lo uno como lo otro. Al burro muerto, la cebada en el rabo» (II, 836), «a mal tiempo, buena cara» (II, 928 y 929), «mas Dios, que aprieta pero no ahoga, vino en su ayuda» (I, 127).

No podía faltar el enfrentamiento humorístico a la frase proverbial: «*Contigo pan y cebolla*», reza el proverbio. Inadmisible. Con lo mal que huele la cebolla» (I, 769).

Ni el chascarrillo:

«—Estás fresco. Conque monja, ¿eh? Pues, hijo, todo lo contrario.

—¿Todo lo contrario? —inquirió Verónica, boquiabierta—. Entonces fraile.

—Sí —respondió Rosina—, de San Ginés: que se acuestan dos y amanecen tres» (I, 769).

Uno de los ingredientes básicos del lenguaje popular es el vulgarismo. Se confunden habitualmente lo vulgar y lo popular porque suelen ir juntos, y en verdad que no pocas veces resulta borroso el límite. Manuel Seco cree posible establecer la distinción: «Lo vulgar es, con respecto a lo popular, sólo un componente, caracterizado por la connotación inculta que el ha-

---

159. Estos refranes no aparecen en la obra de Gonzalo Correas (*Vocabulario de refranes...*, Madrid, 1924), ni en la de F. Rodríguez Marín (*Más del 21.000 refranes castellanos*, Madrid, 1926; y *Los 6.666 refranes*, Madrid, 1934), ni en el *Refranero general ideológico español* (Madrid, RAE, 1953) de Luis Martínez Kleiser. De los cuatro refranes citados a continuación, los tres primeros se encuentran en Correas (vid. pp. 163, 224 y 269 respectivamente), y el cuarto en Martínez Kleiser (vid. p. 465, n. 40.677).

blante medio descubre inmediatamente en la expresión de este tipo. El vulgarismo, pues, a diferencia del gitanismo o del argot, no representa un nivel social, sino un nivel cultural» [160].

La complejidad del problema obliga a establecer para el análisis del lenguaje vulgar [161] un esquema que permita la delimitación de algunos aspectos.

1) Vulgarismos fonéticos

Pérez de Ayala, como cualquier otro escritor en su caso, se ve precisado a reflejar el habla en todos sus aspectos, y los vulgarismos fonéticos tratan de dar, mediante una ortografía convencional, la imagen exacta de la lengua hablada. En Ayala se trata muchas veces de dialectalismos, en boca de personajes asturianos (consúltese para esto Reinink, pp. 126-143). Pero no siempre; los vulgarismos en *Troteras y danzaderas,* por ejemplo, son de otra índole. Hay determinadas escenas en algunas novelas ayalinas que están plagadas de vulgarismos fonéticos. En realidad, todo este fenómeno del vulgarismo fonético aparece ya fijado literariamente en el siglo XVIII; recuérdese, por poner un ejemplo, el *Manolo* de Ramón de la Cruz:

«Dir a la frábica» (I, 77), «dirse menuto por menuto» (I, 957), FANTESÍA y HOMILDE (II, 972), «morieron todos» (I, 1013), MENISTRO y «los DEOS» (*dedos,* I, 508), «nada m'ocurre» (I, 406), SEPOLTURERO (I, 407), RIAL (I, 91), RIVOLUCIÓN (I, 326), FEGURACIÓN (I, 362), «sé lo que la razón natural DIZTA» (I, 731), GOLVER (II, 975), GÜÉSPEDES (I, 90), MENJURGES (II, 918), ENTÓNCENES (IV, 377), ENTODAVÍA (I, 273), EMBARANZADA (I, 89), DENGUNA (IV, 340), DEPRENDER y ESCURECIDOS (IV, 735 y 740), DESGUSTOS y DESEMULA (IV, 723 y 724), ESCOMENZAR (I, 1013), ENCOMENZAR (IV, 723), ISPERIENCIA (II, 967), DEMPUÉS (IV, 608), DIMPUÉS (IV, 590), DESÁMENES (IV, 536), «QUIER DECISE, hablando en cristiano» (IV, 439), INTIERRO (IV, 422), TRIGEDIA (II, 1129), CADABRE (II, 1122), etc.

Reinink incluye en su vocabulario de asturianismos las formas PROBE (IV, 377), MARICOMIO (*AMDG,* 21), MALICOMIO (IV, 723), MUNCHO (II, 972), ENRIBA (I, 1017) [162].

---

160. *Ob. cit.,* pp. 142 y 143. No pretendo establecer un apartado rígido con los vulgarismos, pues en páginas anteriores han aparecido formas y expresiones que pudiéramos considerar como vulgares.

161. Vid. Robert K. SPAULDING: *How Spanish grew,* 2.ª ed., Los Angeles, Univ. of California Press, 1948, pp. 236-242. Y. M. MUÑOZ CORTÉS: *El español vulgar,* Madrid, Ministerio de Educación Nacional, 1958. Son interesantes los artículos de J. MAROUZEAU: «Deux aspects de la langue vulgaire: langue expresive et langue banale», *BSL,* XXVIII, Paris, 1928, pp. 63-67; y T. NAVARRO TOMÁS: «Vulgarismos en el habla madrileña», *Hisp.L.,* 1967, pp. 543-545. En la ya citada revista *Yelmo,* se puede adquirir una información bibliográfica muy completa sobre el lenguaje vulgar.

162. Vid. K. W. REININK: *Ob. cit.,* pp. 145-148. También ENTÓNCENES, ENTODAVÍA,

Dentro del fenómeno protético, del que ya se han visto unos pocos casos con otros elementos, las formas léxicas con 'a-' protética adquieren en la lengua vulgar especial importancia por su abundante uso [163]:

ACOMPARAR (I, 285), «¿y si me los ARROBAN?» (AMDG, 21), ALUEGO (I, 273; IV, 410), AGOLER (I, 957; IV, 360), «yo bien sé dónde se ACOBIJA» (IV, 208), APALPAR (IV, 537), ARRODEAR (IV, 611), ATOPAR (II, 958), ARRENIEGO (I, 469), «en su granero se *ajuntan* cuantas mieses se han barrido en las eras» (II, 434), «vivía ADORMIDO» (IV, 629), «un libro, AFORRADO con seda verde» (I, 1242) [164], etc.

2) Desplazamientos acentuales

Este aspecto del léxico vulgar se da escasamente en los personajes ayalinos, y cuando surge es generalmente para caracterizar a una persona y el vocablo se repite varias veces. Es el caso de PÉRITO, que en media página escasa se emite con juego seis veces (IV, 126). Lo mismo cabe decir para MÉNDIGO, que aparece siempre en boca del mismo personaje (I, 474 y 476), y en otro diálogo páginas más adelante lo repite por cuatro veces:

«—Es que, verá usté, señorito —empezó a explicar la señá Dionisia—, se cuela un méndigo en el portal, porque talmente era un méndigo. Ya sabe usté que el casero no quiere méndigos. Lo mismo da decir ladrón que méndigo.

—Mendigo, mujer, y no méndigo, como ha dicho usted por cuatro veces» (I, 484).

Otro ejemplo: «y hay que tener PÚPILA» (I, 478).

DIMPUÉS, etc. Estos y otros adverbios y modos adverbiales los cita Reinink en pp. 140 y 141. Pueden verse sistematizados los vulgarismos fonéticos comunes a zonas españolas muy diversas en el libro citado de M. MUÑOZ CORTÉS: *El español vulgar*.
163. Vid. Angel ROSENBLAT: «Notas de morfología dialectal», en A. M. ESPINOSA: *Estudios sobre el español de Nuevo Méjico*, Parte II, Buenos Aires, 1946, BDH II, pp. 238-241. En Ayala, gran parte de las formas protéticas son dialectalismos, como ya observa Reining, pp. 134-135.
164. Ayala utiliza directamente en sus escritos formas como AFORRAR (I, 488; *Hermann encadenado*, 150), ASERRAR (II, 959; III 391), ANUBLAR (I, 32; II, 575; *AMDG*, 228), ASOLEADO (I, 696; II, 977, etc.), etc. No se trata de vulgarismos, sino de formas con regusto arcaizante; todas ellas han sido utilizadas por Cervantes y Lope de Vega (vid. los *Vocabularios*, ya citados, de ambos escritores, a cargo de C. Fernández Gómez).

3) Monoptongaciones y diptongaciones

Las monoptongaciones contrarias a la norma de la lengua caracterizan un estado lingüístico escasamente desarrollado; son frecuentes en el lenguaje infantil y revelan un nivel inmaduro en personas adultas [165]:

«To coger un RUMA con estos zapatos de satén» (*AMDG*, 21), «la señá DONISIA» (I, 484), «no te llamé por tu CENCIA, sino por tu CONCENCIA» (II, 11305).

Las diptongaciones en Ayala suelen ser normalmente asturianismos, por lo que entrarían con más propiedad en otro apartado:

«CUERRE, CUERRE la condenada» (II, 969), «ahora se ESCUENDE» (II, 969), CULIEBRAS (II, 696), HUESTIA (II, 972), DEPRIESA (IV, 422), ATRUENA-BAN (I, 326), «ye que no puede mirar ENDIENTRO de la TABIERNA» (I, 406, etc.

Tal vez por influjo dialectal utilice Ayala directamente otro tipo de diptongaciones:

«Villaespesa nos dice que cuando doña Sofía HUELLA la escarcha...» (I, 1299) [166], ASUELA (I, 1142; II, 409), ASUELAN (I, 1248; IV, 959J, ASUELE (II, 368) [167], «ha roto el toldo y luego ha venido a dar de rechazo sobre el hidalgo... y le DERRIENGA» (III, 336), «la juventud se AVIENTA» (IV, 1154).

Y en poesía aparece:

«A mi alma está tan reciamente asida
como invisible ancla que la AFIERRA» (II, 310).

4) Hay también algunos casos de epéntesis anaptíctica:

«TÍGUERE» (I, 968; IV, 609), «probarle he que usté dio la patada a mi *Coronel*, el mulo digo, en la ÍNGUELE» (IV, 609), «DESATAPA les oreyes» (IV, 735), etc.

Son formaciones epentéticas dialectales [168].

165. R. SENABRE: «Creación y deformación en la lengua de Arniches», pp. 5 y 6.
166. No siempre diptonga: «nuestros pies HOLLAN la cándida nieve» (*Hermann encadenado*, 228).
167. Pero: «funestos temporales ASOLABAN a Roma» (II, 400). Al no ser tónica la vocal *o*, no se produce la diptongación.
168. Vid. Reinink, p. 135.

5) Paragoge y apócope

Estos fenómenos no son muy fecundos y cuando aparecen son casi exclusivamente asturianismos [169]:

«Yo lo VIDE» (IV, 568), SOLE, AMORE (II, 783), «desde cuando la tierra firme se sustenta en el fondo de la MARE» (II, 782), etc.

«DIZ que Pachín quiso cortejar a la *Calandria*» (II, 795), «pensai que non ye oro todo lo que RELUZ» (II, 967), «¿QUIER que le abra?» (I, 263), «¡home, PAEZ mentira que se diga eso!» (I, 361), QUIERME (II, 806), «DUELME mucho la cabeza» (I, 77), PAEZTE (I, 319), etc.

La apócope aparece en las formas verbales del presente, como se ha visto, y es un puro rasgo dialectal (para estos asuntos dialectales, vid. A. Zamora Vicente, *Ob. cit.*, pp. 178 y 179).

6) Deformación de palabras cultas

Los cultismos deformados por la ignorancia del hablante constituyen un procedimiento trivial y tópico para caracterizar una lengua escasamente cultivada.

La deformación fonética de palabras cultas puede ser de diversos tipos. El caso más común es la supresión de uno de los elementos de cualquier grupo culto conservado en la lengua romance:

«Están haciendo sesiones de eso que llaman INOTISMO y MANETISMO y catalejos» (I, 895), «bestias MALINAS» y «países CORRUTOS» (IV, 571), SINIFICAR (IV, 731), «una bala INSURRETA» (IV, 611), «soltar la creatura en un ISTANTE» (IV, 424), INORANCIA y DITAMEN (IV, 611), etc. [170].

Otras veces se suprime el primer elemento de la palabra, con lo que ésta se acorta y su pronunciación resulta más fácil:

«Esa ye cuestión de muncho TRÍNGULIS» (I, 319), «don Cristóbal tien POTECADOS y de mal talante los más de los caudales que'i vinieron del su padre» (II, 967) [171], «las POTECAS van a acabar tamién» (*Idem*), «¿visteis la casona de Llaviedo? Llena está de osos BALSAMAOS, que meten miedo» (II,

169. Vid. A. ZAMORA VICENTE: *Ob. cit.*, p. 162; y Reinink, p. 139.
170. Reinink habla de estas reducciones en el bable (p. 136).
171. Como *tríngulis*, también *potecar* es aféresis del bable (Reinink, p. 131).

968), «como los GIPCIOS» (I, 686), «¿entonces? ¡Ah! —el viejo se dio una palmada en la frente—. Hablas en PÓTESIS. ¿Entiendes la palabreja?» (I, 419), «esa misma confianza que te demuestra la gente, ¿no añade responsabilidades y te obliga a pensar si acaso, vaya, si tal vez comprometerías lo ajeno con SORBITANCIAS?» (I, 394).

La supresión del primer elemento puede unirse a la simplificación de un grupo culto en el cuerpo de la palabra:

«¡Jesús me ampare! ¡Ira de Dios! Centellas del POCALIPIS» (II, 1128).

No faltan los cambios y aumentos vocálicos y consonánticos:

«Don Tiquio, el PÁLROCO» (I, 969), «huye de la mujer como de BERCEBÚ» (IV, 565), «guardo el OLIO perfumado» (II, 783), ARISTÓTILES (I, 726 y 731), «téngote oído SINFINIDAD de veces que no hay otra cura que la purgación» (IV, 731) [172], «y matas de flor menuda y azul, que le dicen LOTROPOS» (II, 984), «de buena te libraste cuando las onzas del FLAIRE» (I, 925), «una gachí, que es talmente una FOTITIPIA» (I, 606).

La dislocación verbal es en ocasiones intensa:

«Un gran flujo MANÉTIVI» (I, 895), «si hubiera usté llegao endenantes, AL SÚPITO, como yo, y la hubiera alcontrao con Mualdo de Tina, como yo la alcontré, entóncenes comprendería» (IV, 716) [173], «ye que miraba a aquel señoritu. ¿Non ye un que vino de MINGALATERRA?» (I, 406) [174].

En BAÑADERAS, la sustitución consonántica se produce por analogía con la palabra más común, a cuya fonética se asemeja el vocablo culto:

«Porque, vamos, que me digan a mí que si bailo así y asao, como los gipcios y bañaderas» (I, 686).

En este caso, la imitación del lenguaje vulgar deja paso a la creación lingüística, ya que la palabra *bayadera* es impensable en una persona iletrada. Es un hombre culto quien ha hecho la deformación para ponerla en boca de un personaje inculto. Resulta más fácil pensar en la imitación de lo vulgar en este otro caso: «dicen que Pilarcita es el NOPLUSULTRA» (I, 580).

---

172. Reinink incluye como asturianismos a *pálroco* y *sinfinidad* (p. 147). Pero el vulgarismo *sinfinidad* es común a zonas españolas muy diversas. Aparece, por ejemplo, en Arniches (vid. R. Senabre, p. 19).
173. Modo adverbial usado en el bable, según Reinink (pp. 141 y 142).
174. Reinink cita esta palabra entre las formaciones epentéticas del bable (p. 135).

La deformación de préstamos y adopciones lingüísticas también está representada en algunos personajes ayalinos. La fórmula latina *requiescat in pace* sufre tres deformaciones:

«En poder de la tierra está mi *defunta* mujer, que RECULESCA EN PACE. Amén y secula seculorum» (II, 803), «en poder de la tierra está mi defunta mujer, que REQUIESCA EN PAZ. Amén y sécula seculorum» (I, 1069) [175], RECUESCA EN PACE (II, 1124 y 1125).

Otras deformaciones:

«¿Cómo ibas a esperar que yo te sorprendiera INFLAGANTI, INFRAGLANTE..., como se diga?» (II, 936), «quiere decirse, entonces, que usté sabe disimular si mi señora ha tenido un LÁSUS (sic) o QUIPROCUÓ» (I, 477), «¿ye usté don Bonifacio, el nuevo COYUTOR?» (I, 1041).

El *monsieur* francés, como el *requiescat in pace* latino, sufre varios cambios. Toda voz extranjera, al pasar al habla popular, sufre una serie imprevisible de transformaciones [176]:

«El caso es que las gentes, nada avezadas a la prosodia francesa, habían convertido el *monsieur le cordonnier* en MONXÚ CODORNIÚ» (IV, 48), «me acosan, me llaman MOXIÚ» (III, 1140), «¡gran circo acrobático ecuestre de MOSIÚ Leviton!» (I, 45), «pero, ¿no se llama MOUXU Levitón?» (I, 63).

Los nombres de personajes célebres extranjeros son acomodados por el vulgo a la fonética española, y el escritor se limita a transcribir la pronunciación:

175. Ambos textos son casi idénticos, pero las variantes tienen su interés. El primero pertenece a *Don Rodrigo y don Recaredo,* una de las cinco novelitas que componen *El ombligo del mundo,* de 1922. Dos años más tarde, al volver Ayala sobre el mismo relato, lo recortó un poco e hizo algunas pequeñas variantes, y le puso por título *Vida nueva (fragmentos de un cuentecillo).* Está fechado en 1924 y es uno de los cuentos que componen el volumen *El Raposín,* que recoge relatos de distintas épocas.

176. En español, *monsieur* sufre deformaciones ya desde antiguo. *Monsiur* (con su prural *monsiures*) es muy frecuente en Quevedo, y aparece también en Góngora, en el *Estebanillo,* en el romancero, en el Padre Isla. Desde el siglo XVI se encuentra también *mosiur,* y sin la '-r' final, *mosiú,* en los entremeses madrileños de Ramón de la Cruz; *mosiú* llaman a un francés en *La guerrilla,* de Azorín. Desde el siglo XVI existe también *musiur,* en Fray Antonio de Guevara, Jiménez de Quesada y Covarrubias, por ejemplo. *Musiú* aparece en Galdós y Baroja. Rosenblat trata ampliamente este problema al analizar la forma *musiú,* con la que en Venezuela designan al extranjero (vid. *Buenas y malas palabras,* II, pp. 31-38. Cita también la forma *moxiú,* de Pérez de Ayala).

«Ese barbilindo de BERTE» (Werther, IV, 576), «¿para qué sirve la filosofía? Ya lo dijo SAQUESPEARE —pronunciado así—: *la filosofía no sirve ni para curar un dolor de muelas*» (IV, 116).

La deformación semántica tiene especial interés en Pérez de Ayala. El significado de las palabras puede quedar modificado en boca de un personaje de escaso nivel cultural. Este aspecto del léxico vulgar tiene en Ayala una intención particularísima. La sugestión que le produce el fenómeno del lenguaje es enorme, tanto, que le conduce a la creación de Belarmino, mediante el cual crea un lenguaje cabalístico. En muchas ocasiones los personajes incultos ayalinos sienten una veneración especial por palabras que no entienden:

«Don Leoncio se había encariñado con la palabra *prematuro*, bien que no alcanzase del todo su valor exacto; pero se le antojaba que contenía poder suasorio incontrovertible y vaga amenaza catastrófica» (IV, 230).

Estos personajes utilizan en sus conversaciones las palabras cultas que les han llamado poderosamente la atención, sin entender su significado:

«—Los gitanos... Gente al fin y al cabo que vive en las tinieblas de la gentilidad y de la barraganía.

La llavera cerró el párrafo como lo cerró, porque la última palabra le sonaba muy bien, e inmediatamente se puso muy colorada, temiendo que alguna de las monjitas, que solían ser muy chinchorreras, preguntara lo que significaba, de lo cual la llavera estaba en ayunas. Y así fue; la rubicunda sor Clavo se apresuró a interrogar:

—¿Qué es barraganía, madre llavera?

La llavera tomó un polvo de rapé, cancelatorio de diez años de iglesia purgante, porque en esta ocasión le supo peor que nunca, y respondió con mucha dignidad:

—Barraganía, la misma palabra lo da a entender, se dice de aquellos que no creen en la transustanciación.

Sor Clavo se quedó como estaba, pero ya no se atrevió a preguntarle más» (II, 1028).

La eufonía de vocablos que no entienden, induce a los personajes a usarlos indebidamente, pero se recrean en su dicción y creen con ello elevar su condición de hablantes:

«ME LISONJEO que nos has dado a entender que hay un enamorado de mi costilla» (IV, 42 y 43), «¿de qué te ríes, so FÉTIDA?» (I, 549).

La deformación semántica es aún más intensa en este otro ejemplo:

«—¡Un HEMISTIQUIO, Conchita! —rogó el señor Emeterio.

—Un hemis... ¿qué? —y Conquita rió alegremente.

—Quiere decirse un momento —el señor Emeterio enarcó las cejas y chascó la lengua; daba a entender que era tolerante con la ignorancia de Conchita» (I, 477).

De aquí a que la palabra de diferente sentido sustituya a otra de estructura fonética semejante sólo hay un paso:

«—Me pareció haber oído a Mariquita que íbamos al puerto para algo del CLÍSTER» (eclipse, I, 115) [177].

«—Le llaman, y para mí que el nombre le cuadra guapamente, el país del MONICACO.

—No MONICACO, sino MONAGO; no seas zote —corrigió el de la erisipela.

—MÓNACO —concluyó don Cástulo» (IV, 363).

«—Yo le echo bien de menos desde que está recogido ahí, en ese asilo que vosotros decís MALETERÍA; nombre verdaderamente chusco.

—No es maletería; es malatería.

—¿No es ello la misma cosa?

—No, señor.

—Entonces, ¿qué es lo que quiere decir malatería?

—Mal haya si lo sé» (IV, 198 y 199).

---

177. En *Pilares*, novela corta que Ayala dejó incompleta, doña Laura otorga un significado especial al vocablo *eclipse*: «cuya ofuscada imaginación incluía en este concepto de totalidad las complicaciones más remotas y absurdas: la deshonra, la tuberculosis, un eclipse (que a ella se le figuraba un fenómeno precursor del Apocalipsis, quizá por aliteración), el quebrantamiento del equilibrio cósmico, el juicio final» (I, 876).

«A dos pasos del jardín está la cosa mejor que hay en el mundo, una cosa que PLASMA» (II, 984).

Hay un personaje en *La pata de la raposa*, don Medardo, que es el prototipo de todo lo expuesto. La formación lingüística de don Medardo es mediocre, pero su preocupación por las palabras enorme, y esta preocupación hace que don Medardo dé cualidades cabalísticas a vocablos que oye en boca de otros sin comprender su significado. Pero se lo imagina a su modo y acaba por darles uno muy particular. Así sucede con el adjetivo *higiénico*:

«Alberto no chanceaba con él, como los otros; indudablemente era un señorito con *educación e* HIGIÉNICO; y sépase que para don Medardo estas palabras tenían valor de términos cabalísticos» (I, 282).

Líneas más abajo, refiriéndose a Alberto, dice don Medardo a su mujer: «¿Qué te parece si llegara a casarse con Leonor? Un joven tan HIGIÉNICO» (*idem*).

Y comenta Pérez de Ayala: «¿qué misterioso sentido tenía en labios de don Medardo la palabra *higiénico*?». La explicación detallada viene bastantes páginas después. Don Medardo habla así de Andújar, ingeniero de minas:

«Es un hombre formal y tiene una carrera muy HIGIÉNICA» (I, 418).

A continuación, Ayala desvela el misterio de la palabra:

«Para don Medardo, higiénico era sinónimo de aristócrata. Lo que primeramente le había inducido a semejante confusión fue el haber oído repetidas veces del marqués de Espinilla que era un hombre muy higiénico. Decíanlo, no sin ribetes de malicia, porque siendo septuagenario, conservábase, merced al régimen de vida, con alguna rozagancia y humor excelente para vestir a lo mequetrefe, cuellos hasta las orejas, pantalones remangados hasta la pantorrilla y corbatas pomposas que eran una verdadera dilapidación de las rayas del espectro solar; don Medardo hubiera deseado preguntar a algún docto el valor exacto de la voz higiénico, pero temía que se burlasen de él. Durante unos cuantos meses anduvo con el oído alerta, estudiando en qué sentido empleaban la palabra, cuantas veces aparecía en la conversación. Se decía que era higiénico del montar a caballo, comer ciertos alimentos caros, pensar poco, vestir ropa de hilo, pasear a las horas del sol, que son las horas de oficina, y holgar constantemente, todas ellas particularidades que convienen con la aristocracia. Y así don Medardo llegó a la convicción de que tanto montaba decir aristócrata como higiénico, si bien la segunda palabra le parecía más elegante y elevada» (I, 418 y 419).

Ahora se puede entender sin dificultad este otro texto:

«Siempre había pensado (don Medardo) que su futuro yerno no había nacido para llevar una vida oscura y ANTIGIÉNICA, sino para brillar sobre el común de las gentes» (I, 442).

Don Medardo, al intentar reproducir en su conversación palabras que ha oído, según el proceso explicado para higiénico, comete todo tipo de dislates lingüísticos:

«—Eso es sin duda culpa de Josefina, que parece una marmota; y, claro, el muchacho se encontrará PROHIBIDO.

Don Medardo pensó decir *cohibido*» (I, 284).

«Anastasia —repitió don Medardo, indicando que daba por cerrado el ciclo de las controversias—, tienes la mollera HERPÉTICAMENTE CERRADA CON MAMPOSTERÍA» (I, 395).

«¿Qué te dice la conciencia? —agregó con esfuerzo—. ¿No te dice que lo justo es que todo el dinero que me queda se reparta entre los dos EQUIDISTANTEMENTE, como si la pérdida no la hubiera sufrido ella, sino yo? ¿No te lo dice la conciencia?» (I, 419).

«No hagas caso nunca, hija mía, de lenguas VITUPERINAS» (I, 398).

«Una noche rompieron todos los espejos del círculo, y cuidado que había algunas lunas DE CUERPO PRESENTE —se refería a los espejos de cuerpo entero— que valían un dineral; luego arrojaron a la calle todos los muebles del salón amarillo, hasta los TUDESCOS —chubesquis—, ardiendo y todo como estaban, que no se produjo una CONSAGRACIÓN —conflagración— por milagro divino» (I, 287).

«Y don Medardo:

—Déjala, que también ella habrá pasado lo suyo hoy. Pero, en fin, ya LA PAZ REINA EN SEGOVIA.

—Y ahora —propuso Telesforo— que la paz reina en Segovia, como dice don Medardo..

—O en donde sea, Telesforo, que a mí me da lo mismo. ¿Es que me he equivocado? Así lo he oído en el Círculo.

—Que sí, hombre. Se dice en Varsovia —rectificó la tía Anastasia orondamente» (I, 296 y 297).

La creación de don Medardo es el germen de la creación de Belarmino, el primer esbozo, atisbo o intento serio. Don Medardo «habla un poco a lo Belarmino, incorrectamente, pero con incorrección de extraño sentido» [178]. Utiliza, por ejemplo, la frase «¿qué duda COGE?» (I, 282), que años más tarde Belarmino repetirá exactamente (IV, 125). Sin embargo, no es don Medardo un Belarmino en pequeño, ya que sus posturas ante el lenguaje difieren notablemente. El lenguaje de Belarmino es ante todo un acto dramático; drama del idioma individual que choca con el colectivo y engendra mofa e incomprensión al desviarse por los caminos de lo grotesco o lo cabalístico. Es un caso sustancialmente dramático, puesto que penetra en el problema de la comunicación e incomunicación de los seres, de cada uno con cada otro [179]. Don Guillén, personaje de la novela, habla de Belarmino como de un curioso individuo que habla «un idioma indescifrable, de su propia invención, con singular facundia» (IV, 86). Entre los que conocían a Belarmino, se estableció una polémica sobre si Belarmino sabía lo que decía o, por el contrario, hablaba como un papagayo, repitiendo palabras vacías y sin trabazón. El Estudiantón, personaje muy en contacto con Belarmino en lo que al problema del lenguaje se refiere, no desesperaba de formar el léxico completo belarminiano con su correspondencia clara. Tomaba notas sin cesar, había interpretado ya bastantes vocablos y entendía el sentido de algunas sentencias (IV, 121 y 122). Pero otro personaje le pregunta si merece la pena desentrañar el lenguaje de Belarmino para averiguar lo que dice, y si hay necesidad de inventar un lenguaje ininteligible para expresarse, caso de tener importancia (IV, 126-128). He aquí algunas muestras del lenguaje belarminiano:

«—¿Qué es la república? Un maremágnum, el ecuménico de los beligerantes, el leal de la romana de Sastrea. Pero, sobre todo, abundo en lo ecuménico» (IV, 42) [180].

178. M. BAQUERO GOYANES: «Contraste y perspectivismo en Ramón Pérez de Ayala», en *Ob. cit.*, p. 228.
179. Guillermo DE TORRE: «Un arcaizante moderno: Ramón Pérez de Ayala», en *La difícil universalidad española*, Madrid, Gredos, 1965, p. 191.
180. «Tendré que explicarme con palabras vulgares para que te penetres. Maremágnum, ello mismo lo dice, es el *non plus ultra*, lo mejor de lo mejor. Ecuménico es lo mismo que reunión de conformidad. Los beligerantes, los que están en contra. Leal, monta tanto como fiel. La romana es para pesar. Sastrea, lo sabe cualquiera, es la señora que está pintada en la Audiencia.
—Ahora comprendo... Has querido decir que la república es un desiderátum, la conciliación de los contrarios y el fiel de la balanza de Astrea» (IV, 43).

«—Fuera de la zapatería, y suscrito en el círculo de la paradoja, que es un cuadrado porque es el ecuménico, soy fanático y hasta teísta macilento; pero dentro de la zapatería, y en ridículo, soy analfabético. Este es el maremágnum de la clase y del bien eliminar» (IV, 64) [181].

Lo que importa ahora no es hacer un estudio sobre el lenguaje cabalístico de Belarmino, sino indicar los tanteos que hizo Ayala antes de lograr la gran creación belarminiana, y comprender cómo en muchos casos las deformaciones semánticas no son imitación de las que se pueden oír por la calle, una fiel transcripción de defectos lingüísticos habituales en gentes de escaso nivel cultural. Es preciso deslindar lo que es color popular y expresivo por imitación, de lo que es creación personal ayalina. Nada de esto niega, por supuesto, ese innato afán en muchas personas menos cultas por hablar finamente, lo que les conduce al uso inadecuado del vocablo, a la deformación de la palabra culta o a la traslación semántica por analogía fonética con otra voz [182].

Para concluir con los vulgarismos, conviene mencionar una serie de palabras que un hablante medio sentiría inmediatamente como incultas o rústicas:

181. «El padre Alesón, consternado, no sabía qué replicar. La cosa no era para menos. Belarmino, con el tecnicismo de su inventiva, había dicho, traducido al pie de la letra: «Fuera de la zapatería, e inscrito en el círculo de mi ortodoxia, que así puede llamarse círculo como cuadrado, puesto que la ortodoxia es la conciliación de los contrarios, soy fanático, y aún más, incendiario violento; pero fuera de mi centro propio y dentro de la zapatería, soy indiferente. Tal es el ideal de la conducta y del bien obrar». En la torre de Babel no se hablaba todavía tal lenguaje» (IV, pp. 64 y 65).

182. Pérez de Ayala experimenta, a través de sus personajes, la desazón lingüística, la inconformidad o desarmonía de las palabras con su significado. Aparte Belarmino y don Medardo, es preciso citar a don Cástulo (el preceptor de *Luna de miel, luna de hiel*); a don Sincerato Gamborena (en *Tigre Juan*); al criado de Alberto, Manolo (en *La pata de la raposa*), con sus pretensiones por lograr un lenguaje artificioso y grandielocuente; a don Cristóbal, en *Exodo* (para todo esto vid. Guillermo de Torre, pp. 191 y 192, y Carlos CLAVERÍA: «Apostillas al lenguaje de Belarmino», en *Cinco estudios de literatura española moderna*, Salamanca, 1945, pp. 71-73). A Generoso, personaje de *CLIB* (novelita que pertenece al volumen *El ombligo del mundo*), le atraía el trato de los *Escorpiones*, que, según él, hablaban un lenguaje cabalístico, expresión paralela de las cabalísticas leyes intrínsecas a la ruleta (II, 839). El lenguaje inventado por *Grano de Pimienta* (también en *El ombligo del mundo*) se reducía a entreverar con una partícula fija, *pi* o *ti*, las sílabas de una frase castellana cualquiera. Mediante esta industria, le decía a *Mil Perdones* todo linaje de insolencias (II, 745). Los ejemplos podrían ser más numerosos. Por otra parte, la creación de Belarmino preocupó siempre a Pérez de Ayala, pues lo cita en *La pata de la raposa* (I, 242) nueve años antes de la aparición de *Belarmino y Apolonio*; y en 1923, dos años después de la aparición de *Belarmino y Apolonio*, Ayala cita a Belarmino en un artículo de *Política y toros*: «Belarmino podía machacar suela de modo insuperable, sin pensar en lo que hacía, antes bien concibiendo de consuno un ambicioso sistema metafísico» (III, 974).

PARALÍS (I, 895), BURACO (IV, 377), TALMENTE (IV, 561), «no se atreven a romper con el arbitrio dictatorial de los alfayates y de los petimetres, o PETRIMETES, como dice el señor Villaespesa, ese mago de la rima, en *La maja de Goya*» (III, 451), «pues si yo supiera hacer calzado —replicó Xuantipa—, estaba ya todo REQUETERRESOLVIDO y en un periquete» (IV, 52).

O expresiones del tipo: LA DIONISIA (I, 483) [183], EN JAMÁS DE LOS JAMASES (IV, 561), etc.

El lenguaje popular en Pérez de Ayala, como se habrá podido observar, es enormemente variado y responde a esa siempre manifiesta intención ayalina de la busca de la expresividad por muy diversos caminos. Cierto que Ayala es un autor difícil y exigente, que pone sumo cuidado en la forma y en la elección de sus palabras, y que, sobre todo en el período del segundo estilo, su lenguaje raya a veces en lo artificial [184]. Pero es inexacto ver el léxico ayalino únicamente desde este punto de vista, y más inexacto aún calificarlo de «un produit de laboratoire» [185]. Cierto que en su novelística se descubre «la carga de ensayismo, de coloquio y humanidades que hay en ella» [186]; pero verla sólo desde esta perspectiva, únicamente como «el inacabable ensayo intelectualista que es, en lo más hondo, toda la obra de Pérez de Ayala» [187], es minimizar excesivamente su mundo literario. La preocupación expresiva de Ayala es mucho más amplia y rica que el puro intelectualismo, aunque este ingrediente intervenga con fuerza. El lenguaje popular y vulgar analizado en estas páginas da fe de lo parcial que resulta la visión de un Ayala excesivamente preocupado por la palabra como idea, por los personajes como representación de ideas. Sin negar este elemento, no cabe duda de que es necesario ampliar esta visión y llegar a la concepción del léxico, estilo y personajes ayalinos como un gran esfuerzo, riquísimo en variaciones y matices, hacia la busca de la expresividad y colorido

183. Existen algunos casos de LA como complemento indirecto, usados directamente por Ayala en sus escritos: «Un monosabio, con un vergajo, LA cruzó las ancas» (I, 1017), «LA tenté las sienes, de color lechoso en la penumbra» (I, 845), «y él LA contestó: —Víctor nos tuvo trabajando» (I, 63), «LA enroscó su otro brazo al cuerpo» (I, 69), «pero Ruth, que vivía en crisis religiosa, le vedó con delicadeza que LA hablara de este extremo» (*AMDG*, 176), etc. El uso es intencionado, y puede observarse con claridad en estos dos ejemplos: «La víspera de la boda nos vimos a solas, despidiéndonos. LA cogí una mano... CogíLE la otra mano y apliqué entrambas sobre mi pecho» (I, 841), «Jiménez, por darLE vaya, LA advirtió zumbonamente» (I, 136). Ayala recurre a este uso únicamente en sus primeros escritos. A partir de 1911 es difícil encontrarlo.

184. K. W. REININK: *Ob. cit.*, p. 83.

185. Vid. Sebastián CIENFUEGOS: «Le roman en Espagne», en la revista *Europa*, París, enero-febrero, 1958.

186. J. M. PEMÁN: «Necrología de D. Ramón Pérez de Ayala», *BRAE*, XLII, 1962, pp. 192 y 193.

187. *Ibíd.*, p. 190.

del lenguaje al servicio de ambientes, caracterizaciones e ideas. La carga de intelectualismo que en esta concepción del lenguaje existe en Ayala es evidente, pero detenerse ahí con xclusividad es recortar algunos aspectos esenciales de su prosa. Intelectualismo y expresividad están muy unidos en ella, y se influyen mutuamente. La riqueza expresiva y la ideológica se complementan en una tensión, en una lucha constante. Los personajes de las novelas y relatos de la primera época son en general de una gran autenticidad, y el lenguaje de los que pertenecen a un nivel social inferior enormemente expresivo y representativo. Junto a la mayor o menor carga ideológica que estas primeras novelas tienen, no pueden olvidarse las numerosas escenas (*Tinieblas en las cumbres* y *Troteras y danzaderas* son un buen ejemplo de ello) concebidas como un ejercicio eminentemente expresivo, a veces un puro juego verbal y plástico. En las novelas de la llamada segunda época, la estructura está mucho más meditada, más tecnificada, y se intensifican las dualidades, el perspectivismo y el contraste tanto en la estructura narrativa como en los personajes [188]. Pero aun estos personajes, a veces demasiado esquemáticos y rígidos, se le escapan a Ayala a menudo de las manos y adquieren vitalidad propia, incluso el mismo Belarmino, y en mayor medida Tigre Juan. Y si esto no fuese suficiente, los personajes secundarios que sirven de contrapunto escapan palpablemente hacia la inevitable expresividad y popularismo, a pesar de su inserción en el esquema de dualidades y contrastes. Conchona y Nachín de Nacha, entre otros, representan la lucha de lo popular y expresivo frente a la ideologización, o tal vez le sirvan de contraste, con lo que intelectualismo y popularismo formarían un elemento más dentro de ese sistema de dualidades y contrastes. El tono humorístico, siempre presente en Ayala, es el hilo que une y entrelaza todos esos elementos dispares, aparentemente en oposición. Toda su obra está exudando un fundamental humorismo. Ayala no describe, no narra ni compone sin que una gruesa vena de humor lo riegue todo [189]. Y la afectividad tampoco está ausente de sus escritos. Bastaría con la riqueza de aumentativos y diminutivos que en ellos se observa para matizar por contraste el intelectualismo de los mismos. En una palabra, lo que sí es evidente es que la prosa de Pérez de Ayala posee unas tonalidades coloristas de popularismo que ponen en guardia ante una visión demasiado intelectualizante de su lenguaje. *Troteras y danzaderas*, *Exodo*, *Padre e hijo* y *Pandorga* corroboran sobradamente esta afirmación.

---

188. Vid. M. Baquero Goyanes: «Dualidades y contrastes en Ramón Pérez de Ayala», *Archivum*, XII, 1962, pp. 554- 578. Este artículo es un esbozo de lo que después fue un estudio más amplio y profundo: «Contraste y perspectivismo en Ramón Pérez de Ayala», en *Ob. cit.*, pp. 171-244.
189. D. Pérez Minik: *Novelistas españoles de los siglos XIX y XX*, Madrid, Guadarrama, 1957, p. 177. Vid. también el trabajo de P. Romeu: «L'humour transcendental d'un intellectuel», en «Les divers aspects de l'humour dans le roman espagnol moderne», III, *BHi*, XLIX, 1947, pp. 47-87.

Diversos críticos han profundizado en estos aspectos con el intento de aclararlos y precisarlos. Guillermo de Torre escribe así al tratar de las cuatro primeras novelas ayalinas:

«De intelectualismo en alto grado, y por ende, falazmente de inhumanas, han querido algunos tachar estas novelas ayalescas. ¡Qué lamentable estrabismo, qué supeditación tan servil a las leyes del realismo más primario y obtuso! ¿Es permisible calificar de *inhumanas* las novelas inteligentes, según se ha hecho también en los últimos años con las creaciones de un Thomas Mann, un Aldous Huxley? ¡Como si la inteligencia no fuese el primer distintivo humano, como si la capacidad reflexiva hubiera de ser patrimonio de las piedras o los moluscos! [190].

Y a propósito de las novelas de la segunda época, dice:

«Si bien es cierto que en algunos otros libros (según veremos luego al examinar los de su segunda época) Pérez de Ayala arranca de preconceptos, al modo de Unamuno en sus novelas, no se queda en frías abstracciones descarnadas: sus personajes son verdaderas creaciones novelescas, sin dejar de ser criaturas humanas» [191].

Y más adelante:

«Novelas premeditadas, en el total sentido de la palabra, más que ningunas otras, son estas dos de Pérez de Ayala. Quiero decir que tanto *Los trabajos...* como *El curandero de su honra* arrancan si no tanto como de una tesis previa, sí de un preconcepto deliberado. Son demostraciones, mas no matemáticas o inanimadas, antes bien, en vivo, humanas y palpitantes; y no tampoco exactamente de ideaciones cuanto reflejo de emociones y sentimientos» [192].

La conclusión de Guillermo de Torre es enérgica:

«Se gustará o no de esta técnica novelesca, pero resulta ya inadmisible la objeción vulgar (sobre todo cuando es proferida por gente que no lo es, pero que sufre de contagios fáciles) que reprocha a las novelas ayalescas no serlo, entendiéndolas más bien como ensayos. Que de ellas aisladamente, truncando su continuidad, puedan desglosarse páginas capaces de asumir tal carácter genérico, ya es otra cuestión; el propio autor, advirtiéndolo antes que nadie, incluye a la cabeza de ciertos capítulos la advertencia con

190. «Un arcaizante moderno: Ramón Pérez de Ayala», en *Ob. cit.*, pp. 182 y 183.
191. *Ibíd.*, p. 183.
192. P. 186.

vistas al público mayoritario: «el lector impaciente de acontecimientos podrá pasarlos por alto». Luego esa objeción tiene hoy menos peso que nunca, cuando precisamente lo que nos interesa y admiramos en buena parte de las novelas contemporáneas es la interacción de vida y pensamiento, de acción e imaginación; en suma, el acoplamiento de la facultad sensible y la potencia intelectiva. Y algo parejo sucede con el estilo de Ayala, que algunos tienen por envarado, artificial, pero que en rigor une la dicción llana y coloquial con el tono culto y empinado, bien en los mismos personajes o en distintos; en el primer caso, tal mezcla origina extraños efectos estilísticos, por momentos *esperpénticos,* trayéndonos así una vez más el recuerdo del Valle-Inclán de *Luces de bohemia*» [193].

Baquero Goyanes pone algunas pegas al lenguaje novelesco de Ayala, pero, en último extremo, es difícil saber a ciencia cierta a qué carta se queda. Es un problema de difícil deslinde:

«El tan comentado humorismo de Pérez de Ayala, su tendencia a la ironía, su capacidad crítica, su tono intelectual, su veta clásica y humanística, todo ello parece converger en la cristalización de un lenguaje admirable, de la más alta calidad literaria, pero no siempre estrictamente novelesco, si por tal entendemos aquel que se pliega más dócilmente al tema, con función ancilar y no protagonística» [194].

Es éste un punto hoy altamente discutido, la función primordial del lenguaje en la literatura. Las palabras finales de Baquero Goyanes se mueven en un terreno difícil, tal vez inapropiado en el planteamiento que hace. Y así se ve obligado a explicar:

«Y esto no equivale a negar eficacia novelesca al lenguaje de Pérez de Ayala, sino tan sólo a suponer que, en mi opinión, el escritor rara vez se deja arrastrar por la marea de la aventura, de la pasión, de la invención novelesca. Por el contrario, él es siempre dominador, manipula los personajes y marca el ritmo de la acción, en la que intercala coloquios, ensayos o poemas, sin importarle demasiado lo que tales interferencias puedan suponer con relación a la estructura y vida misma de la novela, nunca sobrepuesta a su creador, siempre doblegada a él, intelectual, lírica y personalísima» [195].

Se sigue en terreno inseguro, que requeriría un análisis más profundo para evitar ciertas aparentes contradicciones. Pero, en último término, lo que Baquero Goyanes persigue es incluir estos aspectos en su concepción del perspectivismo ayalesco:

193. Pp. 195 y 196.
194. «Contraste y perspectivismo en Ramón Pérez de Ayala», p. 184.
195. P. 184.

«Para Ramón Pérez de Ayala el novelar está ligado a un proceso como de doble visión, traducido en una serie de dualidades, contrastes, juegos perspectivísticos que —repitámoslo de nuevo— son algo más que efectos formales, son casi la esencia misma de lo que la novela era para este excepcional escritor. Ni dentro ni fuera de la misma, Pérez de Ayala unas veces es capaz de apasionarse con el destino y la fortuna de sus criaturas novelescas; contemplándolas, otras, desde lejos, fría, intelectual e irónicamente» [196].

La dificultad del problema es enorme. Es una dificultad de base, de conceptos previos. Convendría aclarar antes qué se entiende por intelectualismo y deshumanización en el arte, y más concretamente en la literatura. Sólo así se podría superar esa ridícula antinomia vitalismo/intelectualismo, y sobre nueva base se podría analizar con más rigor lo que se viene tratando, sin tener que recurrir a generalidades tan frágiles y poco consistentes, más bien atisbos interesantes que ideas elaboradas con propiedad. El concepto decimonónico de la novela aplicado a la novelística actual complica también el problema. Andrés Amorós habla de este punto y recuerda las obras de Proust, Joyce, Kafka, Musil, Robbe-Grillet y Cortázar, obras de este siglo que «fueron acogidas con escándalo porque se oponían a la tradición decimonónica» y (citando Amorós a Alberès) «a todo lo que, hasta entonces, se venía considerando como constitutivo de la novela». «Dentro de este punto de vista —sigue Amorós—, las obras de Pérez de Ayala no hacen sino cumplir una ley histórica, ser fieles a su tiempo, por mucho desconcierto que pudieran producir entre críticos de limitados horizontes» [197]. Desde esta perspectiva, es evidente que las novelas de Ayala constituyen en su tiempo un caso único dentro del panorama novelístico español. Y Amorós llega a estas conclusiones:

«En la historia de la novela española, Pérez de Ayala ocupa un lugar excéntrico, al margen de la gran corriente del realismo costumbrista, renovada recientemente con propósitos de crítica o descripción sociológica. Su exceso —podríamos decir— de carga ideológica contrasta con la pobreza que es, por desgracia, tan habitual en nuestros novelistas. Estoy plenamente de acuerdo con Martínez-Cachero cuando afirma que esa carga puede forzar a los personajes, pero no los deshumaniza. Me parece un tópico inadmisible el seguir hablando de frialdad deshumanizada de Pérez de Ayala. Para mí, se trata de un intelectual, pero un intelectual vitalista. Yo veo auténtica humanidad apasionada en los conflictos de Alberto Díaz de Guzmán, de Verónica y Teófilo Pajares, de *Luz de domingo*, de Belarmino y Felicita, de Urbano y Tigre Juan. Precisamente en ese vitalismo inteligente, no pu-

196. P. 241.
197. A. AMORÓS: *La novela intelectual de Ramón Pérez de Ayala*, Madrid, Gredos, 1972, pp. 396 y 397.

ramente elemental, y en el sentido del humor radican —a mi modo de ver— los valores máximos del escritor asturiano» [198].

La polémica sobre el intelectualismo de Pérez de Ayala se queda en generalidades, pues se parte de conceptos previos que hoy por hoy no están convenientemente analizados y, por consiguiente, aclarados. De todas formas, sirvan los textos expuestos, y el trabajo aquí realizado, para introducirse en el problema que el choque entre intelectualismo y expresividad suscita en Ayala.

2) ASTURIANISMOS

No quedaría completo el estudio del color local en la obra de Pérez de Ayala sin hacer mención al elemento dialectal, que aparece con más notoriedad (pero no exclusivamente) en *Tigre Juan* y *El curandero de su honra*, *Exodo*, *La pata de la raposa*, *Luna de miel, luna de hiel* y *Los trabajos de Urbano y Simona*, y *Padre e hijo*. Este aspecto contribuye asimismo a la caracterización expresiva de los personajes populares asturianos, de lo que algo se ha visto anteriormente, sobre todo si alguno de ellos está fuera de su ambiente regional, como es el caso del padre de Rosina en *Troteras y danzaderas*.

K. W. Reinink dedica un capítulo, el V, al estudio del asturianismo en Ayala (pp. 126-144). Según Reinink, «el uso de una lengua vernácula en una obra escrita para un público general debe limitarse a lo estrictamente necesario sólo para hacer comprender y sentir mejor el ambiente regional. En efecto, a este respecto Ayala no ha exagerado; antes por el contrario, lejos de ser un elemento que estorba, el bable de Nachín de Nacha y de la Conchona acrecienta la expresividad de la obra, dando a la vez testimonio de los fuertes lazos espirituales que atan al autor a su tierra natal» (p. 126) [199].

198. P. 398. En la edición de *Belarmino y Apolonio* (Madrid, Cátedra, 1976, pp. 35 y 36), A. Amorós indica cómo, al igual que Pérez Galdós, Ayala utiliza habitualmente nombres significativos. Por ejemplo, Felicita Quemada, «la Consumida». Su galanteador es un Novillo a quien, por su edad, llaman de mote Buey. Significativos son también los nombres (contrastados) de los dos catedráticos don Severo Cuadrado y don Deogracias Redondo (I, 893). Etc. Esta técnica se presta a juegos irónicos: en *Belarmino y Apolonio,* el prestamista usurero responde al nombre, «tan propio como impropio», de Angel Bellido. La mujer de Belarmino se llama Xuana la Tipa; abreviadamente, Xuantipa, para reforzar el talante socrático de su marido. En cuanto a éste, ha tomado su nombre del famoso cardenal: el zapatero es padre putativo o adoptivo de Angustias, como el cardenal lo era del Breviario. Hay, pues, también un afán de expresividad en el uso de los nombres y apelativos de los personajes, muchas veces al servicio de la dualidad y del contraste.
199. La tierra, el paisaje y el espíritu asturianos están muy presentes en gran parte de la obra novelística de Pérez de Ayala. Por ello resultan incomprensibles las

El dialecto que Ayala emplea, según Reinink, es el bable ciudadano de Oviedo y el de los alrededores de la capital asturiana, es decir, el dialecto perteneciente al grupo centro-oriental (p. 127). Analiza a continuación las características vocálicas, consonánticas, fonéticas, morfológicas y sintácticas de este dialecto y las compara con las del bable utilizado por los personajes ayalinos (pp. 127-142), y llega a estas conclusiones:

1) Las principales características del dialecto asturiano, por lo menos del grupo centro-oriental, se dan en el bable tal como consta en los monólogos y diálogos de Selva, la Roxa, Nolo de Pedrosa, Nachín de Nacha, la Conchona y otras personas que Ayala presenta a sus lectores. Estos rasgos lingüísticos son: arcaísmo, asimilación, disimilación, contaminación, 'l-' inicial palatalizada, 'f' conservada, diptongo ante yod, grupo '-mb-'.

2) Pérez de Ayala no siempre maneja consecuentemente el bable; mezcla dialectismos con formas castellanas *correctas,* mientras que no hay en su obra pocos diálogos, sostenidos por dos tipos auténticamente asturianos, Tigre Juan y Nachín de Nacha, v. gr., en que aquél habla un castellano puro, expresándose éste en el lenguaje de la región. «Con las personas educadas, procuraba hablar por lo retórico. Con Nachín de Nacha, el aldeano, empleaba voces y giros del dialecto popular».

3) Con esto no se pretende afirmar que el autor tenga conocimientos insuficientes del dialecto en cuestión. Para él las formas dialectales son sencillamente material aprovechable en unos casos, en otros no (estas conclusiones, en p. 143).

palabras de Pemán: «En cuanto a lo espacial, tenemos lo poco que flexiona su ucrónico y utópico estilo mental el hecho de haber nacido en Asturias: una calle o una catedral que aparecen de vez en cuando en sus obras, entre los esquemáticos Belarminos, Apolonios, Xuantipas, Sesostris, Urbanos» («Necrología de don Ramón Pérez de Ayala», p. 187). Es difícil comprender qué hace Sesostris entre esos personajes citados, y por qué se olvidan otras novelas donde en ocasiones el paisaje asturiano lo es todo. Pueden consultarse también los ensayos ayalinos reunidos en el volumen *Rincón asturiano* (I, 1083-1167), que dan una buena idea del influjo de la tierra natal en el escritor. Aun en las novelas del segundo período, la presencia de Asturias es bastante más fuerte que la aparición ocasional de una calle o una catedral. Ayala no es un novelista regional, pero el color local asturiano es innegable en su obra. Él mismo lo reconoce en estos versos de 1928 (pertenecen a la composición poética titulada *Epístola a mis paisanos,* incluida en *El sendero andante*):
«Paisanos: no he salido de mis Asturias.
La crítica, que a veces acierta,
suele advertirme: «Es ya hora
que escriba usted una novela
con acción y figuras no asturianas» (II, 156).
A partir de 1928, Pérez de Ayala no volvió a publicar nuevas novelas y relatos (sobre las causas de este silencio, que tanto han atraído a los críticos de su obra, vid. Andrés Amorós, pp. 386 y ss.).

Reinink deja suficientemente claro el papel expresivo que el elemento dialectal proporciona a la novelística de Ayala, sin que en ningún momento suponga un obstáculo a la claridad expositiva de la narración.

La expresividad de la prosa ayalina comprende, junto con el color local y complementándose con él, otros elementos de singular importancia: interjecciones, onomatopeyas y voces expresivas.

3) INTERJECCIONES, ONOMATOPEYAS Y VOCES EXPRESIVAS

«La idea de un lenguaje natural como realidad y como aspiración artística, data de antiguo en la obra de Pérez de Ayala. No deberá, pues, extrañar que encontremos en la obra ayalina muestras abundantes de onomatopeyas y de palabras expresivas. Un estudio de la lengua y estilo de Pérez de Ayala no puede pasar por alto ese capítulo, así como tampoco el uso de las interjecciones en su obra» [200].

Muy justa es esta apreciación de Clavería, y Reinink dedica un amplio capítulo, en su obra ya citada, al análisis de esos tres elementos, para demostrar cómo contribuyen poderosamente a dotar de expresividad a la prosa ayalina (pp. 83-110). Recuérdese la ya transcrita frase de Tigre Juan en *El curandero de su honra*: «Una interjección, un ajo, un taco, un reniego, son para mí más propios y expresivos que un apóstrofe ciceroniano o castelarino». El grito, el sonido, toda clase de ruido inarticulado atrae en su aspecto audible fuertemente al escritor, que por razones expresivas se esfuerza por captarlo gráficamente. Según Pérez de Ayala, la interjección es «una válvula de escape para la emotividad todavía impensada e inarticulada» (*ABC*, 13-IX-1953). Esto da un tono muy particular a sus escritos, no tanto por el uso de esta o aquella interjección, onomatopeya o voz expresiva, sino más bien por la intensidad y variedad de uso de tales elementos y por la muy patente intencionalidad, casi obsesiva, de hacer con ello lenguaje, de transcribirlo lingüísticamente. Con razón dice Reinink que Ayala «sabe cargar su lenguaje culto y su vocabulario a veces harto excéntrico con tanto poder expresivo que la frase, además de estar estéticamente construida, adquiere formas palpables, audibles y hasta visibles. Las personas en la obra ayalina no sólo hablan, no se limitan a transmitir sus pensamientos, sino que lo hacen de una manera audible» (p. 84).

La importancia de la sonoridad en la obra de Pérez de Ayala es incuestionable. Ya en *Tinieblas en las cumbres*, el escritor plantea este problema en un texto al que múltiples veces han recurrido los críticos:

200. Carlos CLAVERÍA: «Apostillas al lenguaje de Belarmino», en *Ob. cit.*, pp. 87 y 88.

«El lenguaje humano es aún imperfecto, o más bien rudimentario y bárbaro; ni se ha inspirado en la naturaleza ni ha rebuscado los innúmeros sonidos que la laringe puede emitir, y que serían como un eco de los ruidos de la naturaleza, sublimes o suaves, ásperos y dulces, pero siempre armoniosos. Yo puedo copiar un árbol tal cual es, si mi habilidad llega a tanto, porque dispongo de colores parejos a los suyos, que, diestramente casados, finjan un remedo o compendiado trasunto. Pero ¿podré, por ventura, trasladar el susurro del bosque con el gorjeo de los pájaros y los mil ruidos que lo componen, sin hacer referencia intelectual, esto es, una descripción, ayudándome de elementos ópticos y de referencias lejanas? En nuestra laringe existen cuerdas que, convenientemente adiestradas, pueden imitar los sonidos naturales; la prueba es que hay gentes que imitan a las aves y ruidos inanimados. Si el lenguaje humano fuera perfecto e inspirado en la naturaleza, como lo es el lenguaje de la pintura y de la escultura, podríamos realizar maravillosos poemas. En esta hipótesis, todos los pueblos hablarían el mismo idioma» (I, 192 y 193).

Pero el aspecto auditivo no lo es todo en el lenguaje. Pérez de Ayala no se contenta únicamente con reproducir gráficamente los sonidos, sino que pretende hacerlos también palpables y visibles:

«Escuchaba como los niños acostumbraban, con los ojos, como si las palabras, al desgajarse de los labios se materializasen adquiriendo la forma y color de los objetos representados. Veía los vocablos en su religiosa desnudez originaria» (I, 534).

La expresividad en Ayala posee, pues, a la vez cualidades auditivas y visuales:

«Poco antes hemos dicho que la acción es el único lenguaje del alma en los instantes de alta tensión. En trances tales, el lenguaje emotivo no es audible, sí, sólo, visible; el ademán, el gesto, la contracción expresiva de la faz, desde las cejas a la boca. Es un lenguaje que puede reproducir la escultura, hermana melliza de la tragedia. En esos instantes, el lenguaje humano queda reducido a la emisión maravillosa, y única en el mundo, del grito patético: expresión religiosa del eterno misterio del dolor humano» (III, 563 y 564).

Con lo expuesto se comprende cómo la interjección, la onomatopeya y la voz expresiva, la aliteración y la paronomasia, son ingredientes importantísimos en la estructura melódica de la prosa ayalina.

Reinink, al analizar la interjección en la obra de Ayala, distingue entre interjecciones naturales o primarias (del tipo ¡OH!, ¡AH!, etc.) e interjecciones secundarias (del tipo HOLA, ¡DIOS MÍO!, etc.), y entre interjecciones de tipo vocal e interjecciones que se forman con consonantes.

Por haber sido ya estudiado este aspecto en la prosa ayalina, bastará ahora con realizar algunos porcentajes y observaciones.

El porcentaje efectuado sobre doscientos cincuenta y cinco ejemplos de interjecciones de tipo vocálico arroja estas cifras: 25,6 % para ¡OH!; 25,5 % para ¡AY!; 18,5 % para ¡AH!; 13,7 % para ¿EH? y ¡EH! (la segunda en menor medida); 13,3 % para EA; 3,5 % para ¡HUY! y ¡UY! (la segunda también en menor medida). Es interesante hacer constar la repetición de la interjección en determinados casos, con lo que se refuerza así el estado emotivo. Las geminaciones o reduplicaciones, todo tipo de repetición, es elemento importante en la obra ayalesca:

«¡OH! ¡OH! Si no me equivoco, hasta nosotros vienen Cornelio y su hija» (I, 1024).

«¡AH! ¡AH! Había conspiración —dice el Rector, como si le tomara de sorpresa» (*AMDG*, 58).

«La voz le brotaba desmenuzada, como en esquirlas, entre resuellos de verdadero tigre.

—¡Granuja! ¡Hijo de mala madre! Cría cuervos... ¡Qué cuervos: buitres! Peor. ¡Hiena! ¡AH! ¡AH! ¡AH! Mío eres, mío, de cabo a rabo; de pies a cabeza. Sin mí, ¿qué fuera de ti?» (IV, 601).

«¡AY! ¡AY! ¡AY! Señor, que me parte usted la espinilla» (IV, 392).

«¿La viuda? ¡Ay, ay, ay la mi pájara pinta! —exclamó, con visaje apicarado, el de la erisipela—. A ésa, apenas si le queda alpiste» (IV, 362).

«Vociferaban las mozuelas, cubriéndose el rostro con las manos, y torcían hacia otra parte la cabecita, con espanto cómico, como huyendo de la horrenda visión de su propio sexo deforme... Y entre la celosía de los dedos escapábanse gritos de horror. ¡HUY! ¡HUY! ¡HUY! La bailarina gravitaba sobre el exhausto pollino, serena y majestuosa, algo embriagada por el éxito» (I, 35).

«EA, EA; reprímete, Urbano. No más chiquilladas» (IV, 411).

Las interjecciones que se construyen con consonantes son muy variadas en los escritos ayalinos, pero ninguna de ellas tan fecunda, y esto es normal en la lengua hablada, como las de tipo vocálico ¡OH!, ¡AY!, ¡AH! Algunas como ¡BAH¡ y PCHS (con las variantes gráficas PSS, PSSS y PHS) se acercan a la fecundidad de ¿EH? y EA.

La interjección ¡BAH! se encuentra repetida con cierta facilidad:

«Sería la primera que me da chasco. ¡Bah, bah, bah! (II, 775), «¡bah, bah, bah! Tú estás loca, rapaza. ¿Qué vas a hacer con ese estorbo?» (I, 95), «¡bah, bah, bah! —replicó riendo doña Micaela—. Te veo, besugo. Tacañerías tuyas» (IV, 252), «¡bah, bah! Valiente anarquismo el que tuviera móviles tan bajos» (I, 539), «¿la viuda? ¡Bah, bah! Entavía non la vio» (I, 273), «y juzgando inútiles todo género de ruegos, ya que no se le oía, dirigióse a Fuencislo. Estaba éste, desde un buen rato, apoyado en el muro de la escalera, con la mueca más socarrona en el rostro, y el pensamiento más primitivo y rudimentario en el cerebro, como que las células grises al entrechocarse no producían más sonido articulado que la siguiente sílaba, repetida innumerables veces: ba, ba, ba, ba» (I, 962) [201].

CHIS, para imponer silencio, ofrece diversas variantes:

CHIST (III, 819), ¡CHISSS! (*AMDG*, 224), CHISST (IV, 722), CHISSST (IV, 706 y 363), «escucho repulsas no muy corteses y CHISTSSS... prolongados» (*Hermann encadenado*, 268) [202].

La voz IJUJÚ denota júbilo:

«¡Ijujú! —clamorearon, así que hubo concluido, todos los mozos nómadas» (II, 990), «no hay matrimonio, no hay matrimonio. ¡Ijujú! El divorcio tengo en el puño» (IV, 372).

Las interjecciones JU, JU (I, 333), JA, JA (I, 455), JA, JA, JA (II, 967; IV, 573), JI, JI, JI (IV, 634) y JO, JO, JO (II, 740) denotan risa. AJÁ, AJÁ (IV, 53) y AJAJÁ (I, 1006; II, 930; IV, 377) indican generalmente complacencia y aprobación (vid. Reinink, p. 92).

---

201. *Ba*, como *bah*, es también voz para rechazar, que es lo que hace Fuencislo, pues para él son pamemas las conversaciones de sus acompañantes (para el sentido de rechazo de *ba*, vid. V. GARCÍA DE DIEGO: *Diccionario de voces naturales*, Madrid, Aguilar, 1968, p. 146). Según García de Diego, la interjección podría definirse como una palabra breve exclamativa representativa de un afecto humano (p. 55).

202. Las distintas grafías no obedecen al descuido, sino a un expreso deseo de intensificación. La interjección se articula con mayor o menor fuerza, según los casos, y las diversas grafías orientan sobre esta intensidad. Otras interjecciones con consonantes que aparecen en Ayala, y tratadas por Reinink, son: UF, ZAS, PUAF, GUAY, PLIM y PLIN, FUTE, ZAPE, TATE, FU. *Puah*, *fute*, *zape* y *fu* son interjecciones poco fecundas en los escritos ayalinos. Incorporadas al caudal del idioma, las interjecciones naturales y las interjecciones formadas de otras palabras pertenecientes al patrimonio común, están a la libre disposición de los usuarios del idioma, y unos las emplean en una rutinaria inconsciencia como expresión directa de un afecto, otros las eligen y emplean deliberadamente en su elocución o en la elocución de un personaje distinto, como ocurre en la literatura; pero, en definitiva, su finalidad esencial es el ser representación de un afecto (V. García de Diego, pp. 56 y 57).

He aquí otras interjecciones que aparecen en Ayala:

«—Ahora soy un ministro del Señor, y como sacerdote le hablo

—PA, PA, PA...

—Escúcheme, por favor, tío» (I, 1007).

«—Si su infeliz mujer, sobornada, ha dado el corazón a otro...

—¿El corazón nada más? PLA, PLA, PLA —interrumpió el aldeano—. De lo suyo, disponga ella y déselo a quien le parezca, que hay para todos» (IV, 716).

«—Sí, tengo miedo, Fuencislo; me falta valor —y se echó a llorar como un chiquillo.

—TA, TA, TA. ¿Esas tenemos?» (I, 960).

«—Rodrigo, debes casarte, tienes que casarte.

—TA, TA, TA, TA. La breva está ya pocha y ácida —replicó don Rodrigo, golpeándose el pecho, sobre el corazón» (I, 1070).

En *Tigre Juan*, el clérigo don Sincerato Gamborena suele hablar casi exclusivamente por medio de interjecciones, onomatopeyas, exclamaciones, rimas y aliteraciones, con lo que una vez más Ayala caracteriza el personaje casi únicamente por su lenguaje. Las interjecciones de don Sincerato se limitan a sus EJEM y ¡JA! ¡JA! ¡JA!, que repite incesantemente cada vez que habla:

«¡Cuajo, guanajo, cáscara de ajo! —chilló el clérigo, que manejaba surtido repertorio de exclamaciones por aliteración y consonancia—. Coria, Babia, Batuecas; allí se está Tigre Juan. Con un as en mano no arrastra. Las cuarenta, doña Marica. Dos perronas perdidas en tonto. ¡EJEM! ¡EJEM! ¡EJEM! Tigre Juan, mientes ausentes. ¡JA! ¡JA! ¡JA!, Alerta, tuerta, detrás de la puerta! Gamborena, presente. Oros, veinte. Perra gorda. *Sursum corda.* ¡EJEM! ¡EJEM! ¡JA! ¡JA!...» (IV, 633).

«¡A ella! ¡A ella! ¡JA! ¡JA! ¡JA! Doña Urraca saca, saca. Mico, mico. Doña Urraca hurto en el pico. Espera, espera; doña Urraca la ratera. ¡Arqueo, Tigre Juan, arqueo! ¡EJEM! ¡EJEM! Dos realinos volaverunt. ¡JA! ¡JA!» (IV, 634).

La expresión «¡Cuajo, guanajo, cáscara de ajo!» podría entrar en lo que F. Ynduráin denomina función «lúcida» del lenguaje. Esta función cae dentro del factor *mensaje*, pero no como una subespecie, sino como algo netamente distinto de la función «poética»; la expresión, dentro del texto, tiene una de las características de la función poética: la recurrencia; pero la función «referencial» está ausente. Recuérdense las *jitanjáforas* de A. Reyes, en las que domina el puro valor del sonido (vid. F. Ynduráin: «Para una función lúdica en el lenguaje», en *Doce ensayos sobre el lenguaje*, Ob. cit., pp. 215-227).

La risa estrepitosa de don Sincerato contrasta con la estridente de doña Marica:

«Qué bromas en un sacerdote. Este don Sincerato tiene los demonios en el cuerpo. ¡Jı! ¡Jı! ¡Jı! Gracias que don Juan no le hace caso. Ríome de todos modos. ¡Jı! ¡Jı! ¡Jı!» (IV, 634).

Toda la escena es enormemente expresiva, y tiene como contraste la evasión mental de Tigre Juan, presente en el juego, pero sacudido por violentos choques emocionales que le llevan a la duda de si las otras dos personas que están a su lado existen de veras o son acaso una alucinación.

Los límites entre interjecciones, onomatopeyas y voces expresivas son muchas veces borrosos y tema de discusión. Reinink distingue entre onomatopeyas formadas por imitación directa (onomatopeyas propiamente dichas) y formaciones que a causa de cierta evolución han adquirido valor imitativo, pero de carácter enteramente subjetivo. A estas últimas las denomina voces expresivas (vid. p. 98).

Para V. García de Diego, onomatopeya es toda palabra que se formó imitando un sonido, sea sentida o no por la masa de los hablantes. La onomatopeya no es exactamente una simple imitación de los sonidos naturales, sino la conversión de éstos en palabras con una alfabetización de los sonidos naturales ajustados al alfabeto de cada idioma. Son onomatopeyas aquellas voces que cada lengua forma trasladando aproximadamente el extraño alfabeto de los animales y de las cosas al sistema fónico de una lengua. Es difícil determinar el sonido de que la onomatopeya se forma, porque en muchos casos el proceso tortuoso de la onomatopeya da una idea errónea del sonido original (vid. pp. 20 y 21).

Pérez de Ayala siente predilección por las onomatopeyas que se forman por reduplicación [203]:

---

203. Reinink (pp. 98 y ss.) analiza voces como *runrún* (muy abundante en Ayala), REFUNFUÑAR, *chaschás, bisbisear* y *bisbiseo* (muy abundante), *chinchín, glogló, gloc-gloc-gloc, gluc-gluc, tan-tan, tin-tin, cri-cri*, etc.

«Tras, tras, tras, sonaban los cascabeles con lento giro» (IV, 140), «estaba ya en cama y transpuesta. Parecióme que padre hacía GLU-GLU-GLU, como ella» (II, 1120), «a su paso, el revelar de los amplios manteos de merino hacía un bisbiseo galante como de FROU-FROU sedeño u oración de dama de alto copete» (I, 1193 y 1194), «tratábase de un capitán de infantería que paseaba la calle marcialmente, moviendo un bélico CHA, CHA con el sable en las losas del piso» (I, 1035), «el TAF TAF del automóvil le hizo incorporarse» (I, 417), «los ensamblados tablones hacen: CRAC, CRAC» (*AMDG*, 161), «el áspero RUM-RUM del instrumento vibraba monótonamente» (I, 136), «TIPI, TIPI —decía el anciano. Abrió los ojos Alberto y viole golpearse con una mano el corazón» (I, 372), etc.

Muy interesante es la formación ayalina TOLE TOLE para referirse onomatopéyicamente a todo tipo de rumor suscitado:

«Se divertía mucho con el TOLE TOLE y las barbaridades que habían inventado, y no quería decir palabra» (I, 354) [204], «pero, ¿quién detiene este TOLE-TOLE calumnioso... de la opinión, arteramente impulsada por *envidiosos y malvados*» (I, 1193), «cuando vuela una gallina, apenas si levanta cuatro palmos de la tierra; pero se suscita un gran TOLE TOLE, y todo el corral se alborota» (II, 503), «hasta mí... llegaba el TOLE TOLE de que este en otra época hermoso cuerpo de la fortuna de Cerdeño estaba cancerado de hipotecas» (IV, 369), «no vaya usted ahora, por simplicidad y esquiveza, a levantar otro TOLE TOLE» (IV, 611), «todos sabemos lo que está bien y lo que está mal, aunque el TOLE TOLE de la necia y liviana opinión dispute tal vez lo malo como bueno y viceversa» (IV, 743).

Ninguno de los textos, de diversas épocas, aquí aducidos pertenece a *Belarmino y Apolonio*. Ayala utiliza la expresión al menos desde 1911, y en 1920 hará que forme parte del léxico belarminiano con esta significación: «la vida; la inquietud constante; el aleteo de las pasiones» (IV, 221). En esta ocasión, el léxico especial de Belarmino coincide con el personal de Ayala. Lo opuesto a *tole tole* en el léxico belarminiano es el *tas, tas, tas*: «la muerte; los últimos latidos; los golpes del martillo sobre el ataúd» (IV, 221). En cierta ocasión en que Escobar visitó a Belarmino, éste «le acogió con inequívoco contento y le obsequió con una larga e incomprensible disertación sobre el *tole tole* y el *tas, tas, tas*» (IV, 107).

---

204. García de Diego sigue a Regnaud, al que cita, al afirmar que la onomatopeya simbólica intenta representar, no los ruidos o sonidos, sino sensaciones múltiples y hasta percepciones afectivas; se trata de una cierta adaptación de la fonalidad de la palabra creada a la idea que expresa (vid. p. 22).

Las onomatopeyas simples son muy abundantes en Pérez de Ayala[205]; algunas de ellas pueden significar varias cosas, según las circunstancias:

«El balín, PSSS... El gato, FFF» (I, 1057), «pero el chico no cesaba de modular el onomatopéyico ¡BRRR!, en diapasón de marcha heroica» (I, 71), «BRRR... —gritó Alberto dentro del *tub*, al sentir el agua sobre los lomos» (I, 250),

«—¡BRR!...

Este grito inarticulado lo lanzó Paquito, que acababa de beberse una botella de cerveza de un trago, muy ajeno a las preocupaciones de San Martín, y ahora se enjugaba los vellones de espuma enzarzados en los crespos bigotes» (I, 117).

La semejanza de sonidos emitidos en diferentes circunstancias para expresar emociones y afectos diversos, obliga al escritor a explicar la grafía utilizada. Esto se puede observar en estas onomatopeyas en boca de Tigre Juan:

«Cebaros he bien con nueces y castañas como pavo de Navidad. Y al cabo, tiernos ya y espumosos, que el cebo os rebase el papo, MMM... os engullo; así, MMM...» (IV, 558).

Esta misma grafía sirve, también en Tigre Juan, con una pequeña variante, para designar una especie de rugido:

«Y tú, entretanto, ¿eliges permanecer engañado y dichoso? MM, M..·

Tigre Juan arrojó de sí un lamento inarticulado que se propagó por la aldea como el mugido de un toro en la brama» (IV, 713).

Los gritos humanos dirigidos a los animales, encuentran también aceptación en los escritos ayalinos:

«Los bueyes marchan cavilosos. ¡GÜE, ARRE!, grita el boyero» (II, 147), «¡SOOO, *Castelar*! Sooo... Párate», y «RIA, RIA, *Castelar*. A escondernos» (*AMDG*, 223), «Alfredo hostigaba a los caballos con la voz: ¡ALOO! ¡ALOO! ¡UP! ¡UP! ¡UP!» (II, 954), «comenzaron a oírse, tamizados por el boscaje, las voces lejanas de los monteros. Era un grito inarticulado y quimérico: ¡Ao! ¡AO!, ¡AO!, ¡AO!, ¡AO!, ¡ALAABALÉEEE...! Palpitaban impacientes los cascabeles

---

205. Reinink menciona algunas (vid. p. 102): BUM, PUM, PUUN, CRAC, ATCHÍS, CRRGG y FRRFRSS (para reproducir la sonoridad —aspiración y espiración— del ronquido), PSSS (reproduce el ascenso del cohete en el espacio), TAN, TATATÁN, TAN, etc.

de los canes, y su latir frenético estremecía el corazón» (II, 957), «en este punto oyóse el ladrido de los perros hendir el aire con creciente rabia. Los monteros aullaban: ¡ALALÍ! ¡ALALÍ! ¡ALALÍ! ¡AUD, AUD, AUD! ¡ALALÍ! ¡ALALÍ!» (II, 958), «bramaba bárbaramente monsieur Levitón, encarándose con el burro (salto del cura párroco, como si le hurgasen con ortigas en las posaderas). ¡Piononooo!... y ecuyère, ¡HIP! ¡HIP!» (I, 53).

No es infrecuente en Pérez de Ayala el intento de captar onomatopéyicamente los diversos sonidos de un ambiente determinado, para lograr con ello una mayor expresividad y juego:

«¡GLOC, GLOC, GLOC! ¡GLUC, GLUC! ¡TAN, TAN!
Campana abrileña.
Canción de zampoña de caña.
¡PUM, PUM, PUM!
El pandero, y su parche de la color trigueña» (II, 735).

La novelita *Justicia* comienza con la *Balada del calderero apasionado*, que al principio, medio y final repite esta especie de estribillo que intenta dar a entender el golpeteo del martillo sobre el hierro:

«TIN. TAN
TIN. TIN. TIN
TAN. TAN. TAN'
El fuego de la fragua no me muerde; me lame, como perro fiel, con lengua tibia.
En mi mano callosa sostengo un carbón encendido, como si fuera un clavel.
Al hierro duro y rebelde, abrasado y rabioso, lo doblego y lo rindo, ¡TIN, TAN!, con mi martillo pesado, seguro y frío» (II, 1137).

Con estos ejemplos quedan suficientemente claras las cualidades auditivas de la prosa ayalesca. Más adelante se estudiarán también la aliteración y la paronomasia, de singular importancia para la estructura melódica [206].

La musicalidad de los sonidos animales tiene también importancia en la gama de los medios expresivos de Ayala. La predilección por la voz imita-

---

206. Hay en los escritos ayalinos una serie de palabras utilizadas con tanta abundancia que hacen pensar en su uso puramente expresivo. Reinink analiza formas como *tejemaneje* y *triquitraque*, y formaciones apofónicas como *tiqui taca*, *tris-tras*, etc. (vid. pp. 101-106). A estas voces cabría añadir otras como ZIS, ZAS (I, 51), GUIRIGAY (I, 84; II, 955; IV, 404, etc.), TIQUISMIQUIS (IV, 743), FINFLANES (I, 347), etc.

tiva QUIQUIRIQUÍ obedece al deseo de expresividad [207]. La relación entre el canto del gallo y la oscuridad desgarrada es una imagen constante en Ayala:

«La irradiación de los flamígeros QUIQUIRIQUÍES hiende la oscuridad» (II, 1125), «¡QUIQUIRIQUÍ! —chillaba doña Micaela, rígida, helada por el frío del amanecer. ¡QUIQUIRIQUÍ! Mi canto afilado es el chirriar de unas tijeras de plata. ¡QUIQUIRIQUÍ! Mi canto desgarra la negra vestidura de la aurora· ¡QUIQUIRIQUÍ! Por ti lo hago, picarón, para que te abraces con ella» (IV, 513).

Puede designar también el canto victorioso:

«QUIQUIRIQUÍ, cantó, empinándose sobre el adversario muerto» (II, 992), «el gallo intenta rendir a su pareja; cacarea por lo bajo, con golpes espasmódicos y en tono petulante, su concupiscencia; arrastra el ala en torno de la gallina; ejercita el imperio masculino, y después se vanagloria del triunfo, dando al aire un QUIQUIRIQUÍ donjuanesco» (II, 871).

La relación entre el *quiquiriquí* animal y el *ijujú* humano (ya visto) es evidente:

«En lo alto del firmamento, QUIQUIRIQUIQUÍES e IJUJÚES eran como tirones acompasados para levantar el telón de la aurora» (IV, 738).

La voz sugestiona a Pérez de Ayala y le evoca multitud de matices:

«Y en este punto proferían un IJUJÚ delirante, alarido de amor, que sonaba a la vez como dolor insufrible y como gozo sobrehumano» (IV, 732).

«Y cuando ella, nuestra gaita, levanta su voz hasta las rocas ceñudas, tan viejas como el mundo, experimentan en sus entrañas arrebatado ímpetu de danzar, de brincar, de herir el firmamento con el milenario alarido del IXUXÚU..., ¡las pobres rocas paralíticas!» (I, 1119).

También está presente en Ayala, por razones expresivas, el alargamiento vocálico o consonántico de una palabra; o la partición, mediante puntos suspensivos, de una frase, e incluso de una palabra:

«El sereno profirió una especie de lamento, en altibajos quejumbrosos

—La una..., la una... y SERENOOO...» (I, 317).

«Este ladrón... Este ladrón... ¡EMETERIOOO...! Pero ¿en dónde te metes, bragazas? ¡EMETERIOOO!» (I, 475).

207. Sobre esta voz y sus diversas acepciones, aunque fundamentalmente es voz imitativa del canto del gallo, vid. V. García de Diego, p. 405.

«Ssssí..., ssseñora —dijo don Cástulo, pálido e insurrecta la palabra, como si estuviese ante un tribunal de oposiciones» (IV, 286).

«Fuen... cislo..., yo creo... que el perro... rro... está... suelto...» (I, 969).

«Y el silbo, desde el fondo de la guarida:

—Adelantee...» (*AMDG*, 163).

Una expresividad como la que Ayala ha sabido verter en su estilo puede considerarse como única, más aún si se le compara con otros autores de su generación (K. W. Reinink, p. 110).

III. LOS ARCAISMOS

La tradición lingüística se manifiesta patentemente en la prosa ayalina, y constituye, junto con la época y el factor hombre, la esencia del estilo en la concepción de Pérez de Ayala:

«Hemos dicho que en la sustantividad del estilo coinciden indefectiblemente tres factores: el ambiente o época, la raza o tradición y el artista u hombre. A primera vista parece que el factor hombre tiene mayor importancia en el estilo literario que en otras maneras de estilo artístico. Este es un error de perspectiva» (IV, 1037 y 1038).

Los arcaísmos son formas lingüísticas o construcciones anticuadas con relación a un momento dado [208]. El estudio de la conservación de formas lingüísticas y construcciones anticuadas ofrece gran interés en Pérez de Ayala por el uso abundante que de ellas hace. *La paz del sendero* se abre con unos tetrástrofos monorrimos por la cuaderna vía que delatan ya su ilustre solera:

«Con sayal de amarguras, de la vida romero,
topó tras lengua andanza con la paz de un sendero.
Fenecía del día el resplandor postrero.
En la cima de un álamo sollozaba un jilguero» (II, 83).

Y Rubén Darío comenta: «Pérez de Ayala se expresa a veces con reminiscencias clásicas, arando en el antiguo y apacible campo, con los apacibles bueyes de Berceo y Juan Ruiz» [209].

208. F. LÁZARO CARRETER: *Diccionario de términos filológicos*, s.v. ARCAÍSMO.
209. Guillermo DE TORRE: «Un arcaizante moderno: Ramón Pérez de Ayala», en *Ob. cit.*, p. 172.

Las reminiscencias clásicas se acusan ya desde el mismo título de sus obras: *Troteras y danzaderas*[210], *Los trabajos de Urbano y Simona, El curandero de su honra*. El Arcipreste de Hita, Cervantes y Calderón como hitos de partida en estas novelas[211]. Pero no es esto lo que importa aquí, aunque actúe como complemento.

El arcaísmo léxico se deja notar de forma explícita en toda la obra de Pérez de Ayala. En *Cruzada de amor*, una de las novelitas que componen el volumen *Bajo el signo de Artemisa*, el arcaísmo se halla deliberadamente intensificado, sobre todo en las poesías y canciones insertas en el texto. Tanto *El otro padre Francisco* como *Cruzada de amor* fueron escritas «siendo casi un niño» el autor, como el mismo Ayala dice, y se advierte en ellas «cierto carácter de ejercicio o gimnástica o *scherzo* literarios, como es uso en las clases de Retórica y Poética; carácter tal vez obligado, asimismo, en las doncelliles campañas de un autor bisoño»[212]. El tono retórico y paródico se muestra a cada paso. Por eso no es extraño encontrar en *El otro padre Francisco* estas líneas:

«¿Qué se hicieron las bacantes con su seguimiento de dóciles panteras pintadas? Los viejos Silenos bonancibles, ¿qué se hicieron? Sangre de Dionisos, sangre es, en la nueva ley, del propio Jesús. Mas los siervos de Dios apenas si la catan. ¡Lejanos tiempos de idilio!» (II, 871).

O estas otras en *Cruzada de amor*:

---

210. He aquí cómo comienza Ayala a traducir la sátira segunda (del libro primero) de Horacio:
   «El abundante gremio de sablistas,
   TROTERAS, DANZADERAS,
   parásitos, flautistas,
   mendigos vergonzantes,
   magas y curanderas,
   mimos de plazas públicas, farsantes;
   todo ese peculiar jaez de gente,
   que vive día a día de precario,
   lloroso está al presente y abatido,
   pues se ha muerto Tigelio...» (II, 341).
Contrástese con la versión latina:
   «Ambulaiarum collegia, pharmacopolae,
   mendici, mimae, balatrones, hoc genus omne
   maestum ac sollicitum est cantoris morte Tigelli;
   quippe benignus erat. Contra hic...»
(HORACE: *Satires*, Texte établi et traduit par François Villeneuve, Paris, Société d'Édition «Les Belles Lettres», 1966, p. 40).
211. Guillermo de Torre, pp. 184 y 185.
212. Vid. la *Noticia del autor* al frente de las seis novelitas, II, 865.

«No era consumada aún la hora del alba. La aurora extendía por el cielo sus pálidas rosas, y asomaban por el Oriente los rubíes engarzados en oro de la corona de Apolo» (II, 889).

«Pero ocurrió que al quinto día de su viaje, y según caminaban, ya bien entrada la mañana, distinguieron a lo lejos tres hombres que en sentido encontrado venían. Cuando se hubieron acercado un corto trecho y pudieron examinarlos a su saber, Pipolín, que no las tenía todas consigo, exclamó poseído de pavura:

—¡Oh mi señor! Huyamos sin topar con tales gentes, que bien a las claras dicen por su porte y manera ser malhechores.

Tranquilizóle Godofredo, que, de ánimo valiente, no sentía en su corazón zozobra alguna; mas Pipolín tornó a sus temores y cobardías, dándoles salida en plañideras lamentaciones:

—Míreles bien su señoría; míreles y verá por las sus cataduras y hábitos que son esos desalmados bandidos que en los caminos asaltan, roban, hieren con más encarnizada furia que las salvajes alimañas, y que en los países del Mediodía les llaman los *Malos Mozos*» (II, 891 y 892).

Es en *Cruzada de amor* donde se hallan las formas arcaicas más violentas, imitación y copia de textos antiguos. Pero la ironía, la parodia y el juego retórico están siempre presentes en estos ejercicios literarios:

«—¡Oh mi señor y dueño! ¡Agora que he dado a tu muerte por dádiva postrimera cuantas lágrimas en mis ojos se encerraban, y veo que no queda otra cosa que hacer por ti, huyo del mundo y de la vida mundana, sin ti cruelísima, con la cual esperanza yo por tu sola causa me holgué en algún tiempo!

Y diciendo así, volvió al palacio para ordenar a sus servidores que enterrasen el cuerpo de Godofredo en la casa de los templarios de Trípoli, y aquel mismo día entró en el monasterio del monte Carmelo, donde lloró de por vida la muerte de un tan singular amante, más fino que Amadís, cual nunca lo vieron los siglos pretéritos ni lo han de ver los venideros. Tuvo, además, la fortuna de que la señora de sus pensamientos jamás cerca de él le dio celos con otro, ni le puso mala cara, ni le dijo una simpleza, ni le causó una decepción. Ventajas de amar una amada remota, que es como enamorarse del ideal que uno mismo ha engendrado. Y si la novia de nuestros sueños se hallase en la luna, mejor. Es decir, esa novia perfecta siempre está en la luna» (II, 923 y 924).

Los arcaísmos léxicos se dejan notar sin esfuerzo alguno:

AGORA (II, 823), «y no faltan FIDALGOS que cuentan su amor a las bellas» (II, 882), DESAFOGAR (II, 886 y 906), «condujo el abad a Godofredo a una GRANDE estancia» (II, 895), «moviéronse las lenguas con más PRIESA que antes» (II, 884), «y preguntáronle qué era lo que el cuerpo le pedía para YANTAR» (II, 890), «llamó a sus servidores y requirióles EL YANTAR» (II, 883), «en el bosque DESTE castillo» (II, 906), «y diose a pensar la causa DELLO» (II, 900).

En el *Dezir* y la *Canción*, compuestos por Godofredo, los arcaísmos son más forzados:

«ES mesura mi DIVIZA», «a una FERMOSA en tal guisa», «rogarle quiero HUMILDOSO» (II, 907), TRISTURA [213], BELLIDA, POLIDA, CATADA, FADADA, ABRAZALLE, «preso de FOLÍA y ardor», «HAIS logrado enamorar» (II, 910 y 911).

El uso del artículo determinado ante nombres de naciones y continentes, es muy abundante en *Cruzada de amor*:

LA ALEMANIA (II, 913), LA PALESTINA (II, 898), LA ANTIOQUÍA (II, 884), «la fastuosidad y lujo de los hijos de LAS ITALIAS» (II, 864) [214], «esas gentes que suelen vagabundear de LA EUROPA AL ASIA» (II, 919), «si bien el ejército cruzado encaminóse a LA TIERRA SANTA a pie y atravesando LA EUROPA» (II, 913).

También se antepone el artículo a los posesivos:

LAS SUS CATADURAS (II, 891), «abrasáronse LOS NUESTROS PECHOS» (II, 881).

El presentador indeterminado o indefinido UN se antepone a otro presentador:

«UN OTRO país cualquiera» (II, 882), «junto a UN OTRO caballo menos brioso» (II, 888).

---

213. *Humildoso* es voz utilizada por Lope de Vega, y *tristura* se encuentra en Cervantes y Lope de Vega (vid. los *Vocabularios,* ya citados, de Lope y Cervantes, a cargo de Fernández Gómez).

214. En el *Cantar de Mío Cid,* los nombres de lugar no llevan artículo, salvo si van en plural (R. MENÉNDEZ PIDAL: *Cantar de Mio Cid. Texto, gramática y vocabulario,* I, 4.ª ed., Madrid, Espasa Calpe, 1964, pp. 300 y 301).

Otras expresiones hoy en desuso son:

«Y ESTE SU AMOR... iba acrecentándose» (II, 919), «SEIS OTRAS DAMAS sentábanse a su lado» (II, 905), «en esto Godofredo, que no ERA AÚN FALLE- CIDO... abrió los ojos (II, 923), «peligrosa aventura que entre él y unos bandidos HUBO LUGAR» (II, 893), «una vez PARTIDOS QUE FUERON» (II, 885).

El arcaísmo se muestra también con fuerza en el género poético ayalino, sobre todo en *Primeros frutos*. En *Un dezir a Victorina* (II, 52), aparecen estas formas:

FONTANA, FERMOSURA, DINA, flecha FERRINA, AYNA.

En otras partes del mismo volumen se encuentran:

«De FABLA, ingenua y voz gentil» (II, 39), FONTANA (II, 39 y 40), «blancos y tibios han de ser LOS TUS PECHOS» (II, 48), etc.

Los siguientes versos de *El sendero andante* muestran bien a las claras las reminiscencias arcaizantes de Ayala:

> «De vuelta de otro continente,
> y desde el opuesto solsticio,
> hogaño, otra vez como antaño,
> te habemos, hermano Francisco.
> Estás cabe pechos leales,
> cuyo eres dilecto y bienquisto» (II, 152).

Fuera de los contextos expuestos, el arcaísmo en Pérez de Ayala tiene otro tono; no ya el de «restos mortales, aunque venerandos» [215], sino el de esas voces, locuciones, frases, etc., que deben ser incluidas en el Diccionario general, según la opinión de Antonio María Segovia, aunque hayan caído en desuso, «pues lo contrario, o el ponerles nota de anticuadas, sería como anatematizar su uso, y retraer a los que tienen gusto por lo propio y castizo de resucitar con tino y oportunidad una parte de ese caudal perdido» [216]. Nunca se siente Ayala retraído al utilizar ese caudal en mayor o menor medida perdido. Los arcaísmos léxicos en su obra no son generalmente sorprendentes: el interés radica en la variedad y uso abundante de esas formas antiguas hoy en desuso, pero no del todo olvidadas. La variedad y frecuencia de aparición de vocablos y locuciones arzaizantes es lo que da ese tono tan castizo y de sabor antiguo a tantas páginas ayalinas:

215. A. M. SEGOVIA: «Neologismo y arcaísmo», *BRAE*, I, 1914, p. 294.
216. *Ibíd.,* p. 293.

YANTAR (I, 267; II, 204, etc.), ANIMALIAS (I, 1009; II, 874), «todas estas circunstancias dan al pueblo —MAGUER su pobreza— cierto carácter ingenuo y caprichoso» (II, 1115), «una ignorancia congojosa SE AYUNTABA con toda ignorancia pasiva» (*AMDG*, 39)[217], «no es FALAGUERA ni placentera» (I, 1071)[218], MAZAS FERRADAS (*Hermann encadenado*, 135)[219], LUENGO (II, 256; I, 468; IV, 640; etc.), «LUEÑAS TIERRAS» (III, 145; *Hermann encadenado*, 48), «LUEÑOS países» (IV, 899)[220], «sacudió violentamente el FEMENTIDO colchón» (*AMDG*, 181), REMEMBRANZA (II, 220; II, 946), REMEMBRAR (I, 1196), MEMBRANZA (I, 12), MEMBRAR (I, 108; I, 1116), «a Alberto le estaban molestando aquellas cuatro CARCAVERAS, desvergonzadas y horribles» (I, 138)[221], etc.

La forma CUYO se usa también como predicado refiriéndose al objeto poseído mediante el verbo ser, y así aparece en Santa Teresa, Fray Luis de León, Cervantes, etc.[222].

Este uso se encuentra también en Pérez de Ayala:

«Encontráronse en el convento, CUYO era prior el monje que con Godofredo topara» (II, 895), «saldrá a la publicidad un libro de poesías CUYO yo soy el autor» (II, 20), «una grande y purpúrea hoguera CUYA es la ceniza» (I, 271), «pero ¿qué culpa tiene la úlcera por pertenecer a un cuerpo corrompido, CUYO es manifestación franca y fatal resultado?» (IV, 25), «de condición flaca y engañosa, CUYO es símbolo y encarnación la mujer» (IV, 567), etc.

217. Otros ejemplos de *ayuntar* en I, 275 y II, 349.
218. En las obras de D. Juan Manuel aparece la forma *animalias,* usada también comúnmente en plural (vid. Félix HUERTA TEJADAS: *Vocabulario de las obras de Don Juan Manuel,* Madrid, Separata del BRAE, 1956, s.v. ANIMALIA). Las otras cuatro voces se encuentran en el *Cantar de Mio Cid* (R. MENÉNDEZ PIDAL: *Ob. cit.,* II, volumen destinado a la parte de *vocabulario*) y en Don Juan Manuel (vid. F. Huerta Tejadas).
219. Se trata de una expresión antigua que aún se conserva en Asturias (vid. María MOLINER: *Diccionario de uso del español,* Madrid, Gredos, 1971).
220. *Luengo,* en el *Cantar de Mio Cid,* se usa casi únicamente como calificativo de la *barba* del Cid (vid. R. MENÉNDEZ PIDAL: *Ob. cit.,* II); es voz utilizada también por Don Juan Manuel, Cervantes y Lope de Vega (vid. los respectivos *Vocabularios* ya citados); se documenta asimismo, entre otros muchos autores, en Juan Ruiz (vid. J. CEJADOR Y FRAUCA: *Vocabulario medieval castellano,* New York, Las Américas Publishing Co., 1968; la primera edición es de 1929). *Lueñas tierras* aparece en Cervantes (vid. el *Vocabulario*).
221. Cejador y Frauca cita, de la *Bibl. Gallard.,* la frase siguiente: «Más vergüenza no tenía / que una puta carcavera» (vid. *Ob. cit.,* s.v. CARCAV[ERO]).
222. R. J. CUERVO: *Diccionario de construcción y régimen de la lengua castellana,* II, Bogotá, Instituto Caro y Cuervo, 1954, pp. 707 y 708.

Cabe es una forma «de muy frecuente uso entre los antiguos y en nuestros clásicos, en lo moderno apenas se usa una que otra vez en verso» [223]:

«Y otras prendas de vestir CABE el lar sobre los palitroques» (I, 61) [224].

Todos estos arcaísmos aparecen con más frecuencia en la primera época de los escritos ayalinos. Hay, en cambio, una serie de vocablos arcaizantes, literarios y librescos, y, por tanto, en este aspecto no en desuso, que aparecen con gran frecuencia en todos los escritos ayalinos y en todas las épocas. Se trata de voces del tipo de:

ALONGAR (I, 354; II, 308; etc.), ENTRAMBOS (I, 1151; III, 70; etc.) [225], AÍNA (I, 257; II, 819; etc.), ASAZ (II, 678; III, 64; IV, 1239), HARTO (I, 635; IV, 804; etc.), PRESTO (*AMDG*, 21; III, 128; IV, 814), GUISA (I, 963; II, 614), EN GUISA DE (III, 81), A GUISA DE (*AMDG*, 78; I, 778), «bajo la CURA y dictado del marqués de la Vega-Inclán» (IV, 818), etc.

No tan frecuentes son formas como: OTROSÍ (I, 352; IV, 397; III, 1097), OTRORA (IV, 760 y 1124) y ESTOTRO (II, 769 y 894); este último vocablo es más usado en poesía (II, 188, 203 y 311).

El uso reiterado de ciertas construcciones verbales tiene las mismas características que los vocablos que acaban de verse. Son formas arzaizantes, pero literariamente no en total desuso. La verificación y frecuencia de todas estas formas y construcciones otorga ese regusto casticista que Julio Casares encuentra en la prosa ayalina:

«La prosa del señor Pérez de Ayala, correcta sin melindres y moderna sin desenfreno, viva, coloreada y sutil, siempre consciente del valor de la elocución, rica de léxico y equilibrada de sintaxis, representa mejor, a mi juicio, la verdadera tradición de casticismo, que las más repulidas páginas del más afortunado escritor arcaizante» [226].

Bastará con citar algunos ejemplos para hacerse una idea de estas peculiaridades:

---

223. *Ibíd.*, pp. 7 y 8.
224. Otros ejemplos en II, 1064; II, 147; etc.
225. *Ambos* (castellano arcaico *amos*) es el único resto aislado de una forma de dual, que el castellano desarrolló y amplió como otras lenguas romances empleando también *entrambos* (antes *entramos*, que aparece, por ejemplo, en el *Libro de Buen Amor*): vid. Margherita MORREALE: «Aspectos gramaticales y estilísticos del número», *BRAE*, LI, enero-abril, 1971, pp. 135 y 136.
226. J. CASARES: *Crítica efímera*, Madrid, Espasa Calpe, col. Austral, 1962, p. 112.

«Nosotros, CURANDO DE que el lector no se devane los sesos en múltiples e intrincadas hipótesis...» (I, 125), «lo que hace falta es una educación estética que nadie SE CURÓ DE darle hasta la fecha» (I, 598), «no CURAN DE quién será el señor ni el recaudador de contribuciones» (I, 1100), «y sin CUIDARSE más DE ellos continuó en sus feudos cazando» (II, 999), «no hay quien CUIDE DE averiguarlo» (II, 553), «Don Juan, huérfano de sensibilidad estética, no CUIDA si la mujer deseada es hermosa o fea» (III, 350) [227].

El verbo HABER se usaba antiguamente como transitivo con el significado de *tener*, y también se empleaba en lugar de la forma verbal *hace* en expresiones de tiempo [228]. Ambos usos arcaizantes se encuentran con relativa facilidad en Ayala:

«Pensaban muy atinadamente aquellas discretas y agudas señoras que el amor puro no puede HABERSE entre personas casadas» (II, 902), «pues harta caridad HABÍAN aquellos señores comprometiendo su seguridad y hasta su crédito» (IV, 517), «quizás todos HAYAN derecho a ser absolutamente libres» (III, 1103), «en qué período del pasado una nación HUBO su más dilatado perímetro» (III, 1216), «la primera prueba de esta doctrina o norma la HABEMOS en el primer tipo de sociedad» (III, 858), «Amadeo es nombre raro en España, si bien HUBIMOS un rey Amadeo» (III, 521), «HÁYSE EN CUENTA la conducta ética» (*ABC,* 19-II-1954), etc.

Este uso de *haber* se documenta mejor en la segunda época, y sobre todo en el ensayo. El uso por *hace* en expresiones de tiempo es más abundante y literario [229]:

«Poco HA» (II, 921), «siglos HA» (II, 279), «tuvimos HA tiempo en España dos escuelas o estilos de cabalgar» (III, 771), «algunos años HA» (II, 675), «no HA muchos días» (I, 1202), etc.

La posposición del auxiliar *haber* contribuye también al arcaísmo y al dialectalismo; aparece con más frecuencia en boca de personajes asturianos:

«Recostarme HE en tu seno maravilloso» (II, 178), «potranca brava te entrego, ceñirla HAS bien las piernas en los ijares» (II, 809), «decirte HE quién eres» (II, 826), «probártelo HE» (II, 1003), «digo yo que cuando os caséis y ese tío revire el ojo, dejaros HA herederos» (II, 742).

---

227. Para la documentación y usos de *curar* y *cuidar,* con o sin la preposición *de,* vid. R. J. Cuervo, s.v. CURAR y CUIDAR.

228. «La tercera persona del singular del presente de indicativo de *haber,* como unipersonal, es *ha* cuando denota transcurso de tiempo» (R. A. E.: *Esbozo de una Nueva Gramática de la Lengua Española,* Madrid, Espasa-Calpe, 1973, p. 384.

229. En cambio, Ayala utiliza el verbo *hacer* en esta expresión: «con esto las barbas SE HICIERON DE MODA» (III, 293). No es esto normal en él.

No es hoy frecuente la sustitución de *ser* por *haber* en el sintagma SER MENESTER [230]. Es un rasgo arcaizante, al que Pérez de Ayala recurre con insistencia:

«Un ángel exterminador, emisario del cielo, HABÍAMOS DE MENESTER, que os pasase a cuchillo» (IV, 642), «HEMOS MENESTER discurrir con palabras» (III, 637), «HABEMOS MENESTER DE seriedad en el juicio» (IV, 931), «no HUBO MENESTER DE confesiones» (II, 642), «estas florecillas de huerto HAN MENESTER DE penumbra» (I, 1187), etc.

Ayala recurre con enorme frecuencia a la posposición del pronombre personal. No es éste un rasgo adecuado para caracterizar a un escritor, pero en Ayala esta posposición tiene sabor dialectal. En Asturias, el orden del pronombre personal en la frase es, en muchos casos, análogo al del antiguo español. El pronombre se pospone al verbo cuando éste empieza la frase. Es uso de la lengua literaria del siglo XVII [231]: «ENROJECÍASELE el rostro y SE LE ENGARABITABAN las manos» (I, 28). Los personajes asturianos de las obras ayalinas se caracterizan también por este fenómeno, al que Reinink hace referencia (vid. p. 142).

Pérez de Ayala utiliza personalmente la posposición en todos sus escritos, sin recurrir al artificio de los personajes, sobre todo con los indefinidos y los imperfectos; aunque en las obras de la segunda época no abusa tanto de este rasgo. Durante la primera época la posposición pronominal es abundantísima.

Otra construcción arcaizante, muy abundante en Ayala, es EN+GERUNDIO, que decrece un poco, no tanto como la posposición pronominal, en la segunda época. El arcaísmo es siempre mucho más intenso en los primeros escritos ayalinos, y aunque conserva en todos sus escritos la variedad de rasgos arcaizantes, no lo hace con tan agobiante frecuencia a medida que el tiempo transcurre. Es preciso insistir en que tanto la posposición pronominal como la construcción EN+GERUNDIO tienen valor, en lo que al estudio del arcaísmo se refiere, casi únicamente por el copiosísimo uso que de ambos rasgos hace Ayala, y porque esa abundancia contribuye, juntamente con otros rasgos ya vistos y por ver, a dar ese regusto arcaizante a la prosa ayalina. Por ello no es preciso recargar con ejemplos estos puntos del análisis:

---

230. Es frecuente el uso de un sustantivo como objeto directo de este tipo de locución verbal, común en el siglo XVI (vid. Hayward KENISTON: *The Syntax of Castilian Prose. The sixteenth Century,* The University of Chicago Press, 1936, p. 17; vid. asimismo p. 506).

231. Para todo esto, vid. A. ZAMORA VICENTE: *Dialectología española,* pp. 204 y 205.

«EN ESTANDO a solas Teófilo y Guzmán, éste propuso tomar un coche» (I, 758), «dijo la superiora EN CONCLUYENDO de leer» (II, 1023), «EN VIÉNDOLA entrar, volviéronse» (*AMDG*, 196), «que EN ERRANDO una vez ha errado ya para siempre» (*Hermann encadenado*, 106), «pero que EN HABIENDO herido ya nuestra retina, se fija y clava en el firmamento» (IV, 1218), «EN CONOCIÉNDOLA, espero que sea aceptada también» (III, 170), «Don Juan, EN CRECIENDO, conoce —*in sensu bíblico*— copioso repertorio de mujeres» (III, 352), «doña Predestinación rompió a llorar, EN QUEDANDO sola» (II, 653), «no sabía qué decir EN TENIENDO libres los labios» (IV, 327), EN SALIENDO (IV, 778), etc.

La atención que los gramáticos han concedido al gerundio preposicional es, en español, muy escasa. El planteamiento de Cuervo es fundamentalmente histórico: sucesor del sintagma latino *in deliberando*, EN+GERUNDIO conserva hasta el siglo XV la denotación etimológica de coexistencia de tiempo. A partir del siglo XVI, denota inmediata anterioridad. Con alguna excepción sin consecuencias, esta concepción se convierte en doctrina general. La tesis de Lyer (1934) es opuesta de la de Cuervo: EN+GERUNDIO romance es independiente de IN+GERUNDIO latino [232]. La máxima frecuencia de EN+GERUNDIO se halla en los textos del siglo XVII [233]. Dentro de este tipo de construcción, el sintagma más fecundo en Pérez de Ayala es *en llegando*:

«EN LLEGANDO frente a Teresuca, se detuvo y la miró» (I, 244), «EN LLEGANDO al tercer año, que es cuando se estudia retórica...» (I, 193), «por eso te voy a pedir que no riñas a Pepa EN LLEGANDO a casa» (I, 883), etc.

Los usos arcaizantes son muy variados en Ayala, pero apenas si alguno de ellos está hoy en total desuso. Unos conservan su contextura en la lengua popular y dialectal; otros en la literatura. La expresión DE SEGURO tiende, según María Molinar (*Ob. cit.*, vid. SEGURO), a ser relegada al uso popular. En la obra ayalina la utilizan los personajes, y el mismo Ayala directamente en múltiples ocasiones (I, 240; I, 597; IV, 1067; IV, 1243, etc.). Frente a la proliferación de los adverbios en -*mente* que hacen a veces pesada la prosa, el modo adverbial ofrece una posibilidad de variación [234]. Otras construccio-

232. Vid. para todo lo expuesto el trabajo de Santiago DE LOS MOZOS: *Estudio del gerundio español*, Salamanca, Acta Salmanticensia, 1973, p. 11. S. de los Mozos rechaza la tesis de Lyer (vid. p. 53) y afirma que las denotaciones de EN+GERUNDIO son sincrónicas y resultan de la realización en lexemas transformativos o no transformativos del valor positivo del término caracterizado en la oposición *en viendo / viendo* (p. 734 ss.). Dicho valor expresa la acción verbal con su término.

233. *Ibíd.*, p. 32. El *Obregón* ofrece 164 ejemplos, el *Quijote* 144 y 130 el *Criticón*. No hay texto medieval que llegue a estas cantidades.

234. Quevedo, en su *Cuento de Cuentos*, quería barrer esa palabra *mente*, «que se anda enfadando las cláusulas y paseándose por las voces» (vid. A. ROSENBLAT: *Buenas y malas palabras*, II, 227).

nes semejantes son: DE PÚBLICO (I, 274; IV, 960), DE CLARO (*AMDG*, 61; III, 343; IV, 594), DE LIGERO (III, 338; IV, 448), DE CONSIGUIENTE (III, 366). Menos fecundas, si se las compara con las expresiones anteriores, son: DE AÑEJO (*Hermann encadenado*, 81), DE ASIENTO (IV, 1246), DE PROPÓSITO (III, 100), «pensar que el amor que DE PRESENTE se siente será invariable y eterno es una manera de espejismo» (IV, 775), «adoptando DE PREFERENCIA la vanidad y el cinismo» (III, 199), «una noche, DE INDUSTRIA, hace ausentarse de casa a todos los criados» (IV, 682), DE PRIVADO (III, 896), «en forma de ramilletes puestos DE ADREDE» (II, 528), etc.

Las construcciones del tipo A SEGUIDA (I, 247; II, 532; III, 767; IV, 789; etc.) son mucho menos variadas que las anteriores, y salvo *a seguida* las otras son poco fecundas:

«Tampoco faltaron en España quienes otorgasen, si bien A PRECARIO, este título a Primo de Rivera» (III, 997), «bien que ingenioso siempre y A SEGURO sabe infligir contra el error la herida, es en sus versos descuidado y duro» (II, 357), etc.

Otro rasgo arcaizante y popular es el siguiente [235]:

«Por tanto, DE QUE me haya muerto, vas con tu hijo a Pilares» (IV, 73), «DE QUE salen a la calle, oyen un grito de infinita agonía» (I, 1058), «DE QUE se apartaron de la beata, resolvieron encaminarse al muelle» (*AMDG*, 74), «DE QUE salieron a espacio libre alejóse el estruendo» (I, 144).

Es en *Tinieblas en las cumbres* donde Ayala utiliza más esta formación. También aparece alguna que otra voz en *AMDG*. A partir de 1910 apenas existen casos, y cuando aparecen es en boca de un personaje.

Sin variar de forma ni de significado, hay poquísimas palabras en el idioma que se adapten indistintamente a una concordancia masculina o femenina, siendo indiferente la forma del artículo que las precede: antiguamente *calor, puente, dote*; hoy *mar* y algunas otras [236]:

«Una gibosa y parduzca puente romana» (II, 801) [237], «por detrás de las cortinas espió, oyendo a hurtadillas las venas de LA HABLA divina de Meg» (I, 457), LA CALOR (I, 31; II, 885; *AMDG*, 8), etc. [238].

235. Vid. Keniston, p. 356.
236. Esteban RODRÍGUEZ HERRERA: *Observaciones acerca del género de los nombres*, I, La Habana, Editorial Lex, 1947, pp. 32 y 33.
237. Los escritores primitivos sintieron notable inclinación hacia la forma primitiva; díjose *la puente* en tiempos bien pretéritos (E. Rodríguez Herrera, pp. 290 y 291).
238. J. Corominas (*Ob. cit.*, s.v. GOLPE) considera antiguas estas locuciones, en que interviene el vocablo *golpe*: «UN GRAN GOLPE de caballos a pelo beben en el abrevadero» (*Hermann encadenado*, 78), «se descolgaba en clase UN FUEN GOLPE DE mu-

Son más bien ocasionales en Ayala las locuciones siguientes:

«Un famoso ceramista español mostró A UN SU AMIGO escritor, un ánfora» (III, 327), «tengo aún muy presente... el ejemplar caso de una dama que... fue condenada al infierno, la cual se apareció A UNA SU AMIGA» (I, 233 y 234), «según se deduce de AQUELLAS SUS PALABRAS primeras» (III, 218), «entonces fue cuando este pueblo, y OTROS PUEBLOS SUS HERMANOS, tentándose las costillas, exclamaron» (II, 1114).

Hay en Ayala variados nexos y regímenes preposicionales, conjuntivos y adverbiales, que contribuyen también a dar un tono peculiar a su prosa, en unión con los otros rasgos analizados:

«Le toca, en rigor, esta cabecera a Gómez de Baquero, no ya por prerrogativa de la edad y más dilatado ejercicio de la péñola, PERO QUE asimismo por la jerarquía intrínseca que se le reconoce» (IV, 976), «el párroco había tenido el acierto de encontrar una fámula, no solamente de edad canónica, PERO QUE bíblica también» (I, 1041) [239], «contribuir con su dinero a que recompensasen los largos SI QUE hipotéticos servicios al país de un hombre inútil y negado» (III, 732), «SEGÚN QUE va dicho anteriormente» (I, 1189) [240], «y me daba libros A QUE se los leyese» (IV, 85), «y dejaba caer el vientre entre las piernas, A QUE se reposase sobre el diván» (IV, 110) [241], «y don Pablo, el humilde, ASÍ QUE la realidad no se amolda escrupulosamente a su voluntad, vuelve la espalda con desdén y se esconde en su olimpo o buhardilla» (III, 82 y 83) [242], «de DÓ venimos y hacia dónde vamos» (II, 283), «sólo castiga, DO pecó, y le inflige» (II, 308), «¿ADÓ y de dónde vengo?» (II, 276) [243].

El uso del verbo *ser* por el auxiliar *haber* es también un rasgo arcaizante [244]:

chachos» (II, 859), «andaban por allí BUEN GOLPE DE niños y niñas» (III, 1146), «UN GOLPE DE centurias» (*Hermann encadenado*, 13), «Horacio describe el ostentoso y mentido cazador, con su gran jauría de perros y GOLPE DE monteros» (II, 444), etc.

239. Nexo conjuntivo analizado por Keniston en la prosa del siglo XVI (vid. pp. 629 y 630).
240. Vid. Keniston, p. 357.
241. *Keniston*, p. 388.
242. Keniston, p. 358.
243. Según Zamora Vicente, la forma *dó* (interrogativa) llegó en su vigencia hasta el período clásico castellano, sobreentendiendo el verbo *estar* (*Ob. cit.*, p. 210). Su uso disminuye en la prosa del siglo XVI (vid. Keniston, p. 155). *Adó* es de más frecuente uso que las otras formas basadas en *dó* (Keniston, p. 155; para *do*, vid. Keniston, p. 200).
244. Lope de Vega escribe: «eran dos años pasados», y «¿no eres ido?» (vid. el *Vocabulario* citado, III, s.v. SER).

«Y después de este rey subió al trono el hijo de doña Juana, que ERA NACIDO y criado en tierra forastera» (III, 72), «creíamos que ERA MUERTO» (IV, 636), «no ERES aún ESCARMENTADO y avisado» (IV, 636).

Lo mismo se puede decir del uso de *ser* por *estar*[245]:

«Por una cara linda piérdese un hombre, como yo SOY PERDIDO» (IV, 633), «pero sostenían con fuego y juramento que Engracia ESTABA INOCENTE» (IV, 627 y 628).

No es esto, ni mucho menos, normal en Pérez de Ayala, ni siquiera a través de los personajes.

En la prosa ayalina, el régimen preposicional de algunos verbos sigue el uso de los siglos XVI y XVII, hoy ya raro:

«La moral plebeya —prosigue Nietzsche— ASPIRA DE SER justificación y consagración de la falta de vitalidad» (IV, 1130)[246], «y estuvieron DETERMINADOS DE hacer buen uso de ella» (I, 1165)[247], «ella ESTABA DETERMINADA EN hablar al pintor» (I, 277)[248], «no SE DETERMINABA EN jugar» (II, 845),

245. Cervantes escribe: «porque según *soy* de dolorida, no acertaré a responder...» (*Vocabulario*, p. 950). Vid. sobre estas cuestiones G. CIROT: «*Ser* et *estar* avec un participe passé», en *Mélanges de Phil. offerts à F. Brunot*, Paris, 1904; y J. BOUZET: «Orígenes del empleo de *estar*», en *EMP*, IV, 37-59.
    Otro rasgo arzaizante en Pérez de Ayala es el uso reflexivo en formas verbales que hoy generalmente no lo tienen: «El ave vuela y SE HUYE» (II, 1064), «SE REPOSARON un momento» (IV, 302), «o sea que, lejos de salir de usté mismo, SE PADECIÓ, se sumió, con los ojos cerrados, en lo más profundo y vivo de usté mismo» (IV, 729). En este último caso hay más bien un empleo etimológico de *padecer*, pedido por el contexto. El uso popular refrenda estos reflexivos: ¿Qué NOS HACEMOS, Alberto?» (I, 313), «¿TE GOZASTE mucho este verano? —Hombre, la verdad: yo no ME GOZO nunca mucho» (*AMDG*, 26), «a ver, ¿es que no NOS HEMOS DESAYUNADO aún, don Teófilo?» (I, 485).
    Sin embargo, como réplica a estos usos aparece también el fenómeno inverso, posiblemente por influjo asturiano: «El señor QUEDA a hacer posada en el mesón durante la noche» (III, 254), «y, de industria con una mala amiga, había querido forzarla, trance de donde por milagro LIBRÓ» (III, 229), «su último hijo, Odón, CASÓ con Adelaida, heredera del marqués de Turín, y AFINCÓ en esta ciudad» (*Hermann encadenado*, 35), «Tigre Juan SOSEGÓ por aquella parte» (IV, 640), «en el pasillo CRUZARON con uno de los criados» (IV, 373), «una delirante vehemencia SEÑOREABA de mí» (I, 856), etc.
    246. El uso de esta forma verbal con *de* y un infinitivo, propio de los siglos XVI y XVII, es hoy rarísimo, según Cuervo (vid. *Diccionario...*, I, p. 727).
    247. Este régimen era frecuente también en los siglos XVI y XVII, según Cuervo (*Diccionario...*, II, p. 1201).
    248. El uso de esta forma verbal con *en* y un infinitivo es lo normal en Pérez de Ayala. Esta construcción sirve para expresar aquello en que se asienta y arraiga la voluntad; es poco usada hoy (Cuervo, II, p. 1200).

«todavía no se ha determinado en adoptar la postura erecta» (III, 164), «estaba determinado en saberlo todo» (IV, 330), «declaró a su hermana y amigo que ESTABA RESUELTO EN huir de casa» (II, 693), «y toda vez que antes de resolverme en ello he debido justificarme conmigo mismo» (IV, 960), etc.

El futuro se usa muy poco en algunas comarcas de Asturias [249], y se sustituye por una perífrasis. Así sucede con el esquema VENIR+EN+INFINITIVO en Pérez de Ayala:

«Si seguimos un procedimiento inverso... VENDREMOS EN deducir que...» (IV, 841), «la norma SE VIENE EN averiguar después que se ha realizado la obra» (II, 675), etc.

Otros regímenes con EN:

«Como no se ponga en salvo cuanto antes, se expone a que lo maten» (II, 1022), «ahora está en moda denigrar con literatura fácil» (III, 1004).

Pérez de Ayala siente también preferencia por la preposición DE en los regímenes verbales:

«Si APETECE DE pacerla» (I, 1068), «obras MOVIDAS DE los impulsos más plebeyos» (III, 109), «no me dejo DOMINAR DE estos sentimientos» (IV, 472), «MOVIDOS DE la simpatía» (IV, 456), «VENCIDAS YA DE la edad» (IV, 551), «OBLIGADOS DE la dura necesidad» (II, 425), etc.

El uso preferente de las preposiciones DE y EN se observa también en las siguientes locuciones:

«Era de parecer que, al igual de las mujeres, los libros de estilo más sencillo... son los más atractivos» (IV, 1250), «pero sus íntimos entronques, al igual del pueblo hebreo, extiéndense por el mundo todo» (I, 1083), «alguno, como Suárez de Figueroa, al igual de Cervantes, vino a padecerlas con excomunión inclusive» (IV, 969), «de esta vez, Alberto había subyugado a la familia» (I, 441), «de otra parte, los rasgos de su rostro mostraban reminiscencias zoológicas» (I, 311), «la vieja, en fuerza de discurrir, halló cabal explicación» (II, 975), «su irracional pavura se había disipado, y en su vez le estrujaba los sesos una obsesión no menos irracional» (I, 522), «de manera que, en veces, es ironía más bien que sátira» (IV, 967), «es una poesía hija de la niebla, y también, en veces, del mar verde oscuro» (II, 509), etc.

La preposición POR se distingue asimismo por su empleo en determinadas locuciones:

---

249. A. ZAMORA VICENTE: *Dialectología española*, p. 209.

«Bonifacio no tenía paraguas. Por manera que, en la estación de Frades, miraba de una parte a otra, sin atreverse a salir del tren» (I, 1040), «todos piensan y sienten y aun hablan por manera idéntica» (III, 642), «el mozo peregrino callóse por el pronto» (II, 883), «en lugar de lucir el yelmo de Mambrino por de fuera del cráneo, lo llevan dentro de la cabeza» (I, 1213) [250], «y que, por lo mejor, no interesa sino a unos pocos curiosos de las letras» (III, 374), «Paolo asentía por lo mudo» (IV, 402), «rompen a hablar por largo» (III, 108), «destacó por oscuro sobre el cuadro de grisácea luz» (IV, 28), etc.

Otras locuciones de tono popular y coloquial son:

«Experimentando... un escalofrío nuevo, POR MOR DE la reconciliación y de la poca ropa de la novia» (III, 255), «que es adonde llegan las noticias A LO ÚLTIMO» (IV, 362), «por eso le he dicho A LO PRIMERO que ninguno de los cuatro estamos enterados de nada» (IV, 285).

Los giros preposicionales y sintácticos, con sus tintes populares, dialectales y arcaizantes, son elementos importantes para la expresividad de la prosa ayalina. Las citas realizadas pueden dar una idea aproximada de lo que dichos elementos representan en la obra de Pérez de Ayala. Sirvan como colofón de este apartado las siguientes palabras de Guillermo de Torre:

«Así como a propósito de Valle-Inclán yo he señalado su modernismo arcaizante (modernismo por la generación en que surgió enclavado), a Pérez de Ayala podría caracterizarle como a un arcaizante moderno. La prueba más inmediata de tal carácter está en la hechura y el sesgo de su prosa: en la perfección y casticismo de su estilo, siempre ligeramente arcaizante en punto a vocabulario y ciertos giros, pero ágil, donairoso, moderno en su fluidez discursiva. Feliz alianza advertible con más claridad que en la prosa razonante de sus ensayos en los diálogos de sus personajes novelescos. No es difícil escuchar en ellos, por momentos, dejos y resonancias de Cervantes. Tal es lo que le distingue de los impersonales remedadores —al modo de Ricardo León y su prosa de *cartón-piedra*» [251].

Este infrecuente equilibrio entre modernismo y tradición se advierte ya en sus frutos primigenios: en sus poesías. «Muy antiguo y moderno a la par. Vino nuevo en odres viejos... Si sus pies pisaban un humus clásico, su cabeza se oreaba en el aire del tiempo» [252]. Los escritos ayalinos no se caracterizan, pues, únicamente por su tono arcaizante. Como dice Francisco Agustín, «el que se le lea como a un clásico no autoriza a tacharle de arcaizante» [253].

---

250. *Por de fuera,* así como otras formas adverbiales tratadas aquí, se usaban en el siglo XVI (vid. Keniston, p. 574 y ss.).
251. «Un arcaizante moderno: Ramón Pérez de Ayala», en *Ob. cit.*, p. 167.
252. *Ibíd.*, pp. 167 y 168.
253. *Ramón Pérez de Ayala. Su vida y obras*, p. 336.

IV. LOS CULTISMOS

La fuerte formación en humanidades clásicas recibida por Pérez de Ayala en sus más tiernos años lo marcó para toda su vida, y esto tenía que manifestarse abiertamente en todos sus escritos [254]. La carga cultural grecolatina que existe desde su primer a último escrito es tan evidente que en muchas ocasiones produce agobio y dificultad para quien no posea una a veces más que regular formación en dichas disciplinas. En lo más hondo del espíritu ayalino está el clasicismo, el hombre humanista que se lanza a desentrañar el mundo y la vida a través del lenguaje, a crear y recrear el mundo mediante el lenguaje, con añoranzas pictóricas y musicales. Esto explica que unas veces se le considere arcaizante, otras clasicista, otras demasiado intelectual en su obra literaria, y menos veces un escritor enormemente expresivo y popular. Pérez de Ayala es todo eso en conjunción prodigiosa, conjunción vigilada y puesta en marcha desde una perspectiva humanística. Se le pueden aplicar las palabras que él mismo dedica a Turguenef:

«Gozó sin duda Turguenet en rara medida el don grecolatino de la armonía, de la claridad de composición, de la nitidez y el primor de forma» (IV, 1162).

El equilibrio espiritual es la nota característica del clasicismo. Las posturas extremas son siempre acaeceres históricos pasajeros, y el clasicismo es el cauce del río, la norma:

«Clásico es lo que perdura por debajo de los accidentes históricos, es la norma, es el cauce del río» (*Hermann encadenado*, 172).

En otra parte de *Hermann encadenado* vuelve Ayala sobre el equilibrio sintético que supone la postura clasicista:

«Rehuir el pesimismo y el romanticismo, no, sino superarlos, manteniéndolos siempre en su función subordinada, profunda y escondida de cimientos en donde se asienta el jovial y clásico edificio del espíritu».

«El optimismo descansa sobre el pesimismo, y de él se alimenta, como la flor del estiércol. El clasicismo se erige con los materiales del romanticis-

---

254. Andrés Amorós cita una serie de datos a este respecto y afirma: «Estos detalles —muchos más podríamos dar— creo que bastan para que concluyamos que Pérez de Ayala poseía una formación clásica realmente inusitada entre nuestros novelistas, que producirá, además, una visión del mundo profundamente clásica» (*La novela intelectual de Ramón Pérez de Ayala*, 10 y 11).

mo, pulimentados y dispuestos en un equilibrio permanente. Pesimismo y romanticismo son ciegos, tristes y confusos. Optimismo y clasicismo son normas ordenadas y aquietantes. Que nuestro designio apunte al hito de lo clásico. Inquietemos a los demás, por que después se aquieten, que sin la quietud primera no hay quietud que satisfaga y persevere» (pp. 255 y 257).

Lo clásico es el auténtico arte, una aristocracia artística que no admite mediocridades:

«Lo clásico es un concepto estético que no admite ser aplicado sino a verdaderas realidades artísticas» (III, 447).

De los ensayos ayalinos se podrían entresacar multitud de citas de este cariz. Bastará con lo expuesto para cimentar el análisis de los cultismos en la obra de Pérez de Ayala. La proliferación de cultismos en la misma se explica claramente si se tiene en cuenta la profunda cultura del escritor asturiano, sus grandes conocimientos del mundo grecolatino y sus respectivas lenguas. En el tomo II de las *Obras completas* pueden verse sus traducciones y glosas sobre los clásicos. Sería sumamente interesante hacer un estudio sobre Ayala como traductor de Plauto, Catulo, Virgilio, Horacio, Tibulo, Prudencio. Con mayor o menor profundidad, se le ha estudiado como novelista, poeta y ensayista, pero no como traductor. Es un aspecto interesante en su obra que está requiriendo un análisis serio. En *Más divagaciones literarias*, dedica Ayala todo un capítulo al análisis de las humanidades (IV, 1214 a 1236), y al comienzo de *Glosas sobre los clásicos,* discurre sobre la enseñanza académica de las humanidades clásicas (II, 391 a 394). Algunos de los personajes ayalinos participan plenamente de las vivencias clásicas de su creador, y en ellos recarga Ayala las tintas y da así salida y vida especial a un mundo de cuya marca nunca quiso liberarse. Basta recordar a personajes como don Cástulo, en *Los trabajos de Urbano y Simona* y su continuación, que además sirve de contrapunto a la nula formación cultural de Conchona. Y al clérigo don Robustiano, en *Artemisa,* cuyas palabras son siempre, aunque en tono jacarandoso, un tributo a la antigüedad clásica. Otro tanto sucede con Setiñano, catedrático de lengua y literatura griegas en la Universidad de Pilares, personaje de la novela corta *Pilares,* que, publicada en la revista *Por esos mundos,* no llegó a terminarse. No se olvide la novelita *Prometeo,* en que el autor da vida, a su manera, como siempre hace, a un mito clásico. Podrían espigarse muchos más casos interesantes, pero sirvan éstos tan comunes para la comprensión de lo que aquí importa.

El interés de Ayala por las disciplinas clásicas no tiene parangón con ningún otro escritor generacional. Así se explica la abundancia de cultismos en sus obras, algunos en verdad sorprendentes, y unido esto a la gran profusión de referencias clásicas de todo tipo que en sus escritos aparecen, se comprende por qué, aunque no es la única causa, puede parecer Ayala un autor de lectura difícil. También la frecuentación de la lengua y la literatura latinas por parte de Ortega y Gasset no sólo dejó en él un poso ideológico, sino que alcanzó a grandes zonas de su estilo y de su lengua con una intención estilística muy clara, sin olvidar el deseo, heredado del Modernismo, de ampliar el horizonte de la trivializada prosa española [255].

Realizada esta introducción ambientadora, ya se puede pasar a penetrar en el riquísimo léxico culto de Ayala, en esas voces cultas «que han entrado en un idioma en épocas diversas por exigencias de cultura (literatura, ciencia, filosofía, etcétera), procedentes de una lengua clásica, ordinariamente del latín. Tales voces mantienen su aspecto latino, sin haber sufrido las transformaciones normales en las voces populares» [256]. Bastantes de las formas vistas al analizar, al comienzo de este trabajo, las palabras compuestas, parasintéticas y derivadas, podrían incluirse en este apartado de los cultismos, pero no es necesaria su repetición.

Hablar del cultismo es penetrar en un terreno difícil por lo mal estudiado. Ya Menéndez Pidal, en su *Manual de Gramática Histórica Española* (pp. 14 y 15), se lamentaba de este olvido: «En el estudio histórico-cultural del idioma los cultismos tienen una importancia principalísima, siendo lamentable que su conocimiento esté hoy tan atrasado. La ciencia habrá de aplicarse cada vez más intensamente a investigar la fecha, causas de introducción y destinos ulteriores de cada uno de estos préstamos, para que la historia lingüística adquiera su pleno valor». Dámaso Alonso insiste en este tema al afirmar que aún no está hecha la historia del cultismo español desde la aparición de los primeros documentos romances hasta nuestros días [257]. Y en

255. R. SENABRE: *Lengua y estilo de Ortega y Gasset*, pp. 58 y 59.
256. F. LÁZARO CARRETER: *Diccionario de términos filológicos*, s.v. CULTISMO.
Algo parecido había dicho R. Menéndez Pidal en su *Manual de Gramática Histórica Española* (vid. la 13.ª ed., Madrid, Espasa Calpe, 1968, p. 9): «Las voces literarias de introducción más tardía en el idioma, tomadas de los libros cuando el latín clásico era ya lengua muerta, son las que llamaremos en adelante voces cultas, y conviene distinguirlas siempre en el estudio histórico, pues tienen un desarrollo distinto de las voces estrictamente populares».
Marouzeau, en su *Lexique de la terminologie linguistique* (s.v. MOT), añade alguna precisión: voz popular y voz culta no prejuzgan en nada la cualidad de una palabra a lo largo de su historia. Así, *raudo, artejo*, son voces populares, pero *rápido* o *artículo* son puro latín; sin embargo, *rápido* y *artículo* son hoy mucho más populares que *raudo* y *artejo* (esta cita de Marouzeau está tomada de Manuel ALVAR y Sebastián MARINER: «Latinismos», en *ELH*, II, Madrid, CSIC, 1967, n. 5). Para estos aspectos del cultismo, vid. asimismo J. J. DE BUSTOS TOVAR:*Contribución al estudio del cultismo léxico medieval*, Madrid, Anejo del B.R.A.E., XXVIII, 1974, pp. 20-24.
257. *La lengua poética de Góngora*, Anejo de la RFE, XX, Madrid, 1935, p. 43. D. Alonso explica así la marginación del cultismo por parte de los lingüistas: «Después de dividir las palabras en cultas y populares, la lingüística positivista ha fijado su atención sobre las segundas, estudiándolas con todo detenimiento y fijando con exactitud casi matemática las leyes de su evolución. Dentro de este criterio, las pala-

verdad que los vocablos cultos, lo mismo que los populares, son hechos idiomáticos y deben ser, por tanto, objeto de la lingüística. Para Dámaso Alonso deben ser, incluso, objeto preferente, porque tras un cultismo se abre un mundo de posibilidades para el explorador, mucho más que en las palabras no eruditas. Y, sin embargo, «se ha cultivado el estudio del hecho fonético (fatal) sin atender al de la actividad creadora del hombre en lucha por la conquista de la expresión»[258]. Américo Castro sienta las bases de la historia de los cultismos en el español[259] al dar una división cronológica con carácter provisional: 1) desde los orígenes hasta Alfonso el Sabio; 2) hasta fines del siglo XIV; 3) hasta comienzos del siglo XVI; 4) hasta la acción de la Academia en el siglo XVIII; 5) hasta hoy, Manuel Alvar y S. Mariner (*Art. cit.*, p. 48, nota) ponen reparos a esta división cronológica[260].

A pesar de estas pequeñas tentativas aisladas, faltan todavía hoy estudios serios sobre los cultismos[261]. Hasta hoy, la atención dispensada a los cultismos ha partido sobre todo del lado de los estudios estilísticos, literarios y aun históricos (de la lengua y de la literatura) más que de los fundamentalmente gramaticales y léxicos[262]. Incluso en una obra que hace época en la ciencia etimológica, como es el *DCELC* de Corominas, los cultismos no salen de su papel de telón de fondo[263]. Tampoco existe total claridad

bras cultas no podían interesar sino por lo que tenían de excepción a las leyes de la evolución fonética» (p. 43). Han sido muy pocos los que se han preocupado de los cultismos y menos aún los que se han preguntado seriamente si esas palabras cultas que no se podían definir más que de un modo negativo (como no sujetas a las leyes normales) no obedecerían ellas también a alguna ley de carácter positivo (p. 43).

258. *Ibíd.*, p. 44. Reconoce D. Alonso que los mismos filólogos positivistas han comprendido la necesidad de un nuevo planteamiento del problema del cultismo. Es indispensable a este respecto citar a W. MAYER-LÜBKE: «Métodos para determinar los cultismos», en su *Introducción a la lingüística románica*, Anejos de la RFE, Madrid (traducción de A. Castro, 2.ª ed.), 1926, pp. 67-71. A. Castro afirma (vid. la nota de Castro en p. 66) que las palabras eruditas deben formar poco menos de la mitad del caudal idiomático de los principales países de la Romania. Mayer-Lübke (p. 65) señala un 36 por ciento de cultismos en una página de *Argent*, de Zola, mientras que A. Castro (p. 66, nota) encuentra un 37 por ciento de cultismos latinos en otra página de *Los cuatro jinetes del Apocalipsis*, de Blasco Ibáñez.

259. Vid. A. CASTRO: «Caracteres de los cultismos», en *Glosarios latino-españoles de la Edad Media*, 1936, p. LXVI.

260. Puede compararse la división cronológica de Castro con la que establece R. Benítez Clares en su artículo «Sobre los períodos cultos», *Archivum*, X, pp. 398-404. Y con la que establece J. J. de Bustos Tovar, pp. 43-53.

261. Además de D. Alonso, Pidal y Mayer-Lübke, deploran esta falta M. Alvar y S. Mariner (p. 3), Benítez Claros («Problemas del cultismo», en *Estudios dedicados a Menéndez Pidal*, t. VII, vol. I, Madrid, 1957, pp. 17-25; sobre todo p. 17) y Rutilio MARTÍNEZ OTERO: «Cultismos», *Archivum*, IX, 1959, pp. 194 y 195.

262. M. Alvar y S. Mariner, p. 5.

263. *Ibíd.* Existen, no obstante, algunos trabajos que añaden nuevos cultismos al *Diccionario* de Corominas: Oreste MACRÍ: «Alcune aggiunte al dizionario di Corominas», *RFE*, XL, 1956, pp. 127-170. C. C. SMITH: «Los cultismos literarios del Renacimiento, breve adición al Diccionario crítico-etimológico de Corominas», *BHi.*, LXI, 1959, pp. 236-272.

sobre el nombre y concepto de cultismo. D. Alonso y R. Lapesa lo definen negativamente: no sujeto a las leyes normales. Mayer-Lübke y Pidal positivamente: palabras tomadas a la lengua escrita. Los autores han esquivado definir el cultismo por las dificultades que encierra esta definición [264]. Martínez Otero da al cultismo el nombre de préstamo: «Son préstamos los tecnicismos y los cultismos latinos que llenan nuestro diccionario» [265]. Es sabido, sigue Martínez Otero, que el castellano heredó su patrimonio principal del latín vulgar, no del literario, y de ahí que llame préstamos a los elementos tomados del latín literario [266]. No se debe olvidar que una lengua románica era tanto más digna de ser apreciada cuanto más pudiera parecerse al latín. Ello explica las pretensiones de escribir tratados que sirvieran tanto para el castellano como para el latín. Erasmo Buceta aportó importantes materiales a estas cuestiones en sus monografías, «La tendencia a identificar el español con el latín», *HMP*, I, pp. 85-108, y «De algunas composiciones hispano-latinas en el siglo XVII», *RFE*, XIX, 1932, pp. 388-414) [267]. Como es de suponer, no todos los cultismos son de origen latino, pero el paso a través del latín ha sido poco menos que obligatorio para la mayor parte de los cultismos tomados por el castellano hasta fecha relativamente reciente, y de modo muy particular para los procedentes del griego (algo análogo cabe decir de los hebraísmos) [268]. Sólo en la actualidad, y quizá con intención eufemística o discriminatoria, se observa la aclimatación cuasi directa de algunos cultismos, sin transformación a la latina [269]. Pérez de Ayala, como se verá, crea directamente del griego algunos cultismos.

264. Vid. para todo esto R. Martínez Otero, pp. 197-199. J. J. de Bustos Tovar afirma que se ha usado el término *latinismo* como sinónimo de *cultismo,* e intenta delimitar ambos conceptos (pp. 20-24).

265. *Art. cit.,* p. 190. Habla también sobre las denominaciones que se han dado al préstamo, y se apoya en Bally y Mayer-Lübke para reafirmar su concepto del cultismo como préstamo (pp. 190-193). Según J. J. de Bustos Tovar, parece oportuno aceptar esta noción de cultismo como préstamo, aunque con caracteres específicos que lo diferencian de otros extranjerismos (p. 29).

266. P. 191. Pero para J. J. de Bustos Tovar, ello significaría una limitación injustificada en cuanto descartaría las peculiares creaciones léxicas del latín medieval (vid. p. 22).

267. Vid. para estos asuntos M. Alvar y S. Mariner, pp. 5 y 6.

268. M. Alvar y S. Mariner, p. 9. M. Fernández Galiano trata también este tema en *La transcripción castellana de los nombres propios griegos,* Madrid, 1961. Años después vuelve a insistir sobre lo mismo: «La gran mayoría de los helenismos de nuestro idioma corresponde a un segundo estrato, el de los traídos a Hispania por los romanos que ya empleaban en la metrópoli estos vocablos tomados al griego en préstamos» (M. FERNÁNDEZ GALIANO: «Helenismos», en *ELH,* II, CSIC, Madrid, 1967, p. 51).

269. M. Alvar y S. Mariner, p. 10.

Si la definición de cultismo origina problemas[270], no menor dificultad suscita el intento de clasificar los cultismos. R. Martínez Otero (pp. 199-206) distingue el cultismo léxico, el fonético, el semántico, el morfológico, el sintáctico y el estilístico. «El léxico es el más numeroso y estudiado, pero no el único ni de por sí el más importante» (p. 200). R. Benítez Clares intenta asimismo, «siquiera sea provisionalmente», una distribución del material culto del español. A su parecer, la solución para la gran complejidad del asunto no puede ser, hoy por hoy, más que analítica. Y desde este punto de vista estructura así las condiciones que deben tenerse en cuenta a la hora de realizar la clasificación de los cultismos: 1) sintácticas; 2) morfológicas; 3) fonéticas; 4) semánticas; 5) cronológicas; 6) según el medio de incorporación[271]. Estos atisbos clasificatorios se quedan en puros deseos de planificación adecuada; en realidad, todo está por hacer en este terreno. De ahí la dificultad de tratar adecuada y exhaustivamente el problema del cultismo en un autor determinado. De todas formas, las notas que sobre los cultismos ayalinos van a seguir servirán de orientación y aproximación a un aspecto de su prosa, que requeriría mejor base para el logro de una mayor profundidad.

Los cultismos en Ayala son de una enorme variedad en lo que a su más o menos forzada formación y uso se refiere. FÁMULO (*AMDG*, 53 y 129; III, 228; IV, 136) no ofrece especial interés, pero sí ANCILA:

«En este punto, Bonifacio suplicaba reiteradamente que la ancila tuviera la edad canónica» (I, 1040), «la justicia era ancila de la política» (III, 728), «la supremacía de la ley civil, a la cual se dobla y sirve como ancila la fuerza armada» (*Hermann encadenado*, 26), «arte ANCILARIO» (I, 501).

Son también interesantes los siguientes casos:

«Los poetas modernistas son NOCTÁMBULOS» (I, 662)[272], «aun en aquellos Estados los más morosos de LEGIFERACIÓN y de mayor estabilidad política» (III, 921), «levántanse las tales muy tarde, cuando el día está por filo con el VESPERICIO» (I, 14), «Teófilo sintió... la REVIVISCENCIA del pasado» (I, 692), «la REVIVISCENCIA moderna del argonauta legendario» (II, 607), «acudió la Conchona con una luz, a cuyo reflujo Simona se cubrió de dardos y ESCINTILACIONES» (IV, 382), «la NÉBULA de humo que me envuelve se ha filtrado por mis narices y llegado hasta los sesos» (I, 335), «por Poniente

270. Según J. J. de Bustos Tovar (vid. p. 5), el concepto de cultismo está en relación con la especial valoración que en cada estado de lengua se da al hecho cultural. Nada menos estático que el concepto de cultismo, que representa, en suma, la conexión entre un estado de lengua y un estado de cultura. Sobre ambos —lengua y cultura— se proyecta la creación individual o colectiva, lo que se traduce en la entrada de neologismos cultos (p. 13).
271. «Clasificación de los cultismos», *Archivum*, IX, 1959, pp. 216-227.
272. Esta voz no aparece en el DRAE de 1914. Fue incorporada posteriormente. Ayala la utiliza en *Troteras y danzaderas*, es decir, antes de 1914.

se escalonan LÍGNEAS barras de oro y púrpura» (I, 1183), «alguna de ellas lanzaba estridentes aullidos al sentir los puñadicos de agua en las ABSCÓN-DITAS vergüenzas» (I, 158) [273], «el rincón más INSULADO y esquivo de la Península» (III, 1045), «Gloria, acercándose al GENUFLEXO mozo, deslizó su casta mano...» (II, 963).

En el lugar correspondiente de la derivación, se citó el vocablo TRAGE-DIANTE; Ayala utiliza también esta otra forma: «los tres TRAGEDAS griegos Esquilo, Sófocles y Eurípides» (III, 617). Existe en latín, tomada del griego, la forma *tragoedus, i.* Es muy posible que la -a final de la voz ayalina tenga que ver con lo que Rosenblat denomina '-a' antietimológica [274], que aparece, entre otros casos, en AEDAS Y RAPSODAS (II, 882), vocablos tratados por Rosenblat [275]. Los eruditos han ido creando, sobre base griega o latina, continuos cultismos, y a ello contribuye Pérez de Ayala:

«Aseguraba poseer aún SU PUCELAJE» (I, 1285), «llega una sazón de plenitud en que estas razas PREDATORIAS y semicivilizadas irrumpen sobre un rico territorio civilizado» (*ABC*, 14-VIII-1953), «elucubraciones de infantil MITOMANÍA» (*ABC*, 19-II-1954), «la obra de los cronistas, casi siempre anónimos, que creo que en Grecia los llamaron LOGÓGRAFOS» (*ABC*, 29-VIII-1952), «la última cristalización literaria del yoísmo senequista, hasta un punto PA-ROXÍNTICO (¡ay! no la última), fue Unamuno» (*ABC*, 23-VII-1953), «la Reina Victoria era asaz GRAFOMANÍACA» (*ABC*, 9-VIII-1953) [276], «las virtudes de la inteligencia son, como si dijéramos, PARTENOGÉSICAS; surgen por concepción inmaculada en algunos hombres» (*ABC*, 28-IX-1952), «verdad que en uno de sus libros Marinetti llega a imaginar que algún día el hombre concebirá a su hijo, sin cooperación de mujer, y lo parirá por la boca: una especie de PATERNOGÉNESIS» (II, 554), etc.

En el ejemplo que sigue, la analogía con formas como *patriarcado* u otras similares es bien patente: «Simona se encontraba más a gusto... en la teocracia de las Derelictas que bajo el HEPTARCADO de las solteronas» (IV, 519).

El influjo analógico se observa también en estos tres casos, entre otros muchos:

273. El verbo *abscender* es forma antigua hoy en desuso (vid. el DRAE y el diccionario de María Moliner), pero *abscóndito* es un cultismo que no ha ingresado oficialmente en el caudal léxico de la lengua española.
274. A. ROSENBLAT: «Cultismos masculinos son '-a' antietimológica», *FIL.*, V, 1959, pp. 35-46.
275. *Ibíd.*, pp. 36, 41 (sobre la posible influencia francesa), 42 y 43. Dice Rosenblat que el purismo ha reaccionado violentamente contra algunas de estas formas, y cita la crítica de R. J. Cuervo a propósito de *aeda, rapsoda, corega*: «En voces de esta especie, que no las usan sino los humanistas, no cabe tolerancia» (vid. para esto p. 43).
276. Frente a *grafómana*.

«¿Qué fueron los griegos: FILÓGINOS o misóginos; feministas o antifeministas?» (*ABC*, 30-VII-1952), «se dio en decir que la monarquía visigótica fue una teocracia. Mas si se tiene en cuenta que a la sazón la única depositaria de la cultura occidental era la Iglesia, sería más exacto calificar aquella monarquía como una SOFOCRACIA» (III, 1186), «el mejor contraste de esta íntima polémica de temperamentos, entre el español y el francés, contraste colosal de cal y canto, nos lo ofrece la contraposición de Versalles, sensualista creación de una ginecocracia, gobierno femenino, o PORNOCRACIA, como se la llamó en una época crítica a la Roma del papado, y El Escorial, fosilización austera de una ANDOCRACIA, o gobierno de varón» (*ABC*, 17-III-1954).

Hay ocasiones en que el escritor asturiano transcribe al castellano las voces latinas y griegas; la forma griega φόρμιγξ, φόρμιγγος se convierte en FORMINGE:

«Mi triste forminge su canto sonoro
entona, y mis versos ritman ruiseñores» (II, 48).

«El número de los que creen que no son necesarios el ombligo, el bazo y la lira (¡pobre formingo!) es infinito» (I, 1127).
He aquí otros casos:

«Tres son en Pilares las casas o PANDEMOS que han establecido el duro moneda como unidad métrica del deleite» (I, 14) [277], «supe más, es a saber, que las mayorías, el DEMOS, es despreciable» (I, 1125), «hembras pertenecientes al DEMOS» (I, 733), «cierto que el artículo sólo para V. era, y en este respecto, acaso al DEMOS de los lectores no interese» (*Cartas a Galdós*, 88).

Cuando Ayala hace referencia a la καλοκαγαθία griega, además de transcribir la voz con grafía latina, se detiene en su explicación:

«Esos valsecitos de circo que suscitan en los nervios no sé qué misterioso impulso y ansias de movimiento furioso, de saltar, de gritar, de lanzar objetos a lo alto, de correr sin punto final. Cuando los oigo, comprendo aquello que los griegos llamaban feamente KALOCAGATHIA, y es, si no me equivoco, un ideal de vida física perfecta» (I, 346 y 347).

Es un personaje, Alberto, quien habla, mejor, quien escribe, pues está contando por carta. Pérez de Ayala conoce el rico contenido del vocablo griego, y años más tarde, en *Las máscaras*, lo demuestra:

277. Obsérvese esta muestra del uso de un lenguaje refinado y culto para temas eróticos y lupanarios. Ayala explica el vocablo en una nota a pie de página: «πανςημος = templo popular de Afrodita».

«El supremo ideal de la virtud para los griegos se llamó KALOKAGATHIA, palabra que en castellano suena bastante mal, y que aunque intraducible, viene a querer decir la perfección del cuerpo, la máxima eficacia del hombre para sí propio, no para el prójimo. Era una moral física. En su preceptuario, la lascivia, por ejemplo, no se consideraba vicio; la cojera sí. Para los romanos, virtud, *virtus,* significaba valor, poder, facultad, fuerza, mérito; en suma, eficacia. *Virtus verbi,* dice Cicerón para expresar la fuerza de una frase» (III, 250).

Las disquisiciones de este tipo sobre formas griegas o latinas ya incorporadas culturalmente a la lengua son numerosas en los escritos ayalinos, sobre todo en los ensayos. Como este asunto no interesa aquí, sirva este ejemplo como muestra.

He aquí otras formas cultas:

«No parece sino que los griegos querían obtener por industria una especie de HOMUNCULUS, u hombre artificial» (I, 1147), «¿quién es aquel chimpancé de cría que está en aquel palco con la chimpancé matrona y el chimpancé PATERFAMILIAS?» (I, 640).

> «Son a la manera de ánforas,
> de cálices o de cantarillas,
> que ora el mortal NEPHENTES *guardan,*
> ora la inmortal ambrosía» (II, 195).

Ya se dijo que la formación de cultismos por parte de Ayala es en ocasiones forzada, muy poco común. Recuérdense voces, tratadas en la derivación, como RECIGRATORIAMENTE, ATEÍSMO, AEROSILADAMENTE y otras por el estilo. En una escena de *Troteras y danzaderas* un crítico habla de que se está en «tiempos de claudicaciones, transacciones y corruptelas vergonzosas», y tras un rápido intercambio de opiniones concluye: «estamos en la edad de las SICALIPSIS» (I, 753). En *Divagaciones literarias,* Ayala explica el significado de esta voz:

«¿Qué es la sicalipsis? Si respondemos que es algo nauseabundo, no decimos bastante, ni una gran exactitud. No falta quien confunde el erotismo con la sicalipsis. Grave error... La sicalipsis, así, *grosso modo,* es un sucedáneo de cierto romanticismo INDICTO, y consiste en imbuir dentro de normas pretendidamente artísticas un sistema cósmico GINECÉNTRICO. ¿Que la definición no es muy clara? Menos lo es el estilo de algunos sicalípticos, y con muy distinta razón, que es lo esencial.

La sicalipsis se caracteriza por una deleitación morosa en la inmoralidad, y sus adeptos acostumbran encubrirla con una supuesta *divinización del*

sexo. He dicho inmoralidad, en cuanto esta manera tiene su origen y corolario en una forma mórbida, antisocial, de las costumbres» (IV, 1035)[278].
Ayala no se detiene ni se asusta ante el uso de formaciones cultas:

«Y pues posamos en la Corte
de los EGROTOS[279] y los tibios,
rememoremos la doctrina
del venerado maestro Tirso» (II, 153).

«Altamira dice que somos *libio-iberos*, dolicocéfalos moderados, morenos, ORTOGNATAS y de cara ovalada» (I, 1085), «en Pilares, don Juan malgasta sus acidalias energías en empresas fregoniles y subrepticias escaramuzas de PORNEYÓN» (I, 828)[280], «en medio de los rigores HIERNALES, un amanecer don Pánfilo oyó cierta música» (I, 1293)[281], «los griegos fueron quienes llamaron al hombre —a cada hombre— pequeño universo: *un* CROCOSMOS» (I, 1148).

«En el azul de la luz INCREA
flota al viento la hermosa gaviota blanca» (II, 212).

En latín existen las formas *asinarius* y *asininus*; ésta dio lugar en castellano a *asinino*, pero Pérez de Ayala se sirve también de aquélla: «y Bertuco consideraba que el esfuerzo estigmatiza con caracteres ASINARIOS» (*AMDG*, 155)[282].

En la ya mencionada novela corta *Pilares*, Setiñano utiliza un lenguaje retórico, y en una ocasión habla así:

«¿Vas a consagrarte a la aleatoria, vulgarmente llamada juego de azar? Ciertamente, que no hay sino tres actividades del hombre: la ALEATORIA, la

278. *Sicalíptico* y *sicalipsis* son dos vocablos inventados en 1902 por un editor madrileño al hacer la propaganda de una de sus publicaciones. Rápidamente, sirviendo de transmisor el teatro, con las piezas del llamado «género chico», se difundieron las dos palabras, que tienen un significado medio entre la relativa inocencia de lo picaresco y la descarada desfachatez de lo pornográfico. «Del habla helénica no tienen *sicalíptico* y *sicalipsis* más que su semejanza con las formas *apocalíptico* y *apocalipsis*, en las cuales se inspiró probablemente su inventor al crearlas» (F. RUIZ MORCUENDE: «Sicalíptico y sicalipsis», *R.F.E.*, VI, 1919, p. 394).
279. En latín *aegrotus*, enfermo.
280. En griego, πορνεῖον, burdel. Recuérdese *pornografía* (y PORNOCRACIA, voz que, como se ha visto, aparece en Ayala), de πορνή, ῆς.
281. *Hiemal* e *hibernal* son cultismos aceptados por la lengua, pero no así *hiernal*, del latín *hiernalis*.
282. Recuérdese la obra *Asinaria*, de Plauto. *Asinarius* perdura en el latín tardío (vid. DU CANGE: *Glossariun mediae et infimae latinitatis*, t. I, Graz-Austria, 1954, p. 422, s.v. ASINARIUS; es voz conocida por Catón, Varrón y Suetonio; también por Tertuliano y Apuleyo, según el conocido *Diccionario latino-español* de A. Blánquez, t. I, Barcelona, Editorial Ramón Sopena, 1967, s.v.ASINARIUS).

GINECOFILIA y la ENOTECNIA. La ginecofilia, por si te interesa saberlo, vale tanto como amor de la hembra» (I, 911).

Unas líneas más arriba, el mismo Setiñano había dicho:

«Mi única aptitud heroica, Juan excelente, es para la enotecnia, que quiere decir la ciencia del buen beber» (I, 911).

No significa eso exactamente la enotecnia. El DRAE, en su decimonovena edición, define así el vocablo: «Arte de elaborar los vinos, y asesoramiento para la organización de su comercio». Por lo que se refiere a la aleatoria, el citado diccionario sólo menciona la voz adjetival *aleatorio,* con su femenino, pero no dice nada de la *aleatoria* como arte o ciencia del juego de azar. Ginecofilia es la forma más interesante y sorprendente. En griego existe el adjetivo γυναικοφίλης, que puede ser perfectamente la base del cultismo que aparece en Ayala.

El carácter lúdico que este retoricismo tiene en Pérez de Ayala se pone de manifiesto en este otro caso, también sacado de *Pilares:*

«—Evidentemente, está atravesando una violenta HIPERERISIS DIAFORÉTICA —aseguró don Pío.

—Mira, Pío, háblame en cristiano.

—Digo que, evidentemente, está sudando a mares» (I, 900).

Las palabras cultas y técnicas obligan muchas veces a los personajes a inquirir su significado:

«—Sospecho que se trata de un caso de GRANULIA —dijo.

—¿Qué es granulia? ¿Alguna erupción? —inquirió Travesedo.

—Tuberculosis virulenta, fulminante» (I, 800).

Esta sorpresa e interés que ciertas palabras desconocidas suscitan en los personajes, forman parte de la peculiar preocupación ayalina acerca del fenómeno lingüístico, que ya se ha comentado en repetidas ocasiones.

HIEROFANTES (II, 53) conduce al escritor a formar HIEROFÁNTIDA (II, 53):

«Eusebeya tiembla, tiembla y se estremece
al oír el canto de la hierofántida de Apolo, que es Pío».

El πέπλον griego pasa al latín, *peplum,* y de aquí al castellano, *peplo.* Ayala habla de PEPLÓN:

«Pasan las horas con su peplón volandero
al aire del minuto.
En sus manos has visto el claro acero,
la veste blanca o el peplón de luto» (II, 42).

El DRAE considera antiguo el adjetivo *primievo*. Ayala habla siempre de PRIMIEVO y PRIMIEVAL:

«Volverían a la nada primieva y letárgica» (III, 61), «y el cúmulo de sus experiencias personales no han inhumado en él al ibero primievo» (IV, 1202), «allá en la aurora primieval» (II, 260), «allá en la época primieval» (II, 429), «la inspiración poética, en su estado primieval y aun informe...» (II, 130), etc.

Es incomprensible en Pérez de Ayala el uso de RECIPENDIARIO y FORNACINO por *recipiendario* y *fornecino*:

«Rechazaban toda suerte de agasajos y cumplidos y vomitaban tan indecorosos y pestilentes insultos, que algunos de los recipendiarios, con la paciencia a punto de agotarse, querían escarmentar a las desmandadas vulpejas» (I, 209).

«Al pobre padre Francisco le acongoja semejante turba de ignorantes, libidinosos y glotones, descendientes fornacinos del santo de Asís» (II, 873).

Por lo que se refiere a *fornacino,* el DRAE habla de «costilla fornacina», es decir, costilla falsa, y tilda este sintagma de antiguo. Podría explicarse por este camino el uso que de *fornacino* hace Ayala, sin tener que pensar en *fornecino.*

En los ensayos ayalinos aparecen multitud de neologismos sobre formas griegas o latinas. Muchos de estos vocablos se han visto al hablar de las palabras compuestas y derivadas, por lo que no es necesaria su repetición en este apartado, al que también pertenecen. Pero sí es necesario hacer referencia a ellos para comprender una de las características principales del léxico de los ensayos ayalinos.

Pérez de Ayala escribió para el periódico *ABC* multitud de artículos en la última etapa de su vida. Esta colaboración fue asidua, hasta poco antes de su muerte, acaecida en 1962. Estos artículos poseen una riqueza léxica enorme, y suponen un enriquecimiento ejemplar del vocabulario de la lengua española, sin salirse unas veces de los moldes que la lengua posee para la construcción y formación de palabras, recurriendo otras a las lenguas latina y griega para adaptar muchas de sus formas, o para formar compuestos y derivados de ellas. Gran parte de los artículos citados tocan temas del mundo grecolatino, y siempre está presente en ellos el espíritu humanístico y clasicista de Pérez de Ayala. El cultismo es, pues, un elemento importantísimo en su léxico, y más interesante que el arcaísmo si se mira desde un punto de vista creativo, aunque cultismo y arcaísmo se complementan en la obra del escritor asturiano.

En los ensayos impera la creación léxica de tono culto.

He aquí un par de ejemplos más de estos cultismos (en este caso, más bien tecnicismos):

«El retruécano, juego de vocablos o ECOLALIA» (*ABC*, 23-VII-1953), «principio de la cuaresma (dieta herbívora e ICTIÓVORA)» (*ABC*, 7-VIII-1952).

Con lo expuesto hasta aquí, es suficiente para hacerse una idea del interés que las voces cultas despiertan en la obra de Pérez de Ayala. Podría añadirse a lo dicho una lista inacabable de ejemplos que, si en general no son tan sorprendentes como los anteriores, contribuyen grandemente a otorgar calidad de obra culta a la producción ayalina:

SAPIENTE (I, 450), NESCIENTE (II, 1097), SENESCENTE (II, 240), APOTICARIO (III, 635; I, 567), CEROFERARIO (II, 876), IGNOTO (I, 26 y 108), ÍGNEO (II, 1038; I, 69; etc.) [283], «maniobras CÉLERES» (*Hermann encadenado*, 170), «el corto y OPEROSO trecho» (IV, 1084), IGNARO (I, 350), etc.

Aún habría que mencionar cierto tipo de formas ya tratadas someramente en otro lugar y que, aunque por sí no ofrecen especial interés, su uso en nada escaso hace que contribuyan también a la apreciación culta de la obra ayalina:

SALUTÍFERO (I, 283), MUNÍFERO (I, 209), MINÍFICO (I, 1030), MEFÍTICO (I, 288), SIDÉREO I, 208), PLÚMBEO (I, 446), «sus ojos estaban anublados aún por el éxtasis PIMPLEO» (I, 749), «la bruma ARGÉNTEA de la madrugada» (*AMDG*, 184), «salió del gabinete CESÁREO como un César de verdad» (I, 497), «en la VÍTREA penumbra nocharniega» (I, 83), etc.

En poesía las voces cultas se intensifican, pero suele tratarse de vocablos típicos de este género literario. Muchas de ellas, las más interesantes, ya se vieron líneas arriba junto con las que aparecen en la prosa. Palabras comunes en poesía son, por ejemplo:

---

283. Este vocablo es enormemente abundante, sobre todo en la primera época. Pero aún mucho más abundante, y en todas las épocas, es el uso, o abuso, de la forma COPIA (I, 699; II, 1009; IV, 1156) y COPIOSO (I, 821; II, 215; IV, 772) para designar la abundancia.

«Campana anciana y LEDA» (II, 315), NAO, NAUTAS (II, 201), «¡oh!, qué LETICIA la de poseer» (II, 232), «fuerza IGNOTA» (II, 173), «ARGENTO, esmeralda, zafir» (II, 258), etc.

También en prosa hay múltiples formas que, según el Diccionario académico, normalmente no se usan sino en poesía:

«La palabra ALBA de las barbas» (I, 1037), «se oía restallar los golpes de mar contra la PRORA obstinada del buque» (II, 1034 y 1035), «la belleza es la VESTE del desnudo» (I, 827), «vestidura de verdades que desnudas cegarían la FLÉBIL razón de las muchedumbres» (*AMDG,* 84), «supongo que me hará usted la merced de creer que la pecunia del indiano no es señuelo que me haga incurrir en CONNUBIO» (I, 250 y 251) [284], «desde aquel momento se cernió sobre el occipucio del hombre de los ojos gordos terrible PROCELA» (I, 80), etc.

Todas estas notas, sin pretensión de exhaustividad, dan una idea de la multitud y variedad cualitativa de los cultismos en Pérez de Ayala. No todas las formas ofrecen el mismo interés y sorpresa, pero en conjunto ayudan al lector para una mejor comprensión de la vasta y profunda cultura de Ayala, que a veces le conduce a la pedantería, como en el uso frecuentísimo de PROPIO por *mismo* en sintagmas del tipo:

«La vida no es racional sino en la conciencia DE SÍ PROPIA» (IV, 1253), «es una farsa, quizá de buena fe, con que uno se engaña A SÍ PROPIO» (III, 512), «centran su orgullo EN SÍ PROPIO» (IV, 1185), «al espectador en la guerra le sucede LO PROPIO que a los gallegos» (*Hermann encadenado,* 227), «han expresado LA PROPIA sorpresa» (*Idem,* 161), «su vida no le pertenece DE PROPIO» (III, 697), etc.

En ocasiones, para evitar la repetición, se usan *propio* y *mismo*:

«Pero no es bastante que el hombre superior sufra EN SÍ MISMO y sienta repugnancia DE SÍ PROPIO» (IV, 1117), «en el seno de la gruta se nos revela esa lucha latente y titánica del universo por esclarecerse A SÍ PROPIO, por humanizarse, por darse cuenta DE SÍ MISMO» (III, 331).

Si se tiene en cuenta el uso abundante de *propio* en expresiones como las expuestas, parece innecesaria la explicación por parte del autor:

---

284. El humor y el juego, aliados con la sorpresa que ciertas palabras que superan el nivel medio producen en personajes de escasa formación, contribuyen también en determinadas ocasiones a favorecer la aparición del cultismo.

«Ahora bien: abolir el universo real circunstancialmente en tanto uno se absorbe en la ficción de la vida interior, con que agitarse y colmarse A SÍ PROPIO, ES DECIR, A SÍ MISMO, esto no es sino ensimismarse» (IV, 863).

En verdad, la última forma verbal impulsa el uso de *mismo*. No es, pues, gratuita la explicación.

Ha sido observado por diversos críticos el uso por parte de Ayala de un lenguaje refinado, e incluso religioso, para referirse a temas eróticos [285]. Esto se pone de manifiesto con más fuerza en *Tinieblas en las cumbres*, novela de tema lupanario. En ella las formas cultas del tipo VULPEJA (I, 108 y 109), «mas todas ellas son escasa carne de FORNICIO» (I, 14), FALO (I, 14), NÚBIL (I, 108), MONDARIA (I, 173), HETAIRA (I, 109), PROXENETA (I, 15), etc. son abundantísimas y contribuyen, juntamente con el humor, a proporcionar gran fuerza al tema sin caer en excesivas groserías formales. Este aspecto particular del léxico y expresión ayalinos no se da exclusivamente en esta su primera novela extensa, aunque en ella se intensifica.

Temas, motivos, nombres del mundo grecolatino se *hallan* a cada paso en todos los escritos de Ayala. Pero cuando se lanza a imitar el estilo clasicista, normalmente recurre a la parodia humorística, al juego del retoricismo. En *El otro padre Francisco* aparecen intensificados estos elementos. Hay gran profusión de adjetivos y de referencias clásicas. El léxico es rico, variado, y las frases rayan a menudo en la altisonancia, que la ironía limita y matiza en ocasiones. En una parte de *Hermann encadenado* (pp. 240 y 241), utiliza Ayala una prosa de esta índole para expresar la gloria y braveza italianas. Ya se habló con anterioridad de don Robustiano y de don Cástulo. He aquí cómo caracteriza Ayala a estos personajes por su lenguaje:

«—Exquisito, don Jovino, exquisito. ¡Si Homero hubiera conocido este bálsamo!... ¡Si Horacio lo hubiera conocido! Gloria; digo, Diana; digo, Artemisa, diosa virgen y sin tacha, te ofrezco un cáliz de néctar.

---

285. En los amores de Fernando y Rosina, Ayala utiliza un lenguaje que en ocasiones recuerda al de los escritores místicos españoles. Eugenio G. de Nora ataca los excesos descriptivos en la exposición de dichos amores (vid. *La novela española contemporánea,* I, Madrid, Gredos, 1958, p. 476). Pérez Minik (*Ob. cit.,* p. 167) dice que Ayala adoptó con respecto a la novela erótica un punto de vista similar al de Cervantes con relación a los libros de caballerías. Baquero Goyanes («Dualidades y contrastes en Ramón Pérez de Ayala», p. 562) ve el asunto desde el perspectivismo y contraste que es, según él, en lo más profundo toda la obra de Ayala: «Una novela extensa como *Tinieblas en las cumbres* resulta toda ella un puro contraste, logrado, en primer lugar, por el deliberado empleo de un lenguaje refinado y hasta clasicizante, al servicio de un tema lupanario». Habla también Baquero Goyanes del gusto de Ayala por las versiones «a lo humano» de determinados motivos espirituales, sobre todo ascético-místicos (p. 565).

—Gracias, don Robustiano; digo, don Silvano. ¿Era este el nombre? No practico esas bebidas. Y no me ponga usted más motes.

—Eres Artemisa, hermana de Apolo, nacida el seis del mes de Buysios, un día antes que tu luminoso hermano. A tus flechas se atribuyen las muertes súbitas. ¿Cuántos jabalíes cerdosos recibirán muerte desastrosa de tus manos, diestras en el manejo del arco y en el gobierno de la flecha, que parte veloz y cantante como grito de golondrina? Tú participas del poder adivinatorio de tu hermano. Uno de tus santuarios está construido en un cedro odorífero. ¡Salve, Artemisa, diosa virgen y sin tacha!

—¡Bravo, curilla! —jaleó don Jovino» (II, 930 y 931).

El lenguaje de don Cástulo resulta grotesco, dadas las circunstancias: es difícil imaginar a alguien que hable así para pedir la mano de su prometida:

«Dirigiéndose a la abuela y a los padres de Conchona, dijo en tono declamatorio:

—Venerable anciana, bienquista de los dioses, quienes te han gratificado con la dicha de conservarte en la posesión del amable cuerpo mortal hasta la plenitud de tus días y verte florecer y reflorecer por tres veces en tres generaciones rubicundas y joviales; laborioso padre y madre virtuosa, una vez, otra vez, y otra vez todavía, felices, puesto que habéis engendrado la doncella más hermosa y mejor adornada de dones cordiales y de ingenio, delicia de vuestros ojos y de todo el que la mira. ¿Qué hombre hay digno de apropiarse este tesoro, abrazándose con él en los suaves delirios del sacrosanto Himeneo? Ninguno. Sin embargo, su misericordia y generosidad, que no mis méritos, me han disputado a mí, el más cuitado, para que la conduzca al ara de las nupcias como legítimo esposo y señor, lo cual no haré si antes no me otorgáis el beneplácito indispensable como procreantes que sois» (IV, 438).

Este estilo frondoso y altisonante sólo consigue que la abuela y los padres de Conchona no entiendan una palabra, y la novia tiene que aclarar la situación:

«—Quier decise, hablando en cristiano, que el señorín cásase conmigo» (IV, 439).

He aquí ejemplificada una vez más la idea de dualidades y contrastes comentada repetidas veces, que aparece también en *Prometeo*, aunque esta novelita interesa ahora para hacer mención de cómo se refleja en ella el estilo clasicista. Andrés Amorós analiza someramente este aspecto en *Prometeo*: el estilo clasicista se refleja ante todo por los epítetos caracterizadores (Homero es el «de los ojos sin luz»; Nausikaa, la «de los blancos brazos», etc.), y también por el empleo de la frase larga, subdividida en porciones simétricas, y por el uso abundante de adjetivos. Asimismo, sigue Amorós, imita Ayala las invocaciones clásicas, añadiéndoles una tonalidad irónica o degradante: «¡Canta, oh diosa cominera de estos días plebeyos, diosa de la curiosidad impertinente y del tedio fisgón...» (II, 594) [286]. Odysseus, el protagonista, es profesor de lengua y literatura griegas en la Universidad literaria de Pilares. «Este moderno Odysseus figuraba en el escalafón con el nombre de Marco de Setiñano» (II, 602) [287]. No es de extrañar, dice Ayala, que, dada su profesión, hable el protagonista empleando locuciones homéricas; justifica así humorísticamente el autor el empleo de «un estilo alegórico, épico y desaforado» para relatar tan «verídica historia» (II, 601).

Pero no sólo en *Prometeo* recurre Ayala con humor a estos rasgos estilísticos. La imitación de las invocaciones clásicas se repite paródicamente en múltiples casos:

«¡Oh, diosa que inspiraste la cólera de Aquiles, diosa absorbente e inoportuna! ¿Por qué me has arrebatado hacia tus épicos dominios e insuflado en mis pulmones extravagante y grandilocuente aliento? Porque ello es que pretendo tan sólo narrar un cuentecico terruñero que, de boca en boca, anda por los corrillos de mi país» (I, 1052).

El contraste se observa claramente, y aún con mayor intensidad, forzado por la parodia, en este otro caso:

«¡Oh ilustres botas, condenadas al polvo y al lodo, como Cierva, pero mucho más elocuentes y dúctiles que el tal!; ¡quién me diera aquella pluma alegre y bien afilada con que Swift escribió el elogio de la escoba, para poder cantar vuestras excelencias!» (I, 1274).

He aquí otros ejemplos, no pertenecientes a *Prometeo*, del empleo de la frase larga, subdividida en porciones simétricas:

«Novato en los recovecos y sinuosidades de la corte madrileña, después de no pocos y peregrinos alojamientos en hoteles, fondas, casas de viajeros, casa de huéspedes y otros asilos de la misma calaña, que no bien en ellos

---

286. Para todo esto, vid., con los ejemplos apropiados, A. AMORÓS: *La novela intelectual de Ramón Pérez de Ayala,* pp. 251-253.
287. Nótese cómo el protagonista de *Prometeo* ya había surgido en la imaginación de Ayala con anterioridad a dicha obra. El Setiñano del que páginas atrás se ha hablado es un personaje de la obrita incompleta *Pilares,* personaje que regentaba la cátedra de lengua y literatura griegas en la Universidad de dicha ciudad, hombre «de noble progenio toscana», cuyo nombre completo es Matel Setiñano, «en su origen Setignano» (I, 904). Resulta simplicísimo observar la analogía entre ambos personajes. El primer esbozo, pues, de la personalidad de Odysseus lo perfiló Ayala en *Pilares,* y años más tarde volvió sobre él para darle mayor vida.

había aposentado me apresuraba a mudar, cuándo por caros, cuándo por feos, cuándo por sórdidos, llegué de recalada a casa de doña Trina, excelente señora alcarreña, de muchas libras, corazón meloso y no mal abastecida despensa» (II, 675).

«Recuerda el poeta la dulce y profunda Alemania clásica, serena musa rubia, ecuánime, sabia, seria Mnemosine; de vida recia y, aunque sin gracias atenienses, voluntariosa de sembrar en Berlín las simientes de Academos, convertida al proviso en pira belona. ¿Qué móvil sublime arrastra al nuevo Sacro Romano Imperio? El imperialismo materialista» (II, 545).

He aquí un texto de *Tinieblas en las cumbres* en que aparecen reunidos todos los rasgos clasicistas analizados: referencias clásicas, epítetos caracterizadores, frases largas con porciones simétricas, abundancia de adjetivos e invocaciones clásicas:

«¿Cómo no añorar aquellas doradas edades helénicas en que Pericles y Sócrates formaban el espíritu de Aspasia, Alcifrón adoctrinaba a Tais y Platón a Leontion? ¿Cómo no nombrar el espíritu discreto y heroico de Laena, muerta por no traicionar a su amante —fuera éste Hippras, Aristogitón o Harmodius, que en este punto no están conformes los autores? Divinos atenienses: vosotros, en la cumbre luminosa de la Acrópolis, al pie de la áurea Palas Atenea de Fidias, consagrasteis una leona simbólica, a la cual faltaba la lengua, en recuerdo del mutismo de esta hetaira, que antes de violar un secreto se cercenó la lengua con los dientes. Nosotros, si queremos consagrar alguna estatua emblemática a nuestras cortesanas, ¿cuál ha de ser sino una vulpeja heráldica con doce lenguas y veinticuatro ubres? ¡Lejanos tiempos de amor y belleza!» (I, 108 y 109).

Como resumen de todo lo expuesto acerca del cultismo en Pérez de Ayala, cabe decir que las voces cultas en el escritor asturiano son numerosísimas, topa el lector con ellas a cada paso, y bastantes de ellas resultan sorprendentes y audaces. En cuanto a la intensidad de uso en unas u otras épocas, en uno u otro género, hay mayor frecuencia de cultismos literarios en las obras de la llamada primera época, y recurrencia e intensificación del vocablo culto literario en el género poético. Los neologismos cultos, la creación de formas cultas, en cambio, es más frecuente en el ensayo, sobre todo en la última época. Por lo que se refiere a la imitación del estilo clasicista por parte de Ayala, no hay que olvidar lo que de humor, ironía, parodia y a veces degradación hay en tal intención imitativa. Además, sirve para caracterizar a algunos personajes, con lo que el cultismo en esos casos habría que insertarlo dentro del problema lingüístico que tanto sugestiona a Ayala, y que culmina en *Belarmino y Apolonio*. Por último, el espíritu clasicista perdura siempre en Ayala, incluso se intensifica en la etapa final de su vida, en la que, como colaborador del periódico *ABC*, toca multitud de temas clásicos, de autores y obras del mundo grecolatino.

Los tecnicismos

Pérez de Ayala participa del carácter de cientificismo común al grupo novecentista[288], y su lengua se ve enriquecida con la inclusión de tecnicismos. El tecnicismo es una «palabra que posee un sentido concreto y determinado dentro de la jerga propia de un oficio, arte, industria o ciencia»[289]. El progreso de las ciencias y las artes, la filosofía, la técnica profesional, las cuestiones políticas y sociales, modernamente exigen la ampliación de su nomenclatura, hasta tal punto, que cada disciplina busca su léxico generalmente fundado en palabras de factura clásica[290]. La base léxica grecolatina para la formación de los tecnicismos hace pensar en ellos como en una clase determinada de cultismos. Desde este punto de vista, algunas formaciones ayalinas, si se las considera como tecnicismos, presentan novedad:

«PODOTECOLOGÍA estética, o historia del calzado artístico» (IV, 114)[291], «yo digo que hay una NODOLOGÍA, o ciencia de las enfermedades, y una NODOTECNIA o arte de las enfermedades» (IV, 908), etc.[292].

Pero, en general, el escritor, todo escritor, al utilizar vocablos y expresiones de carácter técnico recurre a las diversas ciencias que los han formado. El desarrollo cada día más rápido de la ciencia y de las técnicas reclama la formación de palabras nuevas para expresar ideas nuevas. Para ello, las lenguas disponen de un léxico internacional formado a base de préstamos tomados del griego[293] que dichas lenguas acomodan en seguida a sus necesidades lingüísticas peculiares. Tradicionalmente, estos préstamos del griego se forman a partir de su transcripción en latín[294]. Pérez de Ayala recurre

---

288. Vid. R. SENABRE: *Lengua y estilo de Ortega y Gasset*, p. 82.
289. F. LÁZARO CARRETER: *Diccionario de términos filológicos*, s.v. TECNICISMO.
290. R. MARTÍNEZ OTERO: *Art. cit.*, p. 215. También R. Benítez Claros, en su trabajo ya citado, «Clasificación de los cultismos», p. 226, habla del tecnicismo científico.
291. Es el título de unas cuartillas manuscritas que para Belarmino escribió su amigo Valerio.
292. Se debería lógicamente hablar de *nosología*, voz incluida en el DRAE, y sobre ella construir *nosotecnia* para matizar la distinción.
293. Vid. a este respecto el trabajo de J. M. RAMOS YEVES: *Elementos griegos y latinos que entran en la composición de numerosos tecnicismos españoles, franceses e ingleses*, Madrid, 1929. Vid. también Ramón TRUJILLO CARREÑO: «El lenguaje de la técnica», en *Doce ensayos sobre el lenguaje*, volumen ya citado, pp. 197-211.
294. Vid. para todo esto Claude TCHEKHOFF: «Les formations savantes grécolatines en français, anglais, italien, espagnol, allemand et russe. Norme et déviations récentes», *Linguistique*, 7, 1971, p. 35. A continuación Tchekhoff llama la atención sobre las desviaciones, hoy cada vez más numerosas, de la norma griego-latín-lengua moderna, «et ceci notamment à partir d'emprunts faits à l'anglais, dont la prépondérance économique dans le monde marque le vocabulaire scientifique international». Analiza después la norma greco-latina tradicional en cada una de las lenguas enun-

con frecuencia a este léxico científico, y un amplio repertorio de tecnicismos inunda su prosa. Si sus conocimientos de las lenguas griega y latina le inducen en alguna ocasión a crear sus propios tecnicismos, nada tiene de particular que eche mano de los vocablos técnicos pertenecientes a todo tipo de ciencias para aumentar en riqueza y variedad el caudal de su propio léxico. Al mismo tiempo, el tecnicismo en Ayala es un elemento más dentro de la expresividad de su lengua. La conjunción del arcaísmo, cultismo y tecnicismo en los escritos ayalinos choca en un primer momento al lector. Y es que Pérez de Ayala es, con palabras de Guillermo de Torre, «muy antiguo y muy moderno a la par. Vino nuevo en odres viejos... Si sus pies pisaban un humus clásico, su cabeza se oreaba en el aire del tiempo»[295].

Como en este aspecto el terreno no es tan apto para la creación lingüística personal, bastará con la enumeración de unos cuantos tecnicismos para justificar todo lo expuesto. Los tecnicismos más abundantes son los de tipo médico, aunque, por supuesto, no son los únicos. He aquí unos cuantos ejemplos de todo tipo:

ATARAXIA (II, 446), CATALEPSIA (II, 876), «el tabaco, junto con la AVARIOSIS y la cochinilla, son productos de la Edad Moderna, que Colón nos trajo de allende el Atlántico» (I, 1242), «la calabaza mostraba su redondez HIDRÓPICA» (II, 880), DISPÉPSICO (*AMDG*, 127), «temperamento APOPLÉTICO» (I, 392), PROPEDÉUTICA (I, 898), «los ojos encenagados en el pus de una OFTALMÍA purulenta» (I, 778), «yo creo que padece de AMENORREA» (I, 343), «qué exquisita la EURITMIA plástica» (I, 650), EGIPTOLOGÍA (II, 391), «la PHYLIA y la CALLIMA, por ejemplo, son dos mariposas tan parecidas a una hoja, que cuando se posan en un árbol y se adhieren a una hoja de él, no se las puede diferenciar» (I, 707), etc.

Préstamos de otras lenguas

Conviene distinguir entre préstamos adaptados a la fonética y grafía españolas, préstamos que conservan su forma foránea, e inserción de frases enteras en el idioma original. Los primeros son los más interesantes. Se trata generalmente de galicismos y anglicismos.

ciadas en el título de su trabajo, y trata también de determinar las principales desviaciones de esta norma. El artículo de Tchekhoff concluye así: «Il est temps que les organismes, internationaux et nationaux, prennent conscience du danger qui menace ce précieux instrument de communication. Que ce soit la remise en vigueur de la norme gréco-latine traditionelle, ou, si l'on pense que celle-ci a peu de chances de succès, la mise en place d'une nouvelle norme plus directement établie sur le grec, il est impératif de rétablir un consensus général, afin de sauvegarder le principe même d'un lexique international à la disposition des différentes communautés linguistiques» (p. 49).
295. «Un arcaizante moderno...», pp. 167 y 168.

En *Troteras y danzaderas* aparece varias veces la palabra COCOTA (I, 516 y 517) en boca de algún personaje. Ayala juega un poco con la idea que el personaje otorga a dicha voz:

«Quiere ser una cocota, como yo, y reinar en el mundo y sus arrabales, porque ella se figura que ser cocota y emperatriz es la misma cosa» (I, 769) [296].

Muchos galicismos han penetrado en español a través de la lengua escrita, como RESTORÁN (I, 482, 551, 616, 758; *ABC*, 17-VI-1956), con el plural RESTAURANES (*ABC*, 4-IV-1954), y MENÚ (I, 557), DEBUT (I, 622) y DEBUTAR (I, 622; III, 487) [297]. *Debut* puede aparecer también en su forma francesa: «como no sea el DÉBUT, que me tiene fuera de quicio» (I, 642). Otros galicismos:

«íbamos a hacer una TURNÉ por los pueblos de la provincia de Teruel» (I, 754), «pero ea, que tres meses de hacerle el RANDEBÚ, sin adelantar el grueso de una uña, ya va picando en historia» (II, 775), «se hizo un PALETOT de marcial pergenio con que encubrir la traza pingüe y curialesca de su persona» (III, 752) [298], «con el excedente o SURPLÚS de su irremediable sandez» (III, 545), «en general, el hombre, para divertirse, inventa SURPLUSES y superfluidades» (III, 605), etc.

296. He aquí lo que Franquelo y Romero dice a propósito de este préstamo: «Entre los varios significados de esta voz francesa, el más conocido en España es el de mujer mundana, rica y exagerada en el vestir; a las cuales mujeres los franceses las denominan pajaritas de papel, *cocottes*, de *coque*, cascarón; juguete, cosa bonita y de entretenimiento, vacía y sin sustancia. Nosotros solemos también llamar pájaras a esas infelices» (*Ob. cit.*, pp. 223 y 224).

297. Franquelo y Romero no ve inconveniente en aceptar el *restaurant* francés, a condición de que en español se diga *restaurán*, y su plural *restauranes* (p. 193). M. de Cavia, a diferencia de Franquelo y Romero, propone la forma RESTAURANTE, y concibe la forma *restorán* como absurda y repulsiva, con fonética de fregadero (*Ob. cit.*, pp. 230 y 208-212). *Restaurante* o *restorán* penetró hacia fines del siglo XIX (vid. J. COROMINAS: *Breve diccionario etimológico...*, S.V. RESTAURAR). La Academia ha fabricado artificialmente los *restaurantes* (vid. A. ROSENBLAT: *Buenas y malas palabras*, III, p. 307).

Según Rosenblat (III, p. 307), la forma *debut* es muy usada en España y América, y también sus derivados *debutante* y *debutar*, «este último hasta en Valle-Inclán y Pérez de Ayala». *Debut*, de todas formas, sigue Rosenblat, viene a llenar una necesidad expresiva: no es lo mismo el *estreno* de una pieza teatral que el *debut* de un actor o de una compañía. Para Baralt, la forma *debut* era delito inverosímil contra la lengua, como lo era también para Capmany, citado por Baralt (Rafael María BARALT: *Diccionario de galicismos*, Madrid-Caracas, 2.ª ed., 1890, p. 167). Tampoco gustaba de esta voz A. M. Segovia («neologismo y arcaísmo», p. 291); ni Mariano de Cavia (pp. 249 y 250).

298. Se trata de un galicismo antiguo. Corominas lo documenta en el siglo XV (S.V. PALETÓ). Aparece hasta en canciones infantiles y en el título de algún libro: *Cuando Fernando VII gastaba paletó*, de Enrique Chicote.

REMARCABLE (II, 1043 y 1044) aparece en *La revolución sentimental*, en que, como el mismo Ayala dice, la lengua hablada por los personajes «tiene tanto de español como de jerga galicana» (II, 1043). Dicha obrita en forma dramática está plagada de voces y giros galicistas forzados y deliberadamente buscados para la caracterización adecuada. No interesa, pues, hacer ahora un recuento de esos vocablos y usos galicistas. Basta con la indicación apuntada [299].

Galicismos ya incorporados a la lengua española, aunque la fecha de introducción sea muy distinta para cada uno de ellos, son:

COMPLOT (I, 1192), CLAQUE (III, 451) [300], «mi esposa, MADAMA Ramona, es aristócrata» (I, 341) [301], CHAPEO (II, 853) [302], etc.

Los anglicismos en Pérez de Ayala ofrecen también casos de interés. No se olvide que, con palabras de Rosenblat, vivimos bajo la égida del inglés, que está desplazando la vieja influencia francesa, antes dominante: a la época del *cabaret* o la *boîte*, el *coñac*, el *champán* (o la *champaña*), el *restorán*, el *frac*, el *paltó*, el *control* y la *toilette* ha sucedido la del *dancing* o el *night club*, el *cock-tail*, el *brandy*, el *whisky*, el *lunch*, el *carro* y el *chequeo*. La influencia no se limita a la industria, la técnica y los negocios, sino que se extiende a todos los órdenes de la vida, y en primer lugar, al deporte [303]:

«Pero yo, la verdad, prefiero el circo: los CLONES, las bailarinas a caballo y los hombres del trapecio» (IV, 684) [304], «esta es una INTERVIÚ que celebré con la señora Comino cierta tarde» (I, 270) [305], NURSE (*AMDG*, 174), «libro SANDARD, como dicen los ingleses» (I, 1102) [306], «ahora todo está ESTANDARIZADO, salvo las montañas» (II, 1057) [307], «los músicos españoles no

299. *Remarcable* es un «puro e intolerable galicismo por *notable*, etc.» (vid. p. 506 del *Diccionario* de Baralt).
300. *Complot* es un galicismo introducido a mediados del siglo XIX (Corominas, s.v. COMPLOT. Para el plural de este y otros préstamos similares, vid. Rosenblat, III, pp. 301 y 302). Corominas documenta el galicismo *claque* («conjunto de los que en un teatro cobran por aplaudir») en el siglo XX (s.v. CLAC).
301. *Madama* es nombre que hoy puede aplicarse a cualquier mujer que ha llegado a cierta opulencia de formas (vid. Rosenblat, II, p. 35).
302. Galicismo introducido hacia 1550 (Corominas, s.v. CHAPEO).
303. A. Rosenblat, IV, p. 143.
304. Ayala escribe personalmente, no a través de un personaje, CLOWN (I, 633; III, 524), y el plural CLOWNS (I, 329). Salvador Fernández, en su *Gramática*, documenta *clowns*, entre otros plurales análogos, en Ramón Gómez de la Serna (vid. Rosenblat, III, p. 302).
305. Franquelo y Romero no gusta de este anglicismo (vid. pp. 193 y 194).
306. Ricardo J. Alfaro pide que se deseche este adjetivo (*Diccionario de anglicismos*, Madrid, Gredos, 2.ª ed., 1970, p. 425).
307. Alfaro propone *uniformidad* por *estandarización* (*Ob. cit.*, p. 194). *Standard* es un anglicismo crudo, extraño al sistema de la lengua (Rosenblat, IV, p. 145).

aciertan a componer nada que valga la pena, como no sean SCHOTIS, tangos y jotas» (I, 531)[308], SNOB (I, 1281)[309], SNOBISMO (II, 491), ESNOBISMO (IV, 871)[310], DANDY (I, 873; IV, 1053) y DANDIES (I, 827), ROSBIF (I, 122), etc.

Salvo en el caso de *clones, interviú, estandarizado, schotis* y *rosbif,* el resto de los anglicismos expuestos aparecen en cursiva, con lo que se indica su condición de préstamos sin modificación de la grafía inglesa. Como es de suponer, casi todos los préstamos de este tipo aparecen en el ensayo (no necesariamente, bien entendido), pues es el terreno más abonado para su inserción. Es un rasgo más (atacable o no, eso aquí no interesa dilucidar) para lograr una prosa de mayor altura intelectual y culta. Todo depende de la posibilidad de sustituir o no debidamente el extranjerismo en cuestión. Si existe voz apropiada en español para designar lo mismo que se intenta con el extranjerismo, el uso de éste puede considerarse como pedantería (más o menos permisible, según los casos). En Ayala no cabe pensar en descono-cimiento de la lengua española. A veces explica el vocablo extranjero que utiliza. Los ejemplos aclararán mejor estos puntos:

Palabras francesas:

«Un estado típico de SURMENAGE intelectual» (IV, 814), «el riesgo se evi-ta si al clasificarla adoptamos un vocablo extranjero y decimos un POT-POU-RRI, palabra que también alude a la música y, a diferencia de la rapsodia (que supone elaboración y composición), indica acumulación de temas po-pulares y apasionados, que así son las *Memorias de un hombre de acción*» (IV, 807), «encontró a Grajal y Márgara sobre un CHAISE-LONGUE» (I, 781), «me iba ganando el alma un desfallecimiento profundo, un REGRET (no atino a decirlo mejor) sin límites de cosas ignotas e incomprensibles» (I, 855), «era Ministro... conserje y MAÎTRE-D'HOTEL en una pieza» (*AMDG,* 53), «lue-go supe que nadie se muere de hambre habiendo jamón en dulce, bombones esenciados y otras GOURMANDISES» (I, 1125), «Albornoz es un literato MAN-QUÉ quiéralo o no lo quiera» (I, 1126), etc.

No falta la situación humorística en que un personaje, por desconocimien-to del idioma en cuestión, pronuncia la palabra o expresión a la española: «ya conoce usté la MISE EN SCÈNE (pronunciado en castellano)» (I, 491).

---

308. Hoy *chotis,* del *schottisch* escocés (vid. el DRAE en su decimonovena edi-ción).
309. Alfaro, tras intentar desentrañar la diversidad de nociones inherentes a este vocablo, propone la grafía *esnob* y concluye así: «este extranjerismo debe venir a formar parte de nuestro caudal lexicológico» (pp. 420 y 421). Esto mismo sirve para *esnobismo.* Sobre *snob,* Rosenblat opina lo mismo que sobre *standard* (vid. IV, 145).
310. Esta grafía la usa Pérez de Ayala en época más tardía.

Las palabras inglesas utilizadas por Ayala son tan abundantes, si no más, que las francesas [311]:

«Oyóse, por lo confuso, el jadear dolorosamente grotesco de ese baile que llaman TWO-STEEP, inventado por negros bozales para regalo de blancos ociosos» (II, 1091), «el SEX APPEAL no polariza únicamente hacia la antena de la nariz» (II, 482) [312], «el sentimiento del honor se reduce al SELF-RESPECT, al respeto y escrúpulo de la propia dignidad» (III, 976), «la casa del gran autor de comedias es un HOME a la sajona» (I, 1297), «por aquí cerca estaba un SQUARE, una plazoleta poblada de centenarios árboles» (I, 824), «no ignoro que hay periodistas de uno y otro SPECIMEN» (IV, 1005), «nunca pudo hablar en público, pues sufría un SHOCK de inhibición que le volvía mudo» (IV, 951), «hablar de lo conocido es SHOCKING» (II, 830), «un STOCK de mercancías sin salida» (III, 903) [313], «se parece a los HIGHLANDS escoceses» (AMDG, 173), «se había puesto en mangas de camisa, colgando el SMOKING de una palma» (I, 850), «a quienes los gacetilleros... acostumbran apellidarles el distinguido SPORTMAN» (III, 1171), «ni se ocupa de otra cosa que de hacer SPORT, como él dice» (I, 872), etc.

Hay una serie de anglicismos que las clases acomodadas utilizan con profusión, y Ayala recurre a ellos para caracterizar a sus personajes, e incluso los usa él personalmente:

«Que es una estrella de los MUSIC-HALLS y que hace furor en París» (I, 694), «¿vamos al SITTING-ROOM?» (I, 447), luego hacemos el LUNCH todos juntos» (I, 372), «penetró en el SMOKING-ROOM, y fue a sentarse, o, por mejor decir, hundirse en una poltrona de cuero granate, de esas que se acostumbran llamar ROTHSCHILD» (I, 367), «entró en el HALL» (I, 367), «viajan los vagabundos; pero no los que roncan en un SLEEPING-CAR» (I, 1280), «el automóvil había quedado preso entre un desconcertante pelotón de ómnibus, camiones, CABS y otros carruajes, cada cual en dirección diferente. Los POLICEMEN andaban de un lado a otro» (I, 376), etc. [314].

311. Es de sobra conocida la admiración de Ayala por Inglaterra, y en muchos de sus ensayos lo manifiesta palpablemente (vid. el volumen de ensayos titulado *Tributo a Inglaterra*). Sirvan como corroboración estas palabras de Andrés Amorós: «No encaja bien la figura de Pérez de Ayala en los moldes del escritor hispano al uso. Ante todo, por su esnobismo, anglofilia y gusto por los refinamientos» (*La novela intelectual de Ramón Pérez de Ayala*, p. 11).
312. «Este tipo de formaciones por yuxtaposición constituye uno de los rasgos permanentes más productivos de la lengua inglesa. La frecuencia de aparición de esta clase de compuestos en la prensa española es muy elevada» (Pedro Jesús MARCOS PÉREZ: *Los anglicismos en el ámbito periodístico, Valladolid*, 1971, pp. 16 y 17).
313. «Es afectación o revela ignorancia usar este término extranjero para referirse a las existencias de una mercadería, género o materia cualquiera» (R. J. ALFARO: *Ob. cit.*, p. 426).
314. Lo que se narra en el último ejemplo acontece en tierras inglesas, y con esas voces inglesas, Pérez de Ayala cree lograr mejor la ambientación adecuada.

No falta el toque humorístico:

«Mujer, ágil como un puñal,
que danzas, ninfa actualizada,
en un MUSIC-HALL o un KURSAAL» (II, 163 y 164).

Este tipo de anglicismos aparece con más intensidad en la novela, sobre todo en la primera época, y especialmente en *La pata de la raposa* y *Troteras y danzaderas*. En este sentido, pueden servir para la caracterización de ciertos momentos y ambientes. Por lo que se refiere a los anglicismos que aparecen generalmente en los ensayos, si el vocablo ofrece, en la opinión de Ayala, dificultades para ser comprendido, no le importa exponer a continuación la explicación conveniente. En ocasiones el anglicismo designa algo que necesitaría en español toda una expresión. No siempre sucede así en Ayala, quien algunas veces se deja llevar por su prurito de hombre culto, buen conocedor de la lengua inglesa. Pérez de Ayala se preocupa grandemente por la etimología griega o latina de las palabras, para llegar así al espíritu mismo de ellas. Esta preocupación lingüística no se manifiesta con tanto vigor (en verdad, apenas si alguna vez lo hace) cuando se trata de galicismos y anglicismos. Por lo general, como se ha observado, recurre a esos extranjerismos para tomarlos en su forma original, sin adaptarlos, y aparecen en cursiva. Pero no se advierte una intencionalidad crítica de rechazo o aceptación, claramente discriminatoria. Esta postura puede ser una virtud o un defecto, según el mayor o menor grado de purismo de quien enfoque el asunto. Lo que resulta evidente es que estos préstamos, tal como se han analizado, forman parte de la expresión ayalina, y en esa medida es preciso tenerlos en cuenta. Ayala es un hombre de su tiempo, en ideas y conocimientos de otras lenguas modernas, y eso tenía que manifestarse en su prosa.

Los italianismos son menos abundantes, y son palabras un tanto tópicas que aparecen con más frecuencia en las novelas de la primera época:

«Rosina deseaba visitar a Verónica en su CAMERINO y despedirse de ella» (I, 814) [315], «en actitud de paladín medieval o de TINORINO» (I, 24), «¡POVERINO! —profirió Jiménez con voz y gesto lacrimosos» (I, 254), etc.

Voces catalanas aparecen en boca de Cerdá, personaje catalán, en *Tinieblas en las cumbres*.

---

315. «*Camerino* es voz estrictamente italiana, que solamente debe imprimirse entre comillas o en letra bastardilla, para significar el camarín (que así se llama en español) donde se visten los artistas teatrales italianos antes de salir a escena» (M. DE CAVIA: *Ob. cit.*, p. 50).

Las voces alemanas son muy escasas, y siempre se trata de términos de carácter filosófico que Ayala incorpora a su vocabulario con la explicación adecuada [316]:

«Ese es el concepto que domina hoy toda la especulación de la estética alemana, el FINFÜHLUNG» (I, 600), «Goethe comienza como romántico, pero se trueca presto en un clásico. Lejos de simpatizar con el sentimiento, como mentor de la vida, preconiza la ENTASUNG u ordenación racional de la conducta, y la SELBSTURBERWINDUNG o victoria sobre sí propio» (IV, 814), etc.

Las expresiones, frases y citas en lenguas modernas son también abundantes, distinguiéndose las inglesas y francesas. En alemán se trata normalmente de citas, que aparecen sobre todo en los ensayos posteriores a *Las máscaras* y *Política y toros*.

Por último, conviene hacer mención, al menos indicarlo, que las voces, las expresiones latinas incorporadas en el original al español, citas y todo tipo de frases latinas no tan comunes, proliferan en gran medida por todos los escritos ayalinos. No se trata ya de cultismos (aunque, como se ha visto, también a éstos los denomina préstamos Martínez Otero), sino de latinismos, de todo tipo, originales. No puede extrañar en Pérez de Ayala estos profusos usos latinos. Documentar con ejemplos estas afirmaciones, además de innecesario resultaría prolijo. También existen voces, expresiones y citas en griego (unas veces con grafía griega y otras latina), pero en menor medida.

Esta recurrencia a las lenguas latina, inglesa, francesa, griega, italiana, alemana y catalana para enriquecer la expresión, manifiesta una vez más la imagen del escritor asturiano como un hombre clásico y moderno a la vez, aunque no sin ciertas muestras de petulancia en ocasiones, como advierte Max Aub:

«El estilo de Pérez de Ayala vuelve —¡quién lo había de decir!— al casticismo, poniendo en olvido los ejemplos diarios de Baroja, Azorín y Unamuno, lo condimenta con palabras arcaizantes, trabuca la construcción y, amigo de la cultalatinicita, no deja de salpimentar sus obras de notas latinas, griegas, francesas e inglesas, muestras de cierta petulancia que nunca le abandona. Aun para sus ediciones busca, como Valle-Inclán, cierta reminiscencia clasicoide» [317].

---

316. VERMUT (I, 1030) es voz alemana que pasó al francés con la grafía *vermouth*, y Cavia ataca el uso de esta grafía por los españoles (pp. 235-237).
317. Max AUB: *Discurso de la novela española contemporánea*, México, El Colegio de México, 1945 (Jornadas, n. 50), pp. 68 y 69.

Estructura de la prosa
(estructuras sintáctica y melódica)

Hasta el momento, en este trabajo se ha intentado, analizando voces, giros y expresiones, caracterizar la prosa de Pérez de Ayala como una conjunción de arcaísmo, cultismo y expresividad (sonoridad y popularismo o color local). Ahora es preciso analizar las estructuras sintáctica y melódica que dan cauce formal a ese contenido arcaizante, culto y expresivo [318]. Desde esta perspectiva, la prosa del escritor asturiano se caracteriza esencialmente por el predominio de la distribución bimembre de los bloques expresivos [319], y no es infrecuente hallar la confrontación, el contraste, sobre todo en la segunda fase estilística ayalina, entre los dos conjuntos en que se distribuye el bloque expresivo, ordenado generalmente con técnica paralelística o hipotáctica [320]. También los despliegues amplios trimembres y plurimembres (éstos, sobre todo, para la composición de los retratos) tienen importancia en Ayala, insertos normalmente en la distribución bimembre mental de un bloque expresivo. Dentro de la distribución sintáctica de los elementos, la agrupación directa de dos o más adjetivos es muy frecuente en la

318. Si para el estudio del léxico y de ciertos giros se ha tenido también en cuenta la obra poética ayalina, para el estudio sintáctico y melódico se prescinde de ella, pues entre prosa y verso existen diferencias formales que requieren análisis un tanto distintos; el mismo Ayala lo reconoce: «No hay distinción sustancial entre la poesía y la prosa. Hay tan sólo distinción formal entre el verso o lenguaje convencionalmente medido y la prosa o lenguaje en que, aunque medido, el número no se ajusta a medidas regulares» (IV, 919). Por otra parte, existe un estudio reciente sobre la poesía ayalina debido a Víctor G. de la Concha, titulado *Los senderos poéticos de Ramón Pérez de Ayala*, ARCHIVUM, tomo XX-1970, Universidad de Oviedo, 1971.

319. La distribución bimembre es también característica en *La paz del sendero*, según Víctor G. de la Concha (*Ob. cit.*, pp. 138 y 169).

320. «La expresión literaria tiene dos posibilidades fundamentales... de ordenar esos elementos: la paralelística que llamamos hipotáctica, y la correlativa que llamamos paratáctica» (D. ALONSO y C. BOUSOÑO: *Seis calas en la expresión literaria española*, Madrid, Gredos, 4.ª ed., 1970, p. 16). La visión dual contrastada se manifiesta hasta en el título de algunas obras Ayalinas: *Luna de miel, luna de hiel, Belarmino y Apolonio*. Vid. Sara SUÁREZ SOLÍS: *Análisis de «Belarmino y Apolonio»*, Oviedo, Instituto de Estudios Asturianos, 1974, pp. 225-237.

prosa ayalina, agrupación deliberadamente buscada para lograr un mayor equilibrio y ritmo sintácticos, así como, en muchos casos, acentual. Por lo que se refiere a la estructura rítmico-melódica, que se acopla a los cauces sintácticos, lo más característico en Pérez de Ayala es la sonoridad, basada en los juegos onomatopéyicos: formas onomatopéyicas y expresivas (ya estudiadas en este trabajo), aliteración, paronomasia y juego de vocablos. Al equilibrio sintáctico y a la sonoridad contribuyen, complementándolos, las asonancias, los metricismos y el ritmo acentual, que en determinados momentos se dejan sentir con fuerza.

Las estructuras rítmico-sintáctica y rítmico-melódica siguen un mismo cauce, pues la línea de entonación consiste en la inflexión ascendente o descendente de la voz con que necesariamente se pronuncia cada final de miembro de un período. En la sintaxis y en la línea de entonación (dos caras —distribucional y acústica— de un mismo fenómeno: el lenguaje), propias de una lengua, se insertan todas las posibilidades rítmicas, sintácticas y melódicas, con las que un escritor puede operar. Desde el punto de vista de la entonación, que acompaña necesariamente a los miembros de un período sintáctico, la prosa ayalina se caracteriza por el juego de tensiones y distensiones, que origina un balanceo musical de gran efectividad acústica. No obstante, también se encuentra en Pérez de Ayala, sobre todo en la prosa de la segunda época (y con más intensidad en determinadas ocasiones), una ausencia deliberada de tensiones y distensiones al buscar una sintaxis cortada y abrupta. Es preciso analizar con algún detenimiento todas estas notas o rasgos característicos· Obsérvese que el equilibrio rítmico-sintáctico [321] y la sonoridad de la estructura melódica de la prosa ayalina entroncan, respectivamente, con el espíritu humanista, clasicista, y con el deseo de expresividad, rasgos capitales en Pérez de Ayala.

El análisis de la prosa del escritor asturiano no ha pasado de ser pura generalización sin base científica alguna, fruto del toque marginal, rápido e intuitivo que los estudiosos han dedicado al tema. Según Reinink, Pérez de Ayala «propende a menudo a lo arcaico e inusitado y no raras veces evita adrede expresarse en un estilo y vocabulario ligero y desenvueltos. Pero esto no obstante, la sintaxis y el estilo jamás son áridos ni inanimados; al contrario, se caracterizan por una expresividad nada común, resultado entre otras cosas de un dominio sin par del idioma en todos sus matices» [322]. Francisco Agustín cita a Azorín para exponer que «el caudal léxico no lo es todo en el estilo, sino que el estilo es, principalmente, la sintaxis, y Ayala, a más de la copia léxica, posee una sintaxis espléndida (modulante, limpia,

321. Según Víctor G. de la Concha, la estabilización anímica en los poemas ayalinos se apoya en dos criterios estilísticos complementarios: 1) proporcionalidad numérica de calificativos; 2) paralelismo riguroso, también cuantitativo, de los calificativos con otros grupos de idéntica estructura numérica (p. 168).

322. *Ob. cit.*, pp. 81 y 84.

clara, adecuada a cada matiz del pensamiento, de una elegancia incomparable)» [323]. También García Mercadal afirma que Ayala trata de adecuar su estilo y su lenguaje a aquello que desea expresar [324]. Para Gómez de Baquero, el estilo de Ayala es «ágil, expresivo y preciso» [325], y para Pérez Minik posee una «personalidad incuestionable». Pérez Minik intenta ahondar un poco más, y si dice no encontrar un reconocido precedente para la prosa de Ayala, advierte en cambio que está hecha sobre importantes vetas estilísticas de nuestra literatura, más antigua que moderna [326]. Casimiro E. Fernández intenta caracterizar el estilo de Ayala por el uso de enfoques duales y múltiples sobre los acontecimientos, las personas, las cosas e ideas; enfoques que presentan sucesivamente factores y actitudes en oposición [327]. Según M. Fernández Avelló, Ayala «declara su sentir y su pensar como sólo él sabe hacerlo. Con ese estilo suyo que rezuma sabiduría y ejemplaridad» [328].

Podrían multiplicarse las citas de modo exuberante sin que por ello se saliese de tales generalizaciones, ambigüedades e imprecisiones. No se aplica una técnica adecuada para el análisis serio del estilo, y la intuición ha de suplir con vaguedades aquella carencia. Se opera en literatura con modos rutinarios para penetrar en el estilo de un autor, y de ahí las conclusiones tan vagas como inoperantes. Observa Dámaso Alonso que «si se quieren renovar los modos rutinarios de la historia de la literatura, será necesaria la constitución de una ciencia de la literatura. Porque (digámoslo sin rebozo) la historia de la literatura habla desfachatadamente de una cosa (*la literatura*) cuya naturaleza, cuya esencia, cuyos tipos, cuya organización ignora» [329]. D. Alonso es consciente de los problemas que plantearía la constitución de una auténtica ciencia literaria, y cree que «la materia literaria no podrá ser nunca totalmente investigable por procedimientos científicos» (vid. p. 12, nota). Lo que no impide que un cambio de perspectiva originado por un replanteamiento de los procedimientos estilísticos conduzca al establecimien-

323. *Ob. cit.,* p. 332.
324. En su *Prólogo* a las *Obras Completas* de Ayala, p. XXII.
325. *Ob. cit.,* p. 281.
326. *Ob. cit.,* p. 162.
327. *Ob. cit.,* p. 189.
328. «Ramón Pérez de Ayala y el periodismo», en *Ob. cit.,* p. 55.
329. D. Alonso y C. Bousoño: *Ob. cit.,* p. 17. Riffaterre toca también este punto cuando afirma que el estudio convencional de la literatura es inadecuado para describir el estilo literario en sí. Y expone tres causas: 1) porque no hay conexión inmediata entre la historia de las ideas literarias y las formas por las que se manifiestan; 2) porque los críticos se extravían cuando tratan de utilizar el análisis formal solamente para confirmar o invalidar sus evaluaciones estéticas, cuando lo que se pide es constatar los hechos y no hacer juicios de valor; 3) porque la percepción intuitiva de los componentes pertinentes de un enunciado literario es insuficiente para obtener una segmentación lingüística válida de la secuencia verbal, ya que percepciones o juicios de valor dependen de estados psicológicos variables de los lectores y estos estados varían hasta el infinito (vid. «La función estilística», en *Ob. cit.,* pp. 175 y 176).

to de un o unos métodos más rigurosos para el análisis del estilo y para la constitución de una ciencia literaria, que no es lo mismo que Historia de la Literatura: «Bien está la perspectiva histórica, pero tengamos conceptos un poco claros: la Ciencia de la Literatura no será en sí misma una ciencia histórica, aunque así parezcan creerlo hoy algunos ilustres investigadores. No negamos la *historia* como *ciencia*. Lo que negamos es que *Historia de la Literatura* sea igual a *Ciencia de la Literatura*» [330].

Resulta una tarea difícil, hoy por hoy, abordar con ciertas garantías de éxito el estudio de la estructura de la prosa en un escritor determinado. «El enigma literario no es la existencia del verso, sino la existencia de la prosa» [331]. Se pueden analizar una serie de elementos capitales, pero siempre queda algo por asir, otros muchos aspectos se escapan aún al análisis, y tal vez sea cierto que la materia literaria no podrá ser jamás totalmente investigable por procedimientos científicos.

Antes de penetrar en la prosa de Pérez de Ayala, conviene recordar que, en la época en que éste escribía, la generación del 98 había ya practicado adrede una desarticulación del párrafo largo, de la cláusula extensa más o menos declamatoria, habitual entre los escritores de la segunda mitad del siglo XIX; y la influencia del 98 dejó su huella en el ritmo de la prosa literaria, de manera que los escritores dejaron ya de ser oradores que escriben [332]. Sin embargo, Gili Gaya afirma que el ritmo idiomático tradicional no se altera a pesar de los cambios de estilos literarios. La fisonomía rítmica del español sigue basándose en la acentuación trocaica (con su ritmo marcial) y en el predominio de las unidades octosilábicas. Una cosa es moda y

330. P. 74. En la obra estilística de D. Alonso no se ve con claridad cómo puede llegar el conocimiento estilístico a constituir una ciencia de la literatura. De aquí las frecuentes críticas al establecimiento teórico de tal ciencia. Leo Spitzer y José Luis Aranguren, entre otros, le achacan el no haber cimentado esta posible ciencia sobre bases filosóficas sólidas (vid. a este respecto el trabajo de Valerio BÁEZ SAN JOSÉ: *La estilística de Dámaso Alonso,* Sevilla, Anales de la Universidad Hispalense, Publicaciones de la Universidad de Sevilla, 1972, pp. 102-104). Por otra parte, esa ciencia de la literatura de la que D. Alonso habla tiene sus clarísimos antecedentes en la *Philosophie der Literaturwissenschaft,* 1930 (popularizada entre nosotros por la versión de Eugenio IMAZ: *Filosofía de la Ciencia Literaria,* Méjico, Fondo de Cultura Económica, 1946), o en *La science de la littérature* (1928, tres vols.) de Dragomirescu. Se trata de teorías ya superadas, pero que deben interpretarse como tentativas de evasión de una historia de la literatura demasiado ceñida a los datos eruditos; se intentaba buscar un ámbito más amplio y trascendente (vid. la exposición sucinta que sobre este tema hace Guillermo DÍAZ PLAJA en *El estudio de la literatura. Los métodos históricos,* Barcelona, Sayma, Ediciones y Publicaciones, 1963, pp. 56-61).
331. Luis ALONSO SCHÖKEL: *Estética y estilística del ritmo poético,* Barcelona, col. Estría, Juan Flors editor, 1959, p. 76.
332. S. GILI GAYA: *El ritmo de la lengua hablada y de la prosa literaria,* Madrid, Escuela Central de Idiomas, 1962, p. 6.

estilo y otra cosa es prosodia idiomática. Los estilos caben dentro del idioma sin que esto afecte a la entraña prosódica del idioma. Así, en Valera, Galdós, Blasco Ibáñez y Menéndez Pelayo predomina el octosílabo, pero hay una proporción relativamente elevada de eneasílabos y decasílabos. En Unamuno y Baroja predomina más el octosílabo. En cambio, Azorín, Pérez de Ayala y Gabriel Miró se inclinan a una proporción algo mayor de frases heptasilábicas, en un estilo más recortado y analítico [333]. A parecidas conclusiones, aunque tocando otro aspecto, llega Eduardo M. Torner cuando habla de la preferencia de Valle-Inclán por las sonoridades «brillantes», así como la de Azorín por las graves y la de Ortega por las intermedias [334].

Tras estas notas, se puede iniciar ya el estudio de las estructuras sintáctica y melódica en la prosa de Pérez de Ayala.

LAS ESTRUCTURAS RÍTMICO-SINTÁCTICA Y RÍTMICO-MELÓDICA

En la estructura sintáctica de las lenguas existen determinadas posibilidades distribucionales con las que el hablante opera según sus necesidades expresivas y comunicativas. Estas mismas determinadas posibilidades de distribución sintáctica se le ofrecen al artista literario, que las utiliza y concreta de acuerdo, más o menos conscientemente, con sus necesidades expresivas y comunicativas, necesidades llevadas en este caso hasta el plano artístico, con lo que se va más allá (sin que ello suponga en absoluto eliminación o desprecio) de los planos meramente expresivo y comunicativo. El período sintáctico de la prosa constituye una unidad dividida o distribuida en dos, en tres, en cuatro, etc. miembros. Cada miembro puede a su vez poseer otras distribuciones, otra división en elementos, otros despliegues. El período sintáctico de la prosa constituye, pues, un sistema de determinadas, aunque complejas, posibilidades con las que un escritor puede realizar, aun en el plano meramente lingüístico y mediante una serie de transformaciones, sus necesidades y apetencias constructivas y artísticas. Así se comprende por qué Todorov propone que la estilística debe encauzar el inventario de los posibles a partir de los cuales se constituye cada texto particular [335].

Sobre la estructura sintáctica se proyecta simultáneamente la estructura melódica, con lo que el material lingüístico de la obra literaria aparece así

333. *Ob. cit.*, pp. 15-19.
334. Eduardo M. TORNER: *Ensayos sobre estilística literaria española*, Oxford. The Delphin Book Co. L.T.D., 1953, p. 52 y pp. 74 y 75.
335. T. TODOROV: «Les études du style», en *Poétique*, 2, 1970, pp. 224 y 226.

totalizado en un sistema de dependencias mutuas, y una zona de la disciplina estilística queda con ello un poco más aclarada. Lo difícil es conectar en una unidad sistemática superior (la composición general de la obra literaria, que posee también unos posibles constructivos a partir de los cuales se constituyen las obras particulares) el material lingüístico literario, y analizar las relaciones mutuas [336].

En el libro de Levin *Linguistic Structures in Poetry* (publicado en 1962), son patentes estos dos influjos: el de Chomsky, bajo la pregunta de qué tipo de gramática puede dar cuenta del idioma de la poesía; y el de Jakobson, aprestándose Levin a hacer fecundo el principio de recurrencia. Una gramática adecuada para la poesía tiene que trascender los límites de la oración, fijados por la tradición estructuralista (con la excepción de Z. S. Harris) y por el propio Chomsky como propios de la lingüística. Se necesitan amplios espacios para que pueda actuar la función recurrente descrita por Jakobson, y adoptada por Levin como clave explicativa del lenguaje poético. Las *repeticiones* o recurrencias se producen en los distintos niveles del lenguaje: fónico, morfológico, sintáctico y semántico. Recurrencias son también el metro, el acento rítmico, la rima, la aliteración, etc. Estas recurrencias aportan lo que Levin llama la «matriz convencional». Este es el punto de partida de Levin, para quien la estructura fundamental (aunque no única) es la que denomina *coupling* ('emparejamiento' o 'apareamiento'), esto es, una relación de repetición que establecen entre sí dos signos *equivalentes*. Los emparejamientos son fuertes llamadas de atención hacia el lenguaje del poema (función poética). El poema es como un tejido de posiciones equivalentes, con lo que se logra «cohesión poética» [337]. Según Lázaro Carreter (p. 18 de la *Presentación* citada), a nadie menos que a los españoles pueden sorprender o parecer novedosos estos esfuerzos contemporáneos, inducidos

336. La lingüística del texto se ha consolidado en los últimos años en Alemania y Holanda, paralelamente a otros desarrollos franceses de índole más semiológica y crítica que propiamente lingüística. El presupuesto inicial en que se fundamenta es el principio de que no hablamos por frases sino por textos. Su impulso inicial podemos considerarlo como uno más de los movimientos superadores de la lingüística chomskiana, para la que la unidad más compleja es la oración. Así se distinguieron dos estructuras en el dominio del texto: la estructura profunda y la estructura superficial. A uno y otro nivel, el principio definidor de la unidad textual y delimitador de los aledaños textuales es el de *cohesión* entre sus componentes; la cohesión se manifiesta para los participantes en el acto comunicativo como conciencia del plan textual (vid. para todo esto A. GARCÍA BERRIO y A. VERA LUJÁN: *Fundamentos de teoría lingüística*, Málaga, Comunicación, 1977, pp. 171-174); vid. sobre este punto S. J. SCHMIDT: *Teoría del texto*, Madrid, Cátedra, 1977, pp. 157-162; y T. A. VAN DIJK: *Some Aspects of Text Grammars*, The Hague - Paris, Mouton, 1972, pp. 277-283.

337. Vid. Samuel R. LEVIN: *Estructuras lingüísticas en la poesía*, Madrid, Ediciones Cátedra, 1974; con presentación y apéndice de Fernando Lázaro Carreter. He seguido para estas notas las apreciaciones hechas por Lázaro Carreter en la presentación.

por el formalismo ruso, para desentrañar el quid de la lengua poética. Dámaso Alonso había logrado ya revelar con éxito determinados artificios constructivos (bimembraciones, trimembraciones, pluralidades, correlaciones), realizando un esfuerzo no bien comprendido hace un cuarto de siglo.

Pero precisemos algunos puntos. Es cierto que el estudio lingüístico de los textos literarios es la dirección crítica más ampliamente seguida en nuestros días. Las cuestiones que, principalmente, polarizan la atención de los lingüistas se acogen bajo el nombre de *Poética*, si afrontan la caracterización del lenguaje literario, y de *Estilística*, cuando tratan de definir (como nosotros, aunque no exhaustivamente) el modo peculiar de escribir en un artista. Son tareas de larga tradición. La función poética no es exclusiva de la poesía: opera en cualquier obra literaria (quizá no se exagere afirmando que en cualquier escrito). Constituye el alma de los refranes, y hoy la utilizan inmoderadamente la publicidad y la propaganda. Ahora bien, el principio jakobsoniano de recurrencia no ofrece contestación a todos los problemas que plantea la poesía. Y ha sufrido arremetidas, como las de G. Mounin y H. Meschonnic [338]. La Poética se ocupa explícitamente del componente lingüístico de la poesía; pero, en sus manifestaciones últimas, no aspira a ocupar todo el campo de la crítica literaria. Como dice N. Ruwet, el objeto de la teoría lingüística no coincidirá nunca completamente con el de los estudios literarios: se trata meramente de un estado de vecindad disciplinaria. El *status* de la lingüística, en relación a la poética y a los estudios literarios en general, sólo puede ser el de una disciplina secundaria (aunque indispensable), cuyo papel es más o menos análogo al de la fonética respecto a toda la lingüística [339]. Además, como indica Lázaro Carreter, esperemos que una nueva Poética explique el poema, no como creación sino como creatividad, no como producto sino como energía creadora. Pero éste parece que fue el objetivo de la «Stilforschung» (que cuenta con los nombres de Vossler, Spitzer, Dámaso Alonso, Amado Alonso...) [340].

En la prosa, el párrafo entero es una unidad rítmica partida en dos, en tres, en cuatro movimientos rítmicos contrapuestos, y cada uno de ellos corresponde a una subunidad sintáctica; el ritmo peculiar de la prosa está condicionado, pues, por la sintaxis [341]. Según Torner, el 70 por ciento del folklo-

338. Vid. F. Lázaro Carreter: «Función poética y verso libre», en *Homenaje a Francisco Ynduráin*, Zaragoza, Facultad de Filosofía y Letras, 1972, pp. 201, 215 y 216. Vid. otra crítica en M. Riffaterre: *Ensayos...*, pp. 175-190; Riffaterre prefiere llamar «estilística» a la función poética.
339. N. Ruwet: «Lingüística y poética», en *Los lenguajes críticos y las ciencias del hombre*, Barcelona, Barral Editores, 1972, p. 319.
340. *Art. cit.*, p. 216.
341. Amado Alonso: *Poesía y estilo en Pablo Neruda*, Buenos Aires, Editorial Sudamericana, 2.ª ed., 1951, p. 80.

re musical español es de ritmo binario, sobre todo en lo narrativo y descriptivo. En la lírica también predomina el ritmo binario, aunque abundan las combinaciones ternarias; y es que la nervatura rítmica del español hablado es de carácter binario [342]. Por lo que se refiere a la pluralidad de miembros en la estructura de la prosa, es también frecuentísima la expresión literaria dual en casi todos los tiempos y literaturas [343].

La visión del dualismo es esencial en la obra de Pérez de Ayala, al lado del contraste [344], y se manifiesta también en la estructura sintáctica de su prosa. El enfoque bipolar caracteriza la estructura mental y formal de Pérez de Ayala, que, en una buena proporción, organiza la expresión de conjuntos semejantes contrastándolos, y ordena dichos conjuntos bien mediante la técnica paralelística (lo más frecuente), bien por correlación (lo que no es infrecuente). Y en la distribución bimembre mental, dentro de las acciones consideradas como bloques totales, pueden articularse, en una extensa gama de posibilidades, otros despliegues menores que van marcando rítmicamente el equilibrio sintáctico entre prótasis y apódosis, o entre las diversas partes en que se despliega cualquiera de las dos partes del enunciado general, pues es normal que una de ellas se desarrolle con rapidez, en tanto que la otra se extiende rítmicamente en sucesivos despliegues. He aquí algunos ejemplos:

«Y llega así,

       gradualmente,

a figurarse,

       por una especie de sofisma perezoso,
que la vulgaridad es lo más

           natural,
           humano
           y apetecible; //

---

342. Vid. para esto S. GILI GAYA: *Ob. cit.*, p. 13. Isabel Paraíso de Leal afirma que hay un tipo de ritmo subyacente «en cualquier tipo de prosa», y es el que engloba su estructura fónico-sintáctica (*Teoría del ritmo de la prosa*, Barcelona, Planeta, 1976, p. 44).

343. D. ALONSO y C. BOUSOÑO: *Ob. cit.*, p. 13, nota.

344. Baquero Goyanes, en su trabajo citado, toca con amplitud estos aspectos. Pelayo H. Fernández observa las dualidades, contrastes y lo tragicómico («que es la esencia de lo grotesco en la estética ayalina») en *La caída de los Limones* (vid. *Ramón Pérez de Ayala. Tres novelas analizadas*, Gijón, Distribuciones «Yepes», 1972, pp. 71-111).

y,
en opuesto sentido,
que el esfuerzo de ir

educándose a sí propio
y purgándose de vulgaridades

es una de tantas

antiguallas
y prejuicios

artificiales,
ridículos
y operosos

de

la espontaneidad,
la libertad
y la personalidad

humanas» (*ABC,* 4-IV-1954).

«Parecía estar ungido por todas las suavidades dulcísimas del amor, //
y cuando

sus manos
o su boca
o sus mejillas

rozaban aquella carne sedeña,

firme
y tersa

como de mármol

bruñido
y caliente,

lo hacía con la mansedumbre de un caudal de agua

pura
y tranquila

sobre un cauce de musgo» (I, 73).

«Pues en una de estas ferias, cuando el furor contractual había alcanzado su máxima exacerbación, y las vacas mugían lamentitosamente, y los burros rebuznaban de manera áspera y descortés, y algún jaco peludo y barrigón, de molinero, relinchaba con hostilidad ante una cuadrilla de gitanos, y los pocos y pingües cerdos que por allí estaban gruñían cobardes, presintiendo la proximidad de su óbito, esto es, que se acercaba la hora de su sacrificio, y un ciego rascaba el violín, y otro extraía tremendas quejumbres del acordeón, y otro recitaba romances de crímenes y los labriegos diferían la formalización del contrato de compra-venta, discutiendo con sonoro ahínco por un duro de más o de menos, y ciertos vendedores de productos alimenticios encomiaban, colocando el grito en el cielo, la excelencia de sus nueces, rosquillas y avellanas, y, en suma, bajo la espesa fronda había un guirigay horrendo, en este instante, don Pánfilo Terranova penetró en la robleda» (I, 1246).

La distribución bimembre mental de este último complejo expresivo es evidente:

«Pues en una de estas ferias, cuando... / en este instante, don Pánfilo Terranova penetró en la robleda».

La prótasis desarrolla una exuberante plurimembración de elementos, algunos de los cuales contienen a su vez otros despliegues. La apódosis resuelve la tensión producida por la prótasis con rapidez. Los contrastes refuerzan la tensión y la consiguiente distensión.

La composición o estructuración de todo el enunciado a base de dos unidades es una característica de las *Sonatas* de Valle-Inclán. Las dos partes van, en los párrafos enunciativos, unidas por la conjunción Y, colocada precisamente al comienzo del período de cadencia o de la apódosis en general[345]. Esto es también característico en Pérez de Ayala, sobre todo en la primera época:

«Entonces, una codorniz vecina golpetea pertinaz y monótonamente en su instrumento salvaje, / Y un grillo araña sus cuerdas broncas sin cesar. Calla por un momento la codorniz, para volver con fuerza al primitivo canto, / Y el insecto prosigue en su estridor, como monje ensimismado en sus oficios canónicos salmodia los maitines con admirable desdén del sueño y del cansancio» (I, 1174).

«Su boca se dilata en ancha risa de Término lascivo, / Y en sus ojillos centellea el mismo fuego que debió de abrasar a los míticos sátiros cuando

---

345. Vid. A. ZAMORA VICENTE: *Las Sonatas de Valle Inclán*, Madrid, Gredos, 2.ª ed., 1969, pp. 177 y ss.

perseguían en las selvas de Jonia a las ninfas, pulcras, incautas e inocentes como palomas» (I, 849).

La estructura sintáctica posee en estos casos una distribución rítmica claramente marcada:

«La aurora extendía por el cielo sus pálidas rosas, / Y asomaban por el Oriente los rubíes engarzados en oro de la corona de Apolo» (II, 888 y 889).

«Ya la noche había volcado su urna de sombras sobre la tierra, / Y algunas estrellas destilaban gotas de luz» (I, 1000).

«Viejas trompas doradas dieron al aire su jactancioso son, / Y el tamboril de bruñido y atinoso parche retozaba como un mozalbete» (I, 33).

A veces esta distribución rítmica se refuerza con la asonancia:

«Temblaban las estrellas en la alt*ura,* / Y su resplandor se quedaba culebreando sobre la inquietud cristalina del agua prof*unda*» (I, 1001) [346].

O con el juego rítmico de inflexiones ascendentes y descendentes de la voz en el enunciado:

«La luna —, sobre un cielo límpido +, vierte la urna de su luz pálida —, tenue —, / Y entrando por la galería +, dibuja en el pavimento cuadros de plata —» (I, 992).

Esta distribución de los períodos en dos unidades, posee en Valle-Inclán un esquema rítmico-melódico que se repite con frecuencia en las *Sonatas*: —+—/—+— [347]. La musicalidad de la línea de entonación sigue la distribución sintáctica en miembros. Las estructuras sintáctica y melódica forman así una unidad rítmica de doble cara. El esquema rítmico-melódico que A. Alonso descubre como peculiar de las *Sonatas* de Valle, es también frecuente en la primera época ayalina:

«Ya el sol —, con su carro de fuego +, había transpuesto las cumbres del poniente —, y la noche —, temerosa +, extendía sus fantasmas sombríos en aquella estancia feudal —» (II, 880).

---

346. Adviértase además el perfecto ritmo acentual del primer miembro, que es un endecasílabo: «temblaban las estrellas en la altura»: —/——/———/— (ritmo acentual de tipo heroico: vid. T. Navarro Tomás: *Métrica española,* Madrid, Guadarrama, 1972, p. 198). Utilizo convencionalmente el signo — para indicar el descenso de la voz, y el signo + para indicar su ascenso.

347. Vid. Amado Alonso: «La musicalidad de la prosa en Valle-Inclán», en *Materia y forma en poesía,* Madrid, Gredos, 3.ª ed., 1969, pp. 284 y 285.

«Las dos viejas —, enlutadas y de rodillas +, tendían sus brazos ennegrecidos hacia la altura —, y el marinero —, empuñando un remo inservible +, profería blasfemias —» (I, 31 y 32).

«El sol —, a rebalgas sobre los altos de la Moncloa +, ponía un puyazo de lumbre cruel en los enjutos lomos de la urbe madrileña —, de cuyo flanco se vertía —, como una hilo de sangre pobre y corrupto +, el río Manzanares —» (I, 782).

«Los campanarios —, de silueta de alcuza +, derramaban el *Angelus* vespertino —, que en el cielo opaco y rojizo —, parecido a un folio de papel secante +, iba extendiéndose denso —, como una mancha de aceite —» (II, 746).

En todos los ejemplos expuestos, que podrían ser más numerosos, se puede rastrear una similitud, más o menos fuerte, con estructuras y esquemas melódicos de la prosa de las *Sonatas* de Valle-Inclán. El influjo de Valle entre los escritores de su época, en algunos aspectos estilísticos, parece evidente. El propio Pérez de Ayala, en su madurez, habla de este influjo en *Más divagaciones literarias*:

«Yo recuerdo, siendo estudiante de la Universidad de Oviedo, cuando leí la primera obra de Valle-Inclán, *Sonata de otoño.* Para mí fue una revelación, un como dolor en la retina, por deslumbramiento. Yo no podía juzgar entonces si se debía escribir siempre así, si aquello era el estilo o un estilo, si dentro de aquel lenguaje precioso, semejante a las joyas acrisoladas y esmaltes vivificados en los hornos de los orifes y de los mosaístas, hallarían enlace o álveo a propósito las ideas complejas, las emociones superabundantes y los giros desconcertantes de la psique moderna, tan profunda y dinámica; lo que sí echaba yo de ver es que en español no se había escrito hasta entonces a la manera de Valle-Inclán.

La novedad de aquella manera consistía en que la conciencia y la inteligencia del escritor, en vez de estar recogidas sobre sí mismas, retraídas al recóndito retiro de la abstracción —que a mi entender era el laboratorio del estilo clásico—, o en las retortas ebullentes de la imaginación desintegrada— que era donde se cocía el estilo románico—, conciencia e inteligencia se asomaban a los sentidos, presenciando el espectáculo sensual del universo, fluyendo de él con voluptuosidad contenida, encuadrándolo en perfiles estéticos, conforme a normas y aptitudes, ya establecidas, de las artes plásticas. Era un estilo orientado con todo el rostro de hito en hito, en éxtasis, hacia la sensibilidad, como en la aurora del lenguaje, en que cada palabra fue la condensación de una anterior nebulosa de innumerables emociones mudas, anhelantes de expresarse. He aquí lo que Valle-Inclán trajo al idioma literario: la revelación de la pictórica virtud original del vocablo.

De su lección, en mayor o menor medida, se han aprovechado todos los demás escritores, sus coetáneos y subsiguientes... El estilo de Valle-Inclán se compone de una sucesión de imágenes; imágenes auténticas, visibles, que no lo que se suele denominar metáforas, que es el esfuerzo en vano hacia la materialización de la imagen» (IV, 980 y 981) [348].

Es evidente que Pérez de Ayala se aprovechó de la lección de Valle-Inclán, sobre todo en sus primeros escritos. No se trata, por supuesto, de que Ayala intentase escribir como Valle. Existen diferencias sustanciales entre ellos, pero hay rasgos estilísticos valleinclanescos que influyeron en el primer Ayala, y coadyuvaron a la formación de peculiaridades estilísticas en todas las etapas ayalinas [349].

Pérez de Ayala, normalmente, ordena la distribución bimembre mental de los enunciados con técnica paralelística. Así, construye con frecuencia las dos partes del enunciado con rigor simétrico entre los despliegues de cada miembro. Se trata de otra manera rítmica de componer la estructura general bimembre de los períodos:

«En el aire temblaba confuso clamor de voces y relinchos, / a que hacía hondo contrapunto el mugir aquejado de vacas y ternerillos» (I, 1015) [350].

«Creía tener en lugar de corazón un montón de cenizas y una burbuja de aire turbio en lugar de sesos» (I, 503).

«Mi cama de escolar mezquina y blanda, la vida plácida de adolescencia devota y creyente» (I, 1089).

348. Son bastantes y variadas las similitudes entre Valle y Ayala. Norma Urrutia habla sobre la práctica del esperpento en ambos autores: «Sería interesante estudiar la relación entre el esperpento de Valle-Inclán, por entonces recién manifestado en obras como *Divinas palabras, Luces de bohemia,* y la obra novelesca de Ayala (desde la novelita *Exodo,* 1911, que aparece recogida en *Bajo el signo de Artemisa*). No se puede hablar de influencias, a nuestro modo de parecer, por su aparición simultánea, sino más bien de *atmósfera* común en el tratamiento de ciertos temas típicamente españoles» (*De Troteras a Tigre Juan. Dos grandes temas de Ramón Pérez de Ayala,* Madrid, Insula, 1960, p. 88, nota 35). Y en la nota 41, pp. 92 y 93, vuelve a establecer otra relación entre Valle y Ayala: «La obsesión de Tigre Juan, elevada hasta la caricatura, recuerda sin querar a los personajes del esperpento de Valle-Inclán *Los cuernos de Don Friolera* (1921). Como antes dijimos, no creemos que se trate de imitaciones en la actitud estética que produce la visión esperpéntica, sino más bien de una coincidencia de sensibilidad y de época».
349. Pérez de Ayala conoció y estudió también el teatro de Valle, y en 1927 profetizó algo que hoy es total realidad: «Aunque la mayoría de sus obras dramáticas no se hayan representado, quiero mencionar a Valle-Inclán, porque presumo que andando el tiempo ha de reinar en la Talía universal como creador de un género suyo propio, y se le conceptuará como uno de los autores más recios, refinados y progresivos de su tiempo» (III, 530).
350. Obsérvese, además, la asonancia: ... relinchos, ... ternerillos.

«La luz chisporroteó con llamaradas amarillentas y rojas, que vomitaban grandes bocanadas de humo leonado y denso» (II, 880).

«Este cielo de un azul tímido, litúrgico, entre estos horizontes violeta, amoratados» (I, 985).

«Pequeñuelo, casi enano, la cabeza enorme, casi monstruosa» (I, 879) [351].

«A la orilla del mar de los mares, donde se mira el cielo de los cielos, como que de ese mar y de ese cielo nacieron los dioses y las ideas inmortales, el artista parece como que se ha abandonado en una actividad de exquisita receptividad y fruición sensual» (ABC, 19-VIII-1953).

La idea del contraste impulsa en muchas ocasiones la distribución bimembre mental de los párrafos. El gusto ayalino por los conceptos en antagonismo bipolar se manifiesta así también formalmente, y la ordenación paralelística, efectuada con más o menos rigor, le otorga ritmo sintáctico:

«En unas partes, un calor que achicharraba; en otras, un frío que pelaba» (II, 1057).

«Mi alma era como el mar en sosiego, muy dulce a la vista, muy amargo al paladar» (I, 823).

«Don Rafael, que es mi tío, pasea siempre en redor de la iglesia; en la pradera, si el día es asoleado; en el cabildo, si el día es lluvioso» (I, 989).

«De esta suerte, se puede oponer a la risa idealista que nace de las cosas, la risa realista que se burla de las ideas» (I, 1218).

«En la estancia palpitaban dos rumores: uno vasto, enorme, del mar; otro, cauto, tenaz y estridente, de la carcoma, en las vigas de la techumbre, pintadas de añil» (I, 320).

«En esto penetró en el recinto la pareja de la Guardia Civil. Parecían los dos payasos, vestidos de uniforme. Uno era flaco, largo y bigotudo; el otro, rechoncho, gordezuelo y glabro» (I, 353).

«Leonor, la primera, fue desde muy niña vivaracha, desenvuelta, mimosa. Josefina, por el contrario, era taciturna, meditativa y poco afectuosa exteriormente» (I, 281).

351. Además, las dos partes del primer miembro («pequeñuelo, / casi enano») poseen, cada una, cuatro sílabas, y cada parte del segundo miembro («la cabeza enorme, / casi monstrüosa»), seis.

«Lo que por una parte, hacia el Sur, era desolación y yermo y taciturnez terribles, era a la parte opuesta, hacia el Norte, exuberancia y frondosidad y jugo y color» (I, 205).

A medida que el tiempo avanza, el contraste se hace aún más abundante e intenso [352]:

«Pasemos del tono lamentoso y alegórico al acento moderado y narrativo» (III, 212).

«La vaca que atacó es retinta, joven y revoltosa. La víctima es colorada, vieja, escuálida, tuberculosa» (II, 1127).

«Diferenciábase la risa, risa de calavera, de la tos, tos macabra, por el trazo que describía la cavidad de la boca, que en la tos era como carátula de tragedia y en la risa como máscara de farsa» (IV, 632).

«En lugar de redimir, por transferencia y sublimación hasta la esfera de la belleza, lo feo y repugnante o terrible y odioso, convertir lo bello en horrible y detestable» (*ABC*, 23-VIII-1953).

«¡Qué contraste Escobar y Serapio! El carnicero, tan rollizo y colorado que parecía una res desollada, era la incorporación macorpórea del cuerpo humano en lo que tiene de más material. Escobar, amarillo, azuloso, vibrátil, casi etéreo, era la proyección más espiritualizada del espíritu humano en su tránsito a través del barro corpóreo» (IV, 214).

El contraste antagónico entre personajes es un recurso enormemente pertinente en Ayala, sobre todo en las novelas de la segunda época. Sirva como ejemplo el contraste entre las siete hermanas solteronas y Simona. En torno a la idea de la polaridad, del contraste, se organizan los elementos expresivos, ordenados hipotácticamente:

«Ellas, tan amojamadas y huesudas; Simona, tan fragante y tierna. Ellas, tan amarillas; Simona, tan blanca. Ellas, cardos; Simona, violeta. Ellas, talludas y todavía sin novio; Simona, ya casada, una chiquilla» (IV, 483).

---

352. Hay un texto, enormemente significativo, en el que Pérez de Ayala manifiesta con gran claridad esta manía suya por los contrastes: «En mi dictamen, el punto más certero y altanero de intuición artística lo alcanza Platón en el *Filebo*, diálogo en el cual considera lo bello como una evolución o desarrollo desde lo feo, mediante la armonía y conciliación de los contrarios. En mis libros de crítica abundan disquisiciones en que este principio aspira a ser dilucidado. Y al mismo propósito están ajustados mis poemas y novelas; si bien, casi seguramente, mi propósito ha sido fallido, y por eso el lector y el crítico no lo echarán de ver» (IV, 1058).

Obsérvese, en el ejemplo siguiente, el contraste entre el carácter y la actitud:

«Voltaire era tacaño, mezquino y envidioso. Ático, desprendido, magnánimo y presto en encarecer el talento ajeno» (*ABC*, 9-VII-1948).

La distribución bimembre del enunciado, ordenada paralelísticamente y por contraste, es nota característica y esencial en la estructura rítmico-sintáctica de la prosa ayalina. Pero esto mismo puede ser ordenado paratácticamente o por correlación, lo que no es infrecuente en Pérez de Ayala. La ordenación paratáctica o correlativa tiene un fuerte carácter intelectual; es un arte de momentos complejos y refinados [353]. A él recurre Ayala con más profusión en el ensayo. He aquí algunos ejemplos:

«El mar lo rodea todo, lo llena todo, lo empapa todo, con su bullir perenne, su rumor invisible y su aliento de salitre» (I, 832).

La correlación se establece así:

> El mar lo rodea todo con su bullir perenne
>   lo llena todo con su rumor invisible
>   lo empapa todo con su aliento de salitre.

Obsérvese, además, la progresión *rodear-llenar-empapar*.

«La belleza... sólo es reconocida por el intelecto en formas unitarias, armoniosas e inteligibles, que no multiformes, disgregadas, incoherentes y emocionales» (*Arriba*, 24-X-1947).

> Formas unitarias, que no multiformes, disgregadas
> formas armoniosas, que no incoherentes
> formas inteligibles, que no emocionales.

«A pesar de eso no podrá por menos de ir en seguida dibujándose, definiéndose y diferenciándose categorías varias, jerarquías funcionales y clases nuevas, dentro de aquella instantánea, amorfa y fugaz clase única» (*ABC*, 2-VIII-1948).

> Dibujándose categorías varias dentro de aquella instantánea clase única
> definiéndose jerarquías funcionales dentro de aquella amorfa clase única
> diferenciándose clases nuevas dentro de aquella fugaz clase única.

---

353. D. ALONSO y C. BOUSOÑO: *Ob. cit.*, pp. 67 y 68.

«En cuanto la realidad... se mostraba incorporada en individuos o sucesos fuera de lo común, desusados, patéticos, sorprendentes, extravagantes y originales, la escuela naturalista repudiaba estas formas por inverosímiles, falsas, caprichosas, frívolas y ridículas» (III, 534 y 535).

La escuela naturalista repudiaba las formas

> desusadas por inverosímiles,
> patéticas por falsas,
> sorprendentes por caprichosas,
> extravagantes por frívolas
> originales por ridículas.

Se habrá podido observar cómo todos los despliegues ordenados paratácticamente están insertos en la distribución bimembre mental del enunciado, y los despliegues dentro de las dos partes van marcando el ritmo sintáctico. He aquí, sin explicación, otros ejemplos de ordenación correlativa:

«Así como en la Historia de la Humanidad el agua fue la grande y primera soldadera de pueblos (porque mares y ríos son lazos, montes son barrera y desierto es aislador), así en la historia de los amores individuales las lágrimas unen, la altivez separa y la llaneza aísla» (I, 510).

«Le habían purgado de todo regazo mitológico, alusión religiosa y superstición arrastradiza, pues antes de la Revolución francesa no había existido en el mundo sino tiranía, caos letárgico y oscurantismo intelectual» (*ABC*, 13-VIII-1952).

«Tolomeo protegió y fomentó letras, artes y ciencias. Invitó a su corte a los más insignes filósofos, artistas y hombres de ciencia de aquellos días» (*ABC*, 5-XII-1953).

Desde la perspectiva de la estructura rítmico-melódica, es frecuente en Pérez de Ayala que el juego de inflexiones ascendentes y descendentes de la voz al final de cada miembro del período sintáctico, acompañe y siga los cauces de las diversas partes que integran la distribución bimembre mental. De esta manera, el elemento musical refuerza el ritmo sintáctico. Según Amado Alonso, la adecuada ordenación de los miembros melódicos del período, con sus tensiones y distensiones correspondientes, es una organización dinámica de sensaciones, y en eso justamente consiste el ritmo; no se trata de que el ritmo sea algo que la melodía lingüística haga o produzca, sino que la melodía es una de las caras del ritmo, la acústica. La melodía sube y baja con el crescendo y decrescendo de las tensiones[354]. Es algo

---

354. «La musicalidad...», en *Ob. cit.*, pp. 292 y 293.

inherente a la construcción sintáctica del enunciado, ya que la melodía acompaña y se acopla de manera indisociable a la formación del enunciado en miembros. Si la estructura rítmico-sintáctica surge sobre la base de las posibilidades sintácticas de la lengua, no tiene nada de extraño que la estructura rítmico-melódica se cimente en las posibilidades de entonación de la lengua. En toda lengua, a cada frase, según el sentido especial en que se usa, le corresponde una determinada forma de entonación [355]. Tanto la organización en miembros como los tonos ascendentes y descendentes de la línea de entonación permanecen siempre fieles al sentido oracional. Sin embargo, pudiera ser que en algunos casos, por el deseo de lograr cadencias más musicales, al construir los miembros del período se tengan en cuenta los efectos musicales, de manera más o menos consciente. Ya se vio que el esquema melódico —+—/—+— es frecuente en las *Sonatas* de Valle, y se encuentra con relativa frecuencia en la prosa ayalina de la primera época. En Pérez de Ayala, también son frecuentes los esquemas melódicos +—; —+—; +—+—, que proporcionan musicalidad a la distribución bimembre mental de los enunciados [356]; se advierte cómo el orden de los miembros oracionales, las inserciones con valor atributivo, etc., están o pueden estar al servicio del ritmo musical, así como del sintáctico:

«Conforme a la tradición de la arquitectura pilarense +, todas las casas tienen a la espalda una larga galería de vidrios —» (I, 240).

---

355. T. Navarro Tomás: *Manual de pronunciación española*, Madrid, CSIC, 16.ª ed., 1971, p. 209.

356. La musicalidad de la frase atrae a Pérez de Ayala, y en sus reflexiones sobre la literatura y el lenguaje ha dejado constancia de ello: «La pintura toma parte de su vocabulario a la música: armonía, escala, acorde de colores, etc. La música a la pintura: gama musical, tono brillante, línea melódica, etcétera; o bien a la literatura: idea musical, frase melódica, etc. La literatura no sólo toma el vocabulario a la música y a la pintura, sino también el procedimiento, y llega a ser, si se lo propone, ya musical, ya pictórica» (III, 1277).

Estas reflexiones dan sentido a lo que de pictórico y musical hay en la prosa ayalina. En la música está el ritmo y la intuición de lo inefable: «La música nos inculca, de una parte, el hábito del ritmo, con que valorizar las palabras en la dicción; de otra parte, la intuición de lo inefable y trascendental, con que embeber en un tono espiritual y profundo la precisión concreta de la frase hablada. Por eso desde tiempo inmemorial se estudió la dicción al son de la música, como el canto. El lenguaje es canto cristalizado. El hombre cantaba, primero que hablase. Canta el niño antes de romper a hablar» (III, 425). La inefabilidad de lo musical produce a veces un deseo de desligarse del lenguaje: «Y así, de una en otra relación, mi inteligencia llegó a un punto tan impreciso, sutil e inefable, que desligándose de las ataduras concretas del lenguaje, tomó la forma de cosquilleo dulcísimo que me runruneaba por dentro. Estaba discurriendo musicalmente, según quería Hegel, y más tarde Schopenhauer; pero la misteriosa canción con la cual vibraba mi alma, como arpa en un acorde final, negábase a brotar de los labios» (I, 1074).

«No de otra suerte que un manantial de agua viva y pura brota de entre espinosas zarzas +, a través de la enmarañada frondosidad pilosa de Travesedo comenzaron a salir palabras rítmicas —» (I, 164).

«Sobre este particular del amor socrático +, escuchemos las prudentes indicaciones de Goethe —» (III, 369).

«Tanto como don Cástulo a doña Micaela +, quería y admiraba Paolo a Urbano —» (IV, 505).

«En esta amalgama étnica +, el pueblo que más se asemeja al español es el de Gran Bretaña —» (ABC, 7-III-1954).

«Platón —, de lengua de miel +, caviló y disertó largamente sobre lo bello —» (IV, 1057).

«Napoleón —, supremo político +, lo había expresado más sagaz y cuerdamente que los reformistas —» (III, 891).

«Caminó por bajo un espeso cielo de hayas —, en tal forma entretejidas +, que los sutiles cabellos de Febo no podían por sus coyunturas deslizarse —» (II, 903).

«Legiones de clérigos —, trocados en peregrinos +, aguardaban la formación del ejército a fin de seguirle —» (II, 899).

«Y aquel color —, atravesando sus pupilas +, se le derramaba dentro del alma con suavidad sedeña y lenitiva —» (II, 1105) [357].

«Los gallos —, en sus muladares +, lanzan el rayo que prende el fuego de la aurora —» (II, 1125).

«En el cubil cercano +, el cerdo —, poseído de temor +, mezclaba a los lamentos de las viejas gruñidos cobardes —» (I, 32).

«Al salir de la casa +, la luna—, como el alma de la noche +, difundía en el paisaje la melancolía de su luz aterciopelada y cariciosa —» (I, 1075).

«Detrás +, la vía férrea —, de reflejo lívido y acerado +, se enroscaba y enroscaba sin salir del sitio —» (II, 757).

357. El último miembro consta de dos endecasílabos: «se le derramaba dentro del alma / con suavidad sedeña y lenitiva.

La sensación orgánica de tensiones y distensiones va siguiendo el ritmo sintáctico y el ritmo del pensamiento. En la prosa de Pérez de Ayala es frecuente esta sucesión rítmica y musical de inflexiones ascendentes y cadentes:

«Finalmente +, la moral cristiana no ignora —, como la estoica +, que el hombre —, en su esencia+, es y no puede dejar de ser puro deseo —» (III, 589 y 590).

«Fuera +, las gracias individuales del paisaje —, enfundadas en túnica de neblina +, se hacinaban delicadamente —, como una colección de objetos frágiles y leves +, envueltos en papel de seda semitransparente —» (I, 1066).

«Sobre el alféizar +, dos gorriones —, ebrios de sol y de vida +, se amaban —, con graciosa impudicia +, entre el olor a fresca menta montaraz y casera hierbabuena que subía del huerto —» (IV, 409)[358].

«Lo mismo cuando leía don Pablo que cuando leía don Agustín +, media tertulia acompañaba la narración con asentimiento de cabeza —, elevación de pupilas + y sacadura de morro —, gesticulaciones que expresaban —, respectivamente +, la conformidad lógica —, la admiración artística + y el deleite estético —» (II, 1086 y 1087).

«En el centro del jardín verdinegro y monacal —, poblado de cipreses ancianos y mirtos seculares +, una fuente —, como extasiada +, tenía decires misteriosos —» (I, 1085)[359]

«Sobre los pretiles +, unos marineros —, con camisetas de rayas amarillas y negras +, recibían —, tendidos e inmóviles +, un remiso espolvoreo de sol —, que la niebla —, cedazo de tul +, cernía —» (II, 791)[360].

«Lo que comúnmente se entiende a veces por castizo —, tradicional y típico + no es sino indumentaria pintoresca —. Pero la indumentaria pintoresca —, en ocasiones +, nada tiene de típica —, ni de tradicional +, ni de castiza —» (III, 291).

«El intento del señor Martínez Sierra —, si se lograse +, podría rendir doblada utilidad —, de un lado +, para los actores españoles —; de otro +, para el público —» (III, 418)[361].

358. Obsérvense estos dos octosílabos: «fresca mente montaraz / y casera hierbabuena»; sin olvidar la paronomasia existente en *menta montaraz*.
359. Otros dos octosílabos: «en el centro del jardín (——/——/) verdinegro y monacal (——/——/)».
360. Hay también brillantez vocálica, de íes y aes, y aliteración de s en «un remiso espolvoreo de *sol*».

A cada miembro del período corresponde un modo de tensión, una tesitura y una inflexión melódica final, y todos ellos se van sucediendo en recíproca referencia, de manera que forman una figura unitaria [362].

La estructura trimembre mental de los enunciados aparece con mucha menos frecuencia en la prosa ayalina que la bimembre:

«El cielo estaba maravillosamente inflamado. El rostro de Esperanza estaba maravillosamente inflamado. Mi corazón estaba inflamado maravillosamente» (I, 832).

«Dentro de un día, de dos, ¿no habré cambiado de modo de pensar? Estas brumas ideales, ¿no se disolverán en la ventolera del tráfago mundanal? En el mimoso blandear de los sentidos, ¿no se enhiestará, férreo y eréctil, como columna que sustenta el áureo becerro?» (I, 833).

«Sentóse sobre los talones, cruzó los brazos y diose a cavilar» (I, 407 y 408).

Se parte, normalmente, de una palabra clave en el enunciado para desdoblarla, en una explicación subsiguiente, en tres miembros, con una correspondencia más o menos fuerte entre sus elementos:

«Hablo de moral y no de moraleja, de contenido y no de externidad, de concepto y no de sermoneo ni charlatanería» (III, 452).

«El sol se siente en los ojos como caricia; en la boca, como miel y vino hervido; en el corazón, como música» (*Hermann encadenado*, pp. 144 y 145).

«Miróte a ti para poner los oros de su mediodía en tus crenchas, y el rosa de sus alboradas en tus mejillas, y la púrpura de su florecimiento en tu boca» (II, 47).

«Era una carta llena de inquietud, empapada de ternura filial, temblorosa como una lágrima» (I, 958).

«Pasaron bajo los pomares, retorcidos y chaparros; bajo los perales, más gallardos y erguidos; bajo los cerezos de hojas gráciles y largas» (I, 1020).

---

361. Existen también dos dodecasílabos: «el intento del señor Martínez Sierra / podría rendir doblada utilidad».
362. Amado Alonso, p. 306.

«Cuando veo algo que atrae mis sentidos encuentro alguna semejanza con vos, en el cielo sobre todo, azul como vuestros ojos, rojo por la tarde como vuestros labios, lleno a veces de nubes blancas, blancas y suaves, como vuestras manos» (II, 1047).

Esta búsqueda del ritmo distribucional sintáctico se advierte con mayor claridad cuando en todos, o al menos en dos de los miembros, se repite una palabra que va marcando machaconamente el ritmo:

«En un principio iba con su padre, el gran Arbejo; a la misma hora siempre, por las mismas calles siempre, acaso dando el mismo número de pasos siempre» (I, 1028).

«Tenía el pelo sumamente blanco, las cejas sumamente negras y la boca babosa» (I, 879).

Por lo general, la trimembración en Pérez de Ayala estructura uno de los miembros de la bimembración mental del enunciado:

«Su figura era gentil y de buen aire, a pesar de lo haldudo del hábito, lo desgarbado de la esclavina y lo sordo de la negra toca escarolada» (II, 1005).

«Repártense por la superficie del suelo desconcertadamente, de suerte que componen un manto, de amplios pliegues majestuosos, en que el almagre se casa con el verde veronés, el sil con el amarillo gayo, y la broncínea sombra con la media tinta violeta» (II, 950).

«Muchos días no había qué comer, pero se sentaba a la mesa, se alimentaba de ilusiones y se embriagaba con palabras generosas» (II, 742).

El interés de la trimembración en la prosa ayalina es evidente, pero estos despliegues triples están casi siempre insertos en la bimembración general que en último término estructura el enunciado. El ritmo sintáctico trimembre, pues, suele funcionar dentro del ritmo binario mental, más totalizador. Obsérvese este ejemplo:

«De esta suerte iba aquella bandada de palomas y palomos sin hiel; duros en la fatiga, serenos en las adversidades, en el regocijo francos; libres de envidias, rencores y pasiones bajas; limpio el corazón de torcedores villanos, de cavilaciones el cerebro» (I, 168).

La afirmación que se efectúa en la prótasis («de esta suerte iba aquella bandada de palomas y palomos sin hiel») se explica en la apódosis con una trimembración, cuyos dos primeros miembros, a su vez, acogen otros despliegues trimembres, y el tercero se estructura en dos partes:

1) Duros en la fatiga, serenos en las adversidades, en el regocijo francos.

2) Libres de envidias, rencores y pasiones bajas.

3) Limpio el corazón de torcedores villanos, de cavilaciones el cerebro.

Algo parecido sucede en este otro caso:

«El disco que sirve de base a la concavidad cristalina es como de mármol pulido, con suave diversidad cromática de matices; verde tierno, verde azulenco, verde maduro; ocre topacio, ocre amatista, ocre coral; rosas, platas, malvas. Todo está cultivado, acotado, aderezado» (*ABC*, 11-II-1954).

Acerca de la plurimembración en la prosa ayalina, se puede decir prácticamente lo mismo que acerca de la trimembración. Es evidente el interés de Ayala por los despliegues múltiples con el fin de lograr el ritmo en la distribución sintáctica, pero se trata de distribuciones que funcionan normalmente en una división bimembre mental de los enunciados:

«La errabundez perdurable había puesto en las pobres gentes un poco de melancolía, y el polvo de los caminos un velo de opacidad, y el sol de cada cenit una buena gracia de resignación. Mas el vaho de tristeza que envolvía los cuerpos ajetreados; el bordón de la pesadumbre que vibraba al unísono y por bajo de la danzarina música; la niebla gris de lo efímero sobre el alma y sobre los ojos de los bohemios; la monotonía de lo inconstante; el acicate de la inquietud, y el rodar de la desventura, y el ignorar de rumbos, y la orfandad de puertos, y el temor de eterna romería, y, en fin, la aureola sentimental de la huidera caravana, todo ello era inadvertido por los habitantes del pueblo» (I, 34 y 35).

Los dos párrafos constituyen una unidad superior bimembre. Pero si se analiza el segundo párrafo, existe también un bloque mental expresivo distribuido en dos segmentos, representados por la prótasis y la apódosis. La prótasis se despliega a su vez en una extensa pluralidad de movimientos, mientras que la apódosis se desarrolla con precipitación; la prolongada tensión suscitada por la prótasis se desvanece, pues, con rapidez en la apódosis.

He aquí otros ejemplos:

«Por su sólida educación literaria, por su amplia cultura clásica y de humanidades modernas, por su sagacidad y penetración, por la moderación y sobriedad de juicio, por la agudeza y continencia del ingenio, por la elegancia y buen sabor del lenguaje, por todas estas cualidades, la asidua crítica de esos dos escritores merece ser seguida con atención» (IV, 973 y 974).

«Por el hueco de la ventana entrábase el bullicio confuso del establecimiento: rumores, golpeteo de fichas de dominó sobre mármol, retemblar de vidrios, vibraciones de metal y una tenue luz plomiza» (I, 8).

«Andújar era un ingeniero de minas. En opinión de las niñas pilarenses, era adorable, a causa de sus rasgos virginales, de sus ojos balsámicos y adormecidos, del rubí de sus labios, el rosicler de su mejillas y el violeta cerúleo de las rasuradas mejillas; parecía una imagen de cartón piedra» (I, 418).

«Cerdá narraba minuciosamente la escena, sin abrir la boca, sin mover los labios, sin pestañear, sonriendo plácidamente: las palabras de seducción, a fin de enlabiar a la doncella; el ruboroso resistir, el bárbaro violentar, el ahogado gritar, la virginal torpeza, el llantear postrero, todo, todo...» (I, 8).

«La cuestión social..., en tanto hay cigarros habanos, y música de Mozart, y el sol alumbre, y la luna sueñe en el cielo, y las primaveras den flores, y el otoño frutos, y las mujeres sonrisas (oh, mi amada boca encendida, que muestra al reír doble sarta de dientes), yo la tengo resuelta» (I, 1125).

«Los grandes árboles y los pequeños arbustos, y las hierbezuelas de los campos, y las nubes del cielo, y el aire inmoble, y el agua escondida entre setos, todo cantaba con voz sencilla e ingenua» (I, 1078 y 1079).

Es en el retrato, en la descripción de personajes, donde Pérez de Ayala utiliza más copiosamente los movimientos plurimembres. La enumeración de partes físicas, cualidades, etc., facilita el uso de plurimembraciones; en muchas ocasiones se advierte el interés rítmico-sintáctico en estos despliegues múltiples:

«Y los hombres: éste, rubio como lino; aquél, negro como pez. Tal, redondo como una bola de algodón. Cual, fino como algodón hilado. Aquí, un hombre de dos metros de alzada. No lejos, otro con un metro y treinta centímetros» (II, 1057).

«Su cara era excesivamente marsupial; bolsas debajo de los ojos, bolsas en las comisuras de los labios, bolsas en las mejillas, bolsas en las mandíbulas, bolsas en la barba, y bolsas en sus tres papadas; amén de otras bolsas que no hay para qué mencionar» (I, 330).

«La imagen del mozo se había adueñado del recuerdo de Rosina; no recordaba nada sino a él: la negrura e intensidad de los ojos; la rojez de la boca; la abundancia y lustre de los cabellos enguedejados, uno de cuyos rizos le caía hasta las cejas; la suavidad del color; la firmeza del cuello; la amplitud del torso; lo fornido de brazo y pierna; todo, todo él, desde la cabeza hasta los pies» (I, 38).

«El único que no fumaba era un cura, de piel lechosa, nariz colgante, ojos tiernos y postura de feto, todo encogido» (IV, 82).

«En el portal tropecé con Rufa, que iba ataviada con sus prendas más ricas: mitones, un mantón que parecía manteleta, mantilla, un abanico, con un gato pintado de tamaño natural, sobre fondo verde, que le había regalado Alberto, y un grueso libro de misa» (I, 327).

«Tenía el cráneo aplastado por los costados; el perfil de su rostro era una proa; las orejas, retrasadas, altas, despegadas y puntiagudas; brazos y manos larguísimos, a modo de tentáculos; el color, de palo seco; los ojos, penetrativos y llenos de funestos presagios» (I, 381).

«Es un lidiador llamativo por su pergenio: el rostro, achocolatado y obtuso; los ojos, estáticos y profundos; crencha, híspida y zaina; los miembros, elásticos y como sin goznes» (III, 803).

Tanto en este último ejemplo como en el primero, se puede observar un ritmo en la línea melódica de la distribución plurimembre; consiste en una inflexión ascendente de la voz en la primera parte de cada miembro de la plurimembración. He aquí otros dos ejemplos de este tipo:

«De piel de sangre de toro +, los zapatos; de seda bermellón +, los calcetines; verde-dragón +, la corbata...; de brasil +, las mejillas; violeta +, la parte rasurada del rostro; las patillas +, de oro» (I, 830).

«El vivo del alzacuello +, una pinceladita de morado ardiente, casi carmín; el afeitado de bigote y barba +, color violeta y azulenco pálido; el resto del rostro +, rojo vehemente y bruñido; los ojos +, profundos y negros» (IV, 22).

El ritmo sintáctico y el melódico forman así una figura unitaria.

He aquí algunos ejemplos en que la distribución plurimembre estructura más ampliamente el enunciado:

«Llevaban gruesos anillos en los dedos, fumaban excelentes habanos, vestían con sobrado aliño, eran regordetes y mostraban en el rostro la rubicundez de las digestiones copiosas» (I, 724).

«Se había olvidado ya de la voz de Simona. Sonaba a canto de ruiseñor, a susurro de bosque; olía a dondiegos de noche, a heno, a madreselva; brillaba en sinnúmero de puntos azulinos y temblorosos, como luceros; sabía..., ¿a qué sabía la voz de Simona?, a verano, a luz dorada» (IV, 503).

«Yo amo a los niños —bisbiseó Travesedo, con acento de confesión—. Yo siento una gran ternura por los niños. Yo no puedo ver un niño sin conmoverme, como en la iniciación de un misterio. Yo no puedo ver un niño sin pensar: ¿Será, andando el tiempo, un Sócrates, un Dante, un Goethe?» (I, 796).

Si la rítmica distribución bimembre del enunciado es característica en la prosa ayalina, resulta asimismo muy fecunda la agrupación directa de dos o más elementos, que colabora eficazmente al ritmo sintáctico general. La agrupación de adjetivos es, con mucho, la más fecunda, si se compara con la de sustantivos y verbos. Se advierte el interés por superar la adjetivación vulgar, trivializada, con lo que a menudo se logran formas sorprendentes y sonoras. En ocasiones, una expansión comparativa viene a proporcionar mayor equilibrio sintáctico a la frase.

La bimembración adjetival es muy abundante en Pérez de Ayala, y se caracteriza, además de por las notas generales expuestas, por el ritmo acentual, generalmente anfibráquico (oóo), aunque abundan también los grupos silábicos cuaternarios (ooóo)[363]. La bimembración de sustantivos y verbos es menos fecunda:

«Al buen Cerdá, le parecía que aquella criatura encanallada y rufianesca tenía muchísimo salero» (I, 135). «¿A qué recordar los minutos arcádicos y pantagruélicos del almuerzo nupcial?» (I, 842).

«Coste roncaba, sentado en actitud canónica y profunda» (*AMDG*, 160).

«La comarca... está desolada, desnuda, de un gris inerte y letárgico, como panorama soñado, en un planeta vacío» (*Hermann encadenado*, 150).

«Tú eres rubia y ambarada como una princesa sajona» (I, 219).

«Con la mano, pequeñuela y canónica, arañaba la mesa» (I, 668).

«El señor obispo, plácido y cogitabundo; los señores canónigos, contemplativos y canoros» (II, 706).

«Un friso de azulejos verde-cinabrio y amarillo-ámbar» (I, 367 y 368).

«Sus ojos solares volvieron a arder como nunca, irritados, fatales» (II, 963).

363. Dentro de los grupos silábicos ternarios, la ordenación anfibráquica es la más frecuente, dada la estructura de la lengua castellana (vid. para estos asuntos L. ALONSO SCHÖKEL: *Ob. cit.*, pp. 137-155).

«Don Rodrigo rompió en una carcajada caudalosa, elemental» (II, 803).

El contacto inmediato de parejas de adjetivos no es extraño en la prosa de Pérez de Ayala:

«La postura crítica extemporánea y discordante, llamativa y espectacular» (*Arriba*, 15-X-1947).

«Era un pueblo aburrido e imaginador, resignado y humorístico» (II, 1177).

«También en este drama, *Amor que vence al amor*, fruto primerizo de su numen, se refleja a distancia un resplandor crepuscular y ardiente del alma española de antaño, a un tiempo recia y pía, altanera y humilde, arrebatada y laxa, entera y rendida, sensual y pura, enfática y sobria, hidalga y picaresca, paladina y conceptuosa, y otra porción de antítesis y correspondencias» (III, 468).

«Cuanto la Naturaleza ha creado de abrupto y salvaje (—/— y —/—), de noble y prócer (/— y /—), de sugestivo y misterioso (——/— y ——/—), encuéntrase allí repartido por mano pródiga y sabia» (I, 1085).

A veces la misma pareja de adjetivos sirve para calificar a diversos sustantivos en una jerarquización prevista: la adjetivación de un aspecto físico determinado pasa a caracterizar irónica y metafóricamente aspectos de otra índole, con lo que el personaje queda cabalmente pergeñado por la reiteración gradual:

«Don Nicolás Sol de Il, aquel célebre y ridículo político de la barba enmarañada y esponjosa, de la elocuencia enmarañada y esponjosa, del intelecto enmarañado y esponjoso» (*AMDG*, 11).

Este mismo procedimiento, un poco más violentado y con inversión de los adjetivos al referirse al segundo sustantivo, aparece en el ejemplo que sigue:

«El vástago, Ignacio de nombre, iba creciendo y entrándose por la vida con pie temeroso, vacilante: el espíritu, más vacilante y temeroso aún» (II, 997).

Se trata de una posibilidad distribucional y rítmica sabiamente manejada que encuentra su culminación cuando es únicamente el segundo adjetivo de la pareja bimembre el que se repite en los diversos miembros de la pluralidad. Hay un denominador común para los variados sustantivos, y otro elemento adjetival propio para cada uno de ellos; pero lo que importa estilísticamente es el elemento común, siempre en el segundo lugar de la estructura binaria, con lo que se origina un ritmo machacón, insistente. Se resalta así con la reiteración y el despliegue rítmico el elemento clave de toda la descripción:

«Era una noche estival y en tierra de Campos; el cielo, zafirado y eterno; la tierra, plateada y eterna» (I, 37).

«Sus ojos son azules y cándidos; sus mejillas, modestas y cándidas; su boca, pulquérrima y cándida; su cuerpo, frágil y cándido» (II, 1092).

En la bimembración con adjetivos, el ritmo acentual, como ya se dijo, es frecuente. He aquí algunos ejemplos:

«Un sol enfermizo y apocado (——/— y ——/—) oreaba las encharcadas calles» (I, 365).

«Por detrás del susurro de la lluvia levantábase el tumulto tremendo y sonoro (—/— y —/—) de la mar» (I, 60).

«Los cazadores tomaron una empinada y pedregosa (——/— y ——/—) calleja que reptaba entre sebes» (II, 955).

«La vida plácida de adolescencia devota y creyente (—/— y —/—)» (I, 1089).

Cuando al ritmo acentual se une el homoioteleuton, la cara acústica del ritmo se refuerza [364]:

«Muro era afamado por sus versos satíricos, versos nerviosos y garbosos (—/— y —/—), de picante venustidad en la forma y austero contenido ideal, como maja del Avapiés que estuviera encinta de un hidalgo manchego» (I, 696).

«Mister Coleman... andaba, al parecer, todo rijoso a la zaga de la Brandes, a hurtadillas de su consorte, gordinflona y escamona (——/— y ——/—)» (I, 370).

«Una cuadrilla de sonorosos y clamorosos (——/— y ——/—) cuadrúmanos, o sea que aplauden a cuatro manos» (III, 451).

364. Como es sabido, Julio Casares había señalado tres fases en el estilo de Valle-Inclán, y consideró esta «descarada consonancia de los epítetos sucesivos» como rasgo característico de la tercera fase. Téngase en cuenta que se trata de la obra de Valle anterior a 1915 (vid. *Crítica profana*, pp. 55-58).

También en la bimembración con sustantivos y verbos se observa a menudo el ritmo acentual:

«La fiebre de sus cavilaciones le iba devorando, poco a poco, y empañando aquella tersura translúcida —leche y rosas— (/— y /—) de su tez» (*AMDG*, 193).

«Cubrían los muros de las naves en el templo augusto grandes vestiduras azules y blancas —ensueño y pureza— (—/— y —/—), que se movían pesadamente bajo el impulso de un hálito divino» (I, 1090) [365].

«Pero cuán difícil de comprender la compleja concatenación sinfónica de bosques y ríos (/— y /—), praderas y montañas (—/— y —/—), cielos y mares (/— y /—)» (I, 1114).

«Los pabellones y recovecos (——/— y ——/—) de una oreja» (II, 731 y 732).

«Al pie de los muros más largos del tendejón se alinean los barrigudos pipotes y toneles (—/— y —/—)» (I, 862).

«¡Qué pulcro y qué redondo *se comba y reparte* (—/— y —/—) espontáneamente el montón de trigo, más que seno moreno de doncella!» (II, 1117).

«Esos poemas, que tú y yo conocemos y despreciamos (——/— y ——/—)» (III, 647).

«No quiere decir este título que sea él quien gobierna y preside (—/— y —/—) las jornadas que hace el rey» (IV, 818).

La bimembración con sustantivos ofrece casos de interés:

«Recogióse la luz tras los montes, y en la carretera, bajo los negrillos, había una sombra densa, poblada de murmurio y cascabeleos» (I, 1018).

«Tus versos no son versos ni cosa que se le parezca, sino rimbombancia y estropajosidad» (I, 759).

«La villa de Reicastro yace sin cesar arrebozada en niebla y silencio» (II, 761).

---

365. Se observa claramente la correlación en esta metáfora aposicional: azules-ensueño, blancas-pureza.

«La voz se le apelmazaba en la garganta, incitándole a unos estiramientos y contracciones de pescuezo semejantes a los de un pavo al que hacen engullir nueces a la fuerza» (IV, 746 y 747).

«Muy próximo, corría un arroyo, atravesando de un lado a otro la huerta, y en sus márgenes se apretaban, a modo de giraldilla infantil, matas de margaritas y narcisos, de rosas y claveles» (I, 291 y 292).

«Téngase en cuenta que de esa gran risa sana, libre y tumultuosa, que resuena en las postrimerías históricas del medievo y aurora de la presente edad, participaban todos, grandes y chicos, hembras y hombres, religiosos y seglares» (III, 272).

«Hoy la vivienda, con sus cuadras y estrados, herrajes y ajuar, huertecillos y patizuelos, es un remanso fuera de la hora, donde la penumbra está caliente y sonora todavía de los cuerpos y las almas» (IV, 819) [366].

Dámaso Alonso, al analizar la prosa renacentista, denomina *geminación* a una dualidad cuyos miembros sean sinónimos (o aproximadamente sinónimos), y demuestra cómo muchas de las dualidades que caracterizan el habla de don Quijote son verdaderas geminaciones. Esa geminación, aproximadamente tautológica, es característica de casi toda la prosa del período áureo de nuestras letras; son necesidades rítmicas las que llevan a la constante geminación [367].

La *geminación* no es una nota característica en la prosa ayalina, pero resulta curioso observar cómo en las novelitas que componen el libro *Bajo el signo de Artemisa,* en las que Ayala, como ejercicio literario, adopta una actitud clásica ante el lenguaje, aparece la *geminación.* Supo captar, es difícil averiguar si más o menos conscientemente, o por simple repetición de fórmulas hechas, este aspecto del ritmo de la prosa renacentista:

«Corren con ignorante alegría a su próximo fin y acabamiento» (II, 952).

«¡Oh mi señor! Huyamos sin topar con tales gentes, que bien a las claras dicen por su porte y manera ser malhechores» (II, 891).

«Entonó un gran himno de gracias a Jesucristo, que tan alta merced le había concedido, cual era la de mostrarle el lugar y paraje donde su muy amada Melisenda, tanto tiempo presentida, se encontraba» (II, 889).

366. En este ejemplo el ritmo acentual se deja notar con fuerza en las agrupaciones bimembres: sus cuadras y estrados (—/— y —/—), huertecillos y patizuelos (——/— y ——/—), caliente y sonora (—/— y —/—), los cuerpos y las almas —/— y —/—).
367. Vid. D. Alonso y C. Bousoño, pp. 30-33.

La pareja de verbos es menos frecuente que la de adjetivos y sustantivos:

«Levantáronse éstos de mala gana, restregando los ojos y maldiciendo de la pícara suerte que no les tenía deparados, al pie del mismo tren, sendos y mullidos lechos de pluma, en donde se repantigaran y solazaran hasta reparar las fuerzas» (I, 222).

«Gardenia, bastardeando y prostituyendo el apodo (acaso lo único que le restase por prostituir), lanzó un grito de parturienta» (I, 20).

«Pía Octavia, igual que la matrona de Éfeso, quiso morir y ser enterrada a la vera de aquel cuerpo tan amado y tan amante» (I, 276).

«A veces, los tertulianos guardaban silencio y eɪa como si el bullicio público del café, con su rumor de agua entre guijas, se remansase y aquietase según se engolfaba en aquel ángulo de penumbra» (II, 1075).

«Tom deglutía e ingurgitaba líquido como un bárbaro» (I, 851).

«Le gusta cantar y canta como un cerrojo tomado de orín» (I, 34).

La agrupación de tres elementos, por necesidades rítmicas, es también muy fecunda en Pérez de Ayala, sobre todo con adjetivos. El ritmo ternario con adjetivos es evidente en la prosa de Azorín y Valle Inclán, y parece ser que este procedimiento hay que adjudicárselo a las innovaciones estilísticas del 98 y del Modernismo, aunque Dámaso Alonso ha mostrado que estas pluralidades aparecen también en la prosa barroca del sigl XVII [368]. Julio Casares considera esta técnica propia de la que él denomina segunda fase del estilo de Valle-Inclán [369], y Amado Alonso insiste también en este fenómeno [370]. Pérez de Ayala participa profusamente de este rasgo estilístico, muy importante y constante en la estructura rítmico-sintáctica de su prosa:

«La literatura política es la más deleznable, fungible y efímera» (ABC, 17-VII-1952).

«Rosina sacó de esta primera entrevista carnal una lección provechosa; antes, temía no servir para esta laboriosa, dura y honrosa profesión» (I, 97).

«Además, a nuestras compañías ferroviarias se les ha ocurrido disponer los viajes en la noche, lo cual estaría un poco mejor si hubiera criatura ca-

368. Vid. R. SENABRE: Lengua y estilo de Ortega y Gasset, p. 100.
369. Crítica profana, p. 51 y ss.
370. «La estructura de las Sonatas de Valle-Inclán», en Ob. cit., p. 247 y ss.

paz de conciliar el sueño sobre los aperreados, durísimos e inmundos cojines de los departamentos» (I, 1183).

«Humilde, haraposo, bíblico árbol» (II, 214).

«Los árboles, desmochados, mutilados, abrasados (——/—, ——/—, ——/—), son de color óxido de hierro» (*Hermann encadenado*, 107).

«Parece sabrosa, y mantecosa, y dadivosa también» (I, 834).

«Pero su carne rubia estaba agostada, marchitada, deformada (——/—, ——/—, ——/—) lamentablemente por prominentes venas negruzcas» (I, 446).

«Mujer extraordinaria. Rectilínea, dominante, ambiciosa (——/—, ——/—, ——/—)» (IV, 387).

«El rostro torpe, relleno y glabro» (I, 1006 y 1007).

«Este líquido manso, sustancioso y eucarístico (me refiero a la leche)» (III, 75).

«La primera estación del calendario republicano se instituyó que fuese el otoño, como en la vida académica, forense y parlamentaria» (*ABC*, 13-VIII-1952).

Julio Casares observa en Valle-Inclán que cuando los tres adjetivos no terminan la frase es que preceden a una comparación, y ve en ello una influencia, entre otras, de Eça de Queiroz [371]. A Amado Alonso le parece falsa esta influencia concreta, y considera que la agrupación en Valle-Inclán de tres adjetivos seguidos de una comparación es el resultado final de laboriosos tanteos, el equilibrio obtenido por la solución de un pequeño problema musical. Por otra parte, la fórmula hecha con la que parece que Valle ha dado, no se repite con excesiva insistencia; antes bien, aparecen «dobles adjetivaciones seguidas de comparación, en donde ésta parece ocupar musicalmente el puesto del tercer miembro de la enumeración» [372]. En verdad, se trata de un tipo de distribución sintáctica que puede ser empleada de múltiples formas, como miembro de una enumeración simple o compleja, y como complemento de equilibrio rítmico en cualquier enunciado; pero, además, la comparación es un complemento del pensamiento. Pérez de Ayala, en su prosa, recurre con insistencia, por necesidades rítmicas y de precisión de su pensamiento, a la comparación. He aquí algunos casos de trimembración adjetival seguida de comparación:

371. *Crítica profana,* pp. 53-55 y pp. 58-60.
372. «La estructura de las *Sonatas*...», pp. 247-249.

«El terruñero enjuto, correoso y encorvado, como un interrogante sobre el cielo» (II, 60).

«Yo seguía todos sus movimientos, amplios, armoniosos y cándidos, como de nieve que cae» (I, 849).

«La inteligencia de Plutarco era porosa, permeable y depurada como un filtro» (*ABC*, 22-VIII-1952).

«Sus senos eran fláccidos por modo increíble, cónicos y negruzcos, como coladores de café» (I, 778).

Con sustantivos y verbos, la trimembración es menos frecuente:
«Hicieron porción de repulgos, dengues y monerías antes de descender» (I, 118).

«Dígalo si no el bullicio, algazara y satisfacción con que los devotos de Venus volvían de ofrendarle sus dones» (I, 132 y 133).

«Serás Elvirunda Primera, pues el nombre de una emperatriz germánica ha de terminar en *unda*: Ildecunda, Gunecunda, Radegunda (——/—, ——/ —, ——/—). O en *undis*: Gunecundis, Radegundis, Elvirundis (——/—, ——/—, ——/—)» (II, 758).

«Un soplo salobre oreaba nuestras frentes y ciertos gritos de lamento, rodando por la noche, traían a nuestro espíritu reminiscencias célticas de poesía, de tristeza y de luna» (I, 853).

«Por el abierto portón de la huerta, al fondo del lagar, entrábase olor a rosas, a malvas y a tierra húmeda» (I, 259).

«En mi niñez, en mi adolescencia y en mi primera juventud, la vida y el amor me inspiraron dulcísimos cantos. ¡Qué ruiseñor, ni qué calandria, ni qué ocho cuartos, comparados con mi lirismo!» (I, 184 y 185).

«En aquellos instantes, la madre bañaba al calmuco, el cual había llegado a tal punto de cólera, que de verde aceituna se había puesto de color berenjena, y no se daba reposo a berrear, patalear y expresar a su modo rabia y odio felinos al agua y a las artes cosméticas» (I, 400 y 401).

«Al reflexionar no hacemos sino doblar, redoblar y desdoblar una idea, a fin de ir desarrollándola en las nuevas formas e imágenes de que era susceptible» (IV, 1240).

El despliegue de numerosos elementos proporciona a la prosa, cuando las circunstancias lo requieren, una vitalidad léxica que engloba, a veces de forma caótica, el concepto que se quiere explicar y precisar. También recurre Ayala con frecuencia a la plurimembración, sobre todo con adjetivos:

«Comenzaba a iniciarse en lo que él denominaba *vida intensa, vida de crápula,* frecuentando cuantos *chigres* y garitos hallaba al paso en la episcopal, mustia, triste, amodorrada, lluviosa y soporífera Pilares» (I, 865).

«Un jinete detuvo frente a la corralada su cabalgadura, sucio, miserable, peludo, barrigón y entristecido, con esta tristeza peculiar filosófica y resignada de los caballos de pueblo» (I, 993).

«El cielo está entoldado, azulenco, cenizoso y carmíneo» (*Hermann encadenado,* 240).

«Dondequiera que un español va, le salta a los ojos una imagen triste, esquemática, pueril y chillona» (*ABC,* 28-IX-1948).

«Pero, en el *campo,* se conducen de modo informal, distraído, narcisista, estorboso o alborotado» (*ABC,* 17-VII-1952).

«La calle de Jovellanos es una vía amplia, burguesa, flamante, presuntuosa» (I, 239).

«Poco después se presentó Mogote, el vinatero (gordo, purpúreo, camorrista, socarrón), ladeada la gorrilla, con blusa de mahón azul, que le bajaba hasta la pantorrilla» (IV, 608).

La agrupación de más de tres sustantivos o verbos es escasa en la prosa ayalina, al menos si se compara con la agrupación adjetival. Sin embargo, la plural acumulación de formas verbales suele poseer una progresiva enumeración, un proceso gradual:

«En suma, arte dramático y arte escénico, degeneran, decaen, descienden, periclitan y van sin cesar a menos» (III, 526).

«Vosotros no lo veis; pero el Angel de la Guarda, que está a vuestra diestra, lo ve, y sufre, y llora, y tiene que taparse el rostro con el ala, para no contemplar tanta suciedad» (*AMDG,* 139).

«Con asiduidad activa y morosa socavan de raíz las imperantes moles, las muerden, agrietan, derrumban y desmoronan, las pulverizan y atierran, y no es raro que transformen una estéril cadena montañosa en fecunda llamada de aluvión» (III, 902).

«Las damas fueron, como era de esperar, las más turbulentas y revoltosas. Husmearon, revolvieron, escudriñaron y pusieron como no digan dueñas, o como no digan proxenetas, cuanto toparon a mano» (I, 208).

«No admito la moral vulgar de los débiles. El hombre heroico, el hombre fuerte, el ejemplar dilecto y noble de la especie, tiene derecho a todo. Entra, arremete, contunde, vuelca, abate, estruja, magulla, destroza y pisotea a ese vulgo laico y piltrajoso, a los miserables magistrales, a los miserables mercaderes, a los miserables médicos, a todos esos hambrientos frustrados o tentativas de hombrecillos» (I, 911 y 912).

Es evidente en la prosa ayalina el interés por las agrupaciones directas de elementos, sobre todo adjetivos, con el fin de lograr afectos rítmico-sintácticos. La adjetivación en Pérez de Ayala resuelve problemas rítmicos y sonoros, sintácticos y melódicos. Donde mejor se observa esto, aparte la agrupación directa de adjetivos, es en el frecuente uso de los esquemas sustantivo+adjetivo (repetido) y adjetivo+sustantivo+adjetivo. La elección del léxico, la sintaxis y la melodía se aúnan para lograr los efectos de estilo. Un ritmo binario con sustantivos, en que cada uno va acompañado de un adjetivo, permite mayor juego rítmico al conseguir una división en unidades algo más complejas: «Sobre su alma atribulada, los colores extraños y la música loquesca pusieron una franja de luz y de armonía» (I, 38) [373].

«Flota una luz gris y un ambiente húmedo» (*Hermann encadenado*, 21).

«Lo supieron por casualidad al entregar en la camisería aquellas prendas, epicenas de feminidad muelle y magnificencia eclesiástica» (II, 1017).

«Aquellas domésticas praderas de velludo, inversímiles e irreprochables en su matiz metálico y pulimento sedoso» (*ABC*, 7-IX-1952).

«El cuajado mar de verde atrabilis y negra cólera» IV, 731).

«Dando, más tarde, vía libre oral a la austera reprobación, ahora ya irritado anatema y catastrófico vaticinio» (III, 931).

«Cada árbol y arbusto tiene su color... Los hay de blancura láctea y de cineraria grisura» (*Hermann encadenado*, 149).

«Ciudadanos de desparpajo descomunal y barba ubérrima y bipartita, en forma de teta de cabra» (II, 676).

«La mañana era de sol suave y de Nordeste, viento claro y aturdimiento infantil» (I, 1004).

---

373. Obsérvese el metricismo: «sobre su alma atribulada / los colores extraños / y la música loquesca / pusieron una franja / de luz y de armonía»: 8-7-8-7-7. Y el ritmo acentual en «pusieron una franja / de luz y de armonía» (—/————/— || —/————/—).

El interés por la adjetivación, para lograr efectos rítmicos, expresivos y evocadores, se muestra con fuerza en el esquema adjetivo+sustantivo+adjetivo:

«El *Fray Gerundio de Campazas* (contra el macarrónico humanismo conventual y la grotesca epilepsia de la oratoria sagrada en aquellos días)» (*Arriba*, 9-X-1947).

«Dentro de una orla barroca de álamos arquitectónicos y nubes sólidas, mostrábase el colofón, la villa de Reicastro, de apelmazada geometría pueril, como recinto grabado en madera» (II, 811).

«Alcoba en letárgica mudez, semejante a un hipogeo egipcio, a propósito para dormir allí el negro sueño inquebrantable» (II, 761 y 762).

«La piel... le pende en lastimosa flaccidez por todas partes. Parece un gigantesco murciélago alicaído» (I, 342).

«*Sirio* y *Aldebarán,* obesos gatos eunucos, rojo el uno como rescoldo y el otro negrísimo con reflejo azul eléctrico como llama de alcohol» (II, 925).

«La escena simulaba el claustro de un convento de monjas. Tañidos de campanas, dulces gangosidades litúrgicas, etcétera» (I, 755).

A partir, aproximadamente, de 1913, la adjetivación en Ayala es menos intensa. Su preocupación adjetival va tomando otros derroteros, que se perfilan mejor a partir de 1920. En la primera época, Ayala busca una adjetivación abundante y epitética [374] para reproducir pictórica y sensorialmente sus impresiones de la naturaleza y de los seres. Al mismo tiempo es un ejercicio retórico de aprendizaje que ya domina con maestría en *Tinieblas en las cumbres.* Con *Troteras y danzaderas* comienza una etapa de conquista de un nuevo estilo, sin olvidar, por supuesto, los logros expresivos adquiridos anteriormente. Pero su concepción de la novela, como ya se ha visto, comienza a cambiar. Tras la etapa intermedia, se llega a la segunda fase estilística, en que los contrastes y dualidades de todo tipo se intensifican y estructuran sus obras. Esto se muestra también en la estructura del enunciado, en la estructura de la prosa en general, y la adjetivación cumple en-

---

374. En la estructura del lenguaje de connotación, los adjetivos desempeñan un oficio expresivo de primer orden. Ya Fernando de Herrera, en sus *Anotaciones* a las Obras de Garcilaso, apuntó su valor expresivo (vid. Gonzalo SOBEJANO: *El epíteto en la lírica española,* Madrid, Gredos, 1956, p. 157; sabido es que Sobejano entiende por epíteto el adjetivo calificativo atributivo, no restrictivo, es decir, que significa una cualidad referida a una sustancia, sin necesidad lógica de explicarla. También R. Lapesa: vid. su *Introducción a los estudios literarios,* Salamanca, Ediciones Anaya, 1964, pp. 47 y 48).

tonces cometidos diferentes. En una palabra, en la primera fase la adjetivación es profusa y con más clara función epitética, y en la segunda fase, está
más bien al servicio del ritmo sintáctico con una función especificativa más
intensa [375]. Esto es simplificar excesivamente el problema, y si se toma al
pie de la letra constituye una falsedad, pues no conviene olvidar que los logros de la primera fase continúan, si no tan intensos, en la segunda, y el
interés por una estructura arquitectónica de la prosa, peculiar de la segunda
época, se advierte ya en la primera fase. Por otra parte, la adjetivación en
el ensayo cumple finalidades distintas. Una cosa sí parece evidente: Ayala
no renuncia a la profusión adjetival colorista y sonora en ninguna fase de
su estilo cuando se trata de descripciones de la naturaleza, aunque cierto es
que este tipo de descripciones es menos intenso a partir de 1920.

He aquí unas muestras de lo expuesto. El primer ejemplo es de hacia
1905, y se advierte el ejercicio retórico en el uso de la adjetivación (grupos
de sustantivo y adjetivo) y de la estructura melódica:

«Ya el sol —, con su carro de fuego +, había transpuesto las cumbres
de poniente —, y la noche —, temerosa +, extendía sus fantasmas sombríos en aquella estancia feudal —: negros fantasmas que escalaban los es-
pesos muros hasta llegar a las recias vigas del techo, ahumadas y negruzcas, testigos de largas veladas infanzonas y de rancios vasallajes» (II, 880).

Pronto dejaría Ayala este ejercicio imitativo y retórico para lograr composiciones mucho más personales. Este ejemplo de 1922 muestra una construcción muy distinta, en que la estructura rítmico-sintáctica, basada normalmente en la distribución bimembre mental de los enunciados, se compone,
en buena medida, de sucesivas agrupaciones bimembres; pero existe todavía cierto regusto manierista en el uso de grupos de adjetivo y sustantivo,
y de adjetivo+sustantivo+adjetivo:

«Al pie y detrás del coronado y señoril otero, sobre el fondo de la tierra
extensa y fragosa, desarrollábase con medidas y graciosas modulaciones un
panorama de pastoreos y cultivos encuadernado e insulado dentro del muro
de almenas; exquisito poema bucólico, compuesto en vivo, sobre la rústica
ociosidad del campo, de horas eternas e indefinidos horizontes. Chocaba el
sol acaso en el cobre de una esquila, temblorosa bajo la papada de una vaca
matrona, y no se sabía si el claro y largo oscilante retiñir era un reflejo del
sonido o era un eco de la luz. La voz áurea de un zagal se prolongaba en
ondas vibrantes, mellizas del resplandor del día» (IV, 254).

<hr />

375. La adjetivación sobreabundante, sin duda por herencia de Valle-Inclán, es
característica de la prosa orteguiana hasta 1914, aproximadamente; posteriormente
Ortega y Gasset se desprende de este manierismo (vid. Ricardo SENABRE: *Lengua y
estilo de Ortega y Gasset,* pp. 96 y 97).

En este otro ejemplo, de 1953, esta misma técnica se desprovee de tanta adjetivación y manierismo para adquirir un esquematismo y simetría de mayor rigidez. La actitud analítica que el ensayo comporta explica esta simplificación y rigor, pero, al mismo tiempo, se nota el dominio de una técnica estilística largamente meditada:

«Casi todas las obras de Sorolla expuestas en Buenos Aires, muchas de ellas ejecutadas en una sola y rápida sesión, siempre del natural y al aire libre, corresponden a cierta fase y manera temporales, entre otras muy diferentes y múltiples, del mismo artista» (*ABC*, 19-VIII-1953).

No se puede dudar del gusto ayalino, debido a motivos rítmicos, por las agrupaciones de elementos, especialmente adjetivas. Pero es preciso tener en cuenta que dichas agrupaciones funcionan generalmente dentro de estructuras bimembres generales, donde, como ya se ha visto, son frecuentes las simetrías y los contrastes:

«La tríada de primavera se denomina Germinal, Floreal y Pradial, nombres altos, sonoros y significativos» (*ABC*, 13-VIII-1952).

«Pero si la comparación se aplica a la calidad, el teatro del versátil, elocuente y amoroso Lope cede no pocos grados en jerarquía al teatro del dulce, jovial y temible Williams» (III, 226).

«Además del abedul y el sauce, hay sinnúmero de diversas especies, a que la templanza del cielo favorece, tan pronto terrizas, enmarañadas y rampantes, tan pronto ascendentes, arbóreas y gentiles» (III, 99).

«Dos metros alongados de este corrillo estaban las Petunias, dos jovencitas, la una delgaducha, alta y tiesa, la otra pequeñuela, acogolladita y muy dengosa, vestidas todo de rojo, la falda hasta el gozne de las rodillas» (I, 623).

«Entre tanto, Alceste se retira de los hombres porque, como el fuego, en la contigüedad deslumbra, gruñe, destruye; en buena proporción de apartamiento, esclarece, rehoga y canta» (II, 813).

«Más aún: la verdadera realidad teatral... la constituye la realidad imaginada, fantástica y novelesca, que no la realidad vulgar, homogénea, cotidiana, usadera, monótona, chata y habitual» (III, 534).

El gran despliegue de miembros, dentro de bloques mentales bimembres normalmente, es más frecuente en la primera que en la segunda época de los escritos ayalinos. En el ejemplo siguiente, de 1903, el concepto que el escritor desea expresar está estructurado en tres miembros simétricos bimembres, en que se habla de las tres Españas; los dos primeros se despliegan a su vez en cuatro y seis segmentos respectivamente, para dedicar una sola, aunque relativamente amplia, expansión al último miembro:

«Sabes que la España roja es la España meridional, la de los claveles regados con la sangre de los toros (Rubén Darío), la de los pañuelos de Manila, la del cante *jondo* y atavismo sangrientos, la de sangre mora. Sabes que la España amarilla es la meseta central, la de pardas infinitudes áridas, la de eternos mares de espigas, la de adusta despotiquez, la de los místicos, la de los grandes capitanes, la del recio espíritu rancio. Sabes, por fin, que la España verde es la mía, la vertiente de las estribaciones pirenaicas que da al cantábrico turbulento y rebelde» (I, 1084) [376].

En otro artículo de *Rincón asturiano*, vuelve Ayala sobre Asturias y completa su impresión sobre ella utilizando la misma técnica:

«Otras vuelvo a mi Asturias, la de los valles verdes, ondulantes, la de ingentes montañas que azulean y comulgan con nieve, la de sagrados castaños ya decrépitos, que conservan mensajes legendarios de los abuelos celtas, la del cielo brumoso y húmeda neblina, que esfuma con su vaguedad gris las durezas del paisaje» (I, 1091 y 1092).

Poco a poco, Pérez de Ayala va superando este manierismo que sugiere cierta imitación, y llega a un uso más personal de los medios expresivos. Obsérvese este ejemplo de 1917:

«Entonces se discierne claramente el estampido del cañón de grueso calibre, como soterrada conflagración sísmica; el desgarro estridente de las piezas de campaña; el golpeteo arbitrario y opaco de la fusilería, como de puertas y ventanas que un viento repentino y huracanado sacude en la noche; y el repique regular de las ametralladoras, como de una motocicleta; y el vibrar de las granadas en el aire, como el de un tranvía eléctrico en la soledad; y su estallido franco, abierto y estrepitoso, como de un armario lleno de loza que viene al suelo; y el zumbido de los aeroplanos, zumbido de abejorro junto al oído, aunque el artilugio vuele a 1.000 metros» (*Hermann encadenado*, 148).

Las comparaciones proporcionan aún más fuerza al ritmo simétrico de los miembros en el despliegue plurimembre.

Con el tiempo, Pérez de Ayala va consiguiendo un mayor esquematismo en la construcción rítmica de su prosa. Su estilo se desprende de excesiva

376. Cuatro despliegues del segundo miembro constituyen cuatro eneasílabos: «la de eternos mares de espigas / la de adusta despotiquez /......./ la de los grandes capitanes / la del recio espíritu rancio». Otros dos eneasílabos: «sabes que la España amarilla / la de pardas infinitudes».

adjetivación epitética, no son tan abundantes los grupos adjetivo+sustantivo+adjetivo y similares, no es tan frecuente el despliegue plurimembre dentro del enunciado bimembre, y consigue los efectos estilísticos con otros procedimientos. Así, recurre con más profusión a una sintaxis más corta, abrupta y yuxtapuesta. Esto se manifiesta mejor en el ensayo, pero se advierte también en las novelas de la segunda época, en que el espíritu analítico predomina sobre el descriptivo.

He aquí un ejemplo entresacado de *Luz de domingo*. Los miembros de la plurimembración son frases bimembres que guardan entre sí una simetría bastante clara. La sintaxis no es ampulosa y el ritmo se nota insistente. Casi todos los enunciados comienzan con una expansión de tipo circunstancial que es la que marca el ritmo sintáctico y melódico (la inflexión ascendente de la voz al final del primer miembro de todos los enunciados):

«En tardes de fiesta +, el pueblo entero acostumbra congregarse en la plaza a disfrutar de la música, el baile y otros regodeos. Fuera ya del poblado +, los Becerriles dejaron las monturas en un lugar vacío y ruinoso y fueron en busca de Cástor y Balbina. Consumada la hazaña +, cabalgaron otra vez y se ausentaron, muy jactanciosos de lo bien que les había salido. De esta suerte +, nadie en el pueblo conoció ni sospechó lo sucedido. Balbina había llegado a casa antes que su abuelo y se había acostado. Al venir el viejo +, la muchacha disimuló como pudo y dijo que era una indisposición de poca monta. Como el domingo era día de mucha bullanga y rebullicio en las tabernas +, Cástor pudo apañárselas sin inspirar suspicacias a doña Predestinación. El resto de los días hasta la boda +, Balbina continuó enferma, pero Cástor se opuso a aplazar el casamiento. Apenas casados +, tomaron un coche con rumbo a un puerto de mar. Allí permanecieron doce días. De vuelta +, Balbina se hallaba más animada, más fuerte. Ya oscurecido +, entraban en Cenciella. Concluida la cena +, Balbina se retiró a reposar del cansancio del viaje. Quedaron a solas Cástor y el señor Joaco» (II, 660 y 661).

El uso de una sintaxis más corta, abrupta y yuxtapuesta es más abundante en la segunda época ayalina. En estos casos, el juego de tensiones y distensiones es prácticamente nulo. El ritmo acústico se advierte entonces, por ejemplo, en el metricismo:

«Cástor contempló con pena su aposento —. Le tenía apego —; vaga manera de amor y de gratitud —. Le dolía dejar de vivir en él —» (II, 643).

«Cerrábase el ciclo del verano —. Era en los comedios de septiembre —. Domingo —» (IV, 466).

«Salió de madrugada al campo a recoger yerbas curativas —. Todas las cosas le seducían —; era llevado hacia ellas por un modo de amor nacido de la comprensión —. Todo era hermoso —. Todo era útil —. Todo era bueno —» (IV, 647) [377].

Pero es más frecuente, en esta segunda época, que es lo que mejor la diferencia de la primera, la recurrencia a una bimembración mental de los enunciados más esquemática, lograda por el uso insistente de agrupaciones inmediatas de elementos. Dentro de esta visión, los contrastes y el paralelismo (o, en ocasiones, la técnica correlativa) se hacen más escuetos y rotundos:

«Y así unos creen que la razón de ser de la vida es su conservación, y no hacen otra cosa que comer, beber y vegetar; otros, que su propagación, y andan siempre encalabrinados detrás de las mujeres; éstos, que el goce del coraje y de la fortaleza, y son pendencieros, camorristas y matones; aquéllos, que la adquisición y acrecentamiento de riquezas, y son avariciosos y usureros» (IV, 790).

«Los dos grandes períodos de la estética y del arte occidentales fueron el siglo de Pericles y el Renacimiento italiano. Quizás en el primero la síntesis primó sobre el análisis, y al contrario en el segundo. La tendencia de los griegos se enderezaba a unir, a combinar detalles, en un todo homogéneo y armonioso. La tendencia del mundo moderno se inclina a dividir y subdividir, hasta casi perder la perspectiva de unidad subyacente a todas las cosas. Instintivamente, los griegos apreciaban lo Verdadero, lo Bello y lo Bueno como una trinidad aparente y unidad sustantiva. El sentido de simetría, proporción y energía moderada era en ellos constitutivo y temperamental. Alcanzaban los más altos resultados sin señal visible de esfuerzo» (IV, 1057).

El espíritu analítico de Ayala ha encontrado un cauce propio. Y este logro estilístico lo aplica, aún con más rigor, en los ensayos de la última época, esa época en que no publica más que artículos para los diarios:

«Nuestras abuelas tejían con largas agujas medias y calcetines para su marido y prole, con que les proveían y protegían, por decirlo así, de una piel supletoria» (*ABC*, 28-IV-1954).

«Por lo pronto, la materia prima del lenguaje jurídico son realidades concretas y casos particulares, en las relaciones humanas (casuística; el tránsito de *de facto* al *de jure*); y la del lenguaje literario es la misma casuística, casos singulares, aunque referida y traspuesta en emociones, imágenes e ideas. Sustraed a la obra literaria uno de estos tres elementos y resultará

377. En el primer ejemplo hay tres dodecasílabos, y en el segundo dos decasílabos. En el tercero hay tres frases simétricas de cinco sílabas cada una: «todo era hermoso / todo era útil / todo era bueno».

una obra manca, frustrada. Huelga añadir que emociones, imágenes e ideas pueden ser vagas e indistintas, o, por el contrario, concretas y definidas. Las obras literarias de calidad superior y perdurable realizan maravillosa fusión de lo más vago e indistinto con lo más concreto y definido» (*ABC*, 11-VII-1954).

«La civilización occidental es una y la misma, desde su orto, aunque a causa de su plasticidad infatigable pudiera suscitar el espejismo de que se subdividió y transformó en otras civilizaciones o culturas, sucesivas y autónomas, según las épocas y regiones» (*ABC*, 7-II-1954).

«Me abstengo de describir la guisa sumaria y edénica y los escorzos exhibicionistas y melindres incitativos, con que las tres bellezas se desvivían en soliviantar y sobornar al inocente e insofisticado árbitro» (*ABC*, 27-II-1954).

«En la Edad Media europea (o sea, período de ajuste entre una civilización y cultura milenarias, bajo la invasión dominical de una raza bárbara y guerrera), caballero u hombre a caballo y señor u hombre de espada (de horca y cuchillo) eran sinónimos» (*ABC*, 14-VIII-1953).

En resumen: durante la primera época es más frecuente el despliegue de amplias trimembraciones y plurimembraciones dentro de la distribución bimembre mental de los enunciados; en cambio, en la segunda época, la sintaxis es más recortada y son más frecuentes las agrupaciones directas de elementos dentro de enunciados bimembres menos ampulosos.

Desde la perspectiva de la estructura rítmico-melódica, de la cara acústica del ritmo de la prosa ayalina, si bien se ha caracterizado ya por su musicalidad (con la alternancia de inflexiones ascendentes y descendentes de la voz), hay un rasgo capital que la caracteriza con gran vigor: los juegos onomatopéyicos, a los que no es extraño que acompañe el metricismo.

La preocupación de Pérez de Ayala por los ruidos de la naturaleza comienza muy pronto. Es una constante en todos sus escritos, sobre todo en los descriptivos. El esfuerzo por captar los ruidos naturales en sonidos del lenguaje proporciona una nota característica y personalísima a su prosa novelesca. Ya Torner afirmaba que se encuentra en la literatura de nuestros días, con frecuencia no menor a la de siglos anteriores, descripciones en que se busca dar la impresión real, física, de la idea por medio de sonidos apropiados. Y para apoyar estas palabras recurre a un texto de Pérez de Ayala extraído de *Grano de Pimiento y Mil perdones*: «No podemos creer que fue escrita sin esta intención una frase como: *Gangueaban cornamusas, deto-*

naban cohetes, flameaban agrias banderas, alborotaba la muchedumbre» [378]. Sin el análisis de la aliteración y paronomasia en la obra ayalina, quedaría truncado el estudio de la estructura rítmico-melódica [379].

Los ruidos fuertes y estridentes encuentran adecuado cauce lingüístico a base de erres, jotas, sonidos oclusivos, interdentales y labiodentales. Al mismo tiempo, o bien la frase adquiere un ritmo paroxítono, marcial, o contrastan los vocablos agudos, llanos y esdrújulos dentro de la frase. En todo caso, la fonética del párrafo reproduce acústicamente con ritmo y sonoridad lo que la descripción designa:

«Una tarde corrió por Arenales jovial estrépito de broncínea fanfarria. Viejas trompas doradas dieron al aire su jactancioso son, y el tamboril de bruñido y atinoso parche retozaba como un mozalbete. Errabunda pandilla de saltimbanquis recorrió el pueblo anunciando un mirífico espectáculo para aquella noche» (I, 33).

«El traqueteo de ruedas y herrajes púsose a cantar el *crescendo* de la muerte de Isolda» (I, 856).

«El tren movió pesadamente su mole (12 sílabas), y luego fue acelerando la marcha (12) con ese formidable concierto (10) y horrísono retumbo de herrajes (10) que han observado muy atinadamente (12) casi todos los novelistas (9), desde el invento de Stephenson (9) hasta nuestros días» (I, 116).

«En esto, oyóse de la parte de fuera *horrísona matraca* (—/——/—) y estrépito de *cencerros y latas* (—/——/—) furiosamente aporreadas» (II, 662).

«Era la algarabía frenética de una muchedumbre de perros ladradores, y al propio tiempo un fragor como de trueno, que rodase dentro de la casa» (II, 1003).

«Una laringe estentórea y arcana expelió gigantescos baladros» (I, 542).

Un sonido velar sordo puede repetirse al lado de sonidos suaves para expresar acústicamente el ruido captado a distancia de risas y cantos:

---

378. Eduardo M. Torner: *Ensayos sobre estilística literaria española*, p. 122.
379. Atinadamente dice Henri Meschonnic que no se puede limitar la organización aliterativa únicamente al sentido o contrasentido, a la eufonía-cacofonía (punto de vista estrechamente semántico y estético). La aliteración tiene una función de construcción y de ritmo; una función de señal para la creación de una cadena sonora peculiar que vale para sí misma y por sí misma (*Pour la poétique*, pp. 78 y 79).

«Pues *la carretera de Castilla* (9) es camino del cementerio (9), y no es raro que venga a mezclarse al eco de *mujeriles carcajadas* (8) la temerosa canción (8) de clérigos sombríos (7) que caminan a la zaga (8) de sinuoso ataúd (7)» (I, 12).

Son numerosos los textos, en la prosa novelesca y descriptiva sobre todo, que reproducen lingüísticamente la impresión real y física de los variados ruidos naturales. Esta sonoridad va acompañada muchas veces del ritmo acentual y el metricismo:

«Asegurábase antes del estreno que Hermiona, bajo su nombre musical y alado, como vestido de viento y armonía, disimulaba otra música más agria y provocativa: un *chinchín de charanga* (—/———/—) callejera, a propósito para turbar el seso de la plebe y empujarla al frenesí» (I, 732).

«El yeguarizo entra al trote por la calle, entre el dinguilindón (7) de esquilones y zumbos (7)» (II, 1126).

«Oíase *el agrio bramido de cornetas marciales* (—/———/— de —/———/ —) y el tecleteo de algún miserable piano de manubrio» (I, 782).

«Un vehículo extraño (7) y veloz *vino a desembocar* (7), o más bien irrumpir (7) por una rotunda revuelta, a la parte de arriba (7)» (I, 176).

«Apenas si se advierte el tintineo y temblor tímido de un hato de ovejas en un rastrojo» (II, 1116).

«En uno de los testeros hay una estantería de pino atestada de librotes, pergaminos, papeles» (I, 990).

La aliteración de la *s* y de la vibrante floja produce un ritmo sonoro suave y airoso, e incluso degustativo:

«Airoso son de pasos (7, y —/—/—/—) sobre la arena *requirió su atención* (7)» (I, 1294).

«... un maleta, cuyo alias era el *Repollo,* no se sabe si como alusiva alusión a la suculenta hortaliza» (II, 1017).

«Le había contaminado aquella su secura y sed insaciable, que le asomaba a la faz (II, 826).

«El misterioso vibrar de los aromas» (I, 11).

«Dos aros de oro (5, y —/———/—) en las orejas (5)» (IV, 725).

Con el sonido velar sordo logra Ayala efectos lingüísticos felices, en ocasiones casi paronomásicos:

«Entre *umbrátil frescura* de boscaje (—/———/—)» (*Hermann encadenado*, 260).

«Era la incorporación macorpórea del cuerpo humano» (IV, 214).

«La plaza del Mercado, en Pilares, está formada por un ruedo de *casucas corvocadas* (—/———/—), caducas, seniles (—/—, —/—)» (IV, 551).

En la prosa descriptiva, la aliteración cumple normalmente una función reproductora de los sonidos de la naturaleza, pero en el ensayo se trata de lograr el puro juego rítmico de sonidos y vocablos:

«He aquí un tema que sugiere varias consideraciones: la escisión y *el caso o colapso* (—/———/—) de la *coleta de Belmonte* (—/———/—)» (III, 759).

«Y por añadidura o contera y colofón, este Catón, tan simpático como antipático su bisnieto...» (III, 653).

«Una enumeración homérica de picadores fabulosos que *picaban cabalgando* (—/———/—) caballos invulnerables (—/———/—)» (III, 797).

«Es un acto de creación, es un caso. Caso que acaso crea otros muchos casos semejantes» (III, 159).

«La cama de caoba, casi tan ancha como larga, alta de más de un metro, con cuatro corpulentos colchones, colcha de *crochet* y cubrepiés de mil colorines» (II, 639).

«En ocasiones asomábanse unas mujeronas largas y flacas, de fosca catadura brujesca» (IV, 481).

«La plaza del Mercado: un gran espacio cuadrangular (10), entre caducas y claudicantes (10) casitas con soportables, que a las horas antemeridianas (10) se colmaba con el aflujo de la aldea, en un ancho hervidero de *colores, olores y clamores* (10, y —/—, —/— —/—), los más nimios y acres» (IV, 236) [380].

---

380. «Caducas y claudicantes (—/———/—) casitas con soportales (—/———/—)».

Los efectos rítmico-acústicos que pueden lograrse con la aliteración son innumerables. Pérez de Ayala los utiliza con enorme profusión y variedad:

«Me corre un respingo (—/——/—) por la raspa» (II, 775).

«No dejaba de fastidiarme *el fárrago y faramalla* (—/————/—) descriptivos» (IV, 835).

«Y el sombrero... exhibía... abusiva exuberancia de superfluidades adiposas» (I, 622).

«Se apropiaban en feudo villas y villanos, y luego, desde ellas y con ellos, movían sin cesar querella al rey» (II, 1114).

«En lo cómico, también han tratado de buscar lo más vil y villano del vulgo —no lo popular del público, sino la plebeyez del pueblo» (III, 501).

«Allí preconizó la reteatralización del teatro, o sea el retorno del teatro a su propio territorio y centro de gravedad, con la restauración de los géneros propiamente tetrales» (III, 537).

Las aliteraciones con sonidos vocálidos son también abundantes:

«Por simple empirismo (6, y —/——/—) o experiencia propia (6)» (I, 5).

«De terribles ímpetus viriles» (I, 5).

«Un agente de diabólica actividad corrosiva» (I, 672).

«Los pasillos largos y tenebrosos de lobreguez» (I, 1089).

«De la lóbrega y desdentada boca volaron roncas palabras» (I, 468).

Los sonidos brillantes u oscuros se acoplan perfectamente en estos casos al tema que se trata.

Desde la idea del contraste, se entiende muchas veces el juego de vocablos en los ensayos ayalinos. La paronomasia y el juego de palabras (que se acopla al juego de ideas, por contraste en muchos casos) son fenómenos muy fecundos en la obra del escritor asturiano. La paronomasia coloca próximos en la frase dos vocablos parónimos, bien por parentesco etimológico, bien por semejanza casual [381]. El procedimiento en sus dos modalidades es tan intenso en la obra ayalina, que pocas páginas existen que no contengan algún juego rítmico de este tipo:

381. F. LÁZARO CARRETER: *Diccionario de términos filológicos*, s.v. PARONOMASIA.

«La otra parte más exigua de sus liquidaciones mensuales... don Benito la aventaba a la ventura» (IV, 956).

«Se alza la tierra escabrosamente, hirsuta, con aborrascado boscaje» (*Hermann encadenado*, 125).

«Y el que definió definitivamente el descubrimiento fue Aristóteles» (III, 153).

«El trote de los rocines (8, y —/———/—) se propaga en el silencio (8), hincando su ritmo (—/———/—) adormilado (10) en *el ronco aquejarse* (—/———/—) *de los cascabeles* (———/—) *cascajosos* (———/—) (10)» (I, 834).

«Arrodillóse Juan y rezongó un rezo» (I, 999 y 100).

«A la postre quedó postrado, inerte» (*AMDG*, 250).

«¿Y esto qué es, chacha chocha?» (II, 975).

«En suma, paralelamente y a medida que los pantalones (calzón y greguesco) descendían al calcaño, de la propia suerte las calzas, que habían comenzado por el calcaño, se encogen y acogen a su primitivo punto de partida» (*ABC*, 28-IV-1954).

«Carácter bonancible y tolerante con los defectos y excesos del prójimo, a condición, sin duda, de no tener al prójimo demasiado próximo» (II, 420).

«Hay quien, enamorado de la celebridad, no repara en desposarse con la fama infame» (IV, 1247).

Algún ejemplo en los primeros escritos denuncia el aprendizaje y la imitación, como éste de 1907, que trae el recuerdo de Rubén Darío:

«La turba muchachil acompasa el paso del caballerete con gritos marciales» (I, 13).

Pero Ayala no necesita imitar a nadie, y en estos aspectos acústicos de su prosa logra una maestría y uso abundante que muy pocos escritores pueden igualar:

«Pero ya Tigre Juan le tenía abrazado, o, por mejor decirlo, preso y opreso» (IV, 796).

«No nos podemos permitir (8) esos gustos ni estos gastos (8)» (I, 359).

«Se dejó ir a donde ella le llevase, y fue a una hermosa casa de campo así que comenzó el estío, y, por desgracia, con el estío el hastío de Marco» (II, 612).

«Porque o el alma no existe o es una *pureza de puericia* (—/———/—)» (IV, 333).

«¡Noche!... morada del supremo mal, mirada del bien supremo» (I, 846).

«... desinteresada sacerdotisa del amor, vetusta vestal...» (IV, 179).

En poesía, las paronomasias son abundantísimas:

> «En su sirte, de esta suerte,
> se estanca el barco jovial» (II, 174).

«Calma. Sólo una lancha mancha la mar desnuda» (II, 224).

«De pronto el granito lanza un grito de hombre» (II, 249).

«Manso remanso de aguas quietas y transparentes» (II, 244).

> «Ya está la proa cara al puerto
> que el ábrego abriga» (II, 17).
> «Aunque en barro humilde amasada
> y urdida en urdimbre mortal» (II, 164).

También en el ensayo:

«Estímulos y tentaciones *surgentes y urgentes* (—/———/—)» (III, 1221).

«En puridad, poco montan *apropósitos y despropósitos* (———/—— y ——/——) del señor académico (——/———/——)» (III, 287).

«Dícese que están sucediéndose a la hora de ahora graves, gravísimos acontecimientos» (III, 698).

«... oasis del mundo bárbaro (7), con viveros vivaces (7)» (III, 1023).

«El punto de partida (7) o causa ocasional (7) fue una conferencia (7)» (III, 531).

«Claman, con alaridos alharaquientos, por la libertad de enseñanza» (III, 1102).

Zamora Vicente afirma que es modernista el afán de musicalidad por sí misma, y que esa musicalidad se consigue por medio de voces aisladas, sonoras —nombres propios exóticos o desusados, a la par que evocadores—, y por la rima o el ritmo. Valle-Inclán, sigue Zamora Vicente, ha salpicado las *Sonatas* de ritornelos, de repeticiones reiteradas, que tienen un claro valor musical, intencionalmente diseñado. Una misma palabra o una misma frase puede repetirse a intervalos, como un acorde musical[382]. Pérez de Ayala salpica sus novelas con reiteraciones de este tipo. Se trata generalmente de repeticiones realizadas por los personajes, con lo que el lenguaje conversacional adquiere así a menudo ritmo distribucional y melódico; por otra parte, el lenguaje familiar se caracteriza también por estas repeticiones:

«—Nada, nada —añadió Gloria—. Con el alba tomamos el camino, y... ¡hala!, ¡hala!... Lo único que me contraría es el madrugón» (II, 927).

«¡Pepa!, nunca, ¿oyes?, nunca. ¡Nunca! ¿Oyes, Pepa?» (I, 892).

«—¡Jesús! ¡Jesús! ¡Jesús! Padre Atienza» (*AMDG*, 86).

«Sequeros es un alma de cántaro: bueno, bueno, bueno, mejor no puede ser» (*AMDG*, 86).

«Lo que ocurre es que Merlo es un sinvergüenza, un sinvergüenza, un sinvergüenza» (II, 703).

«¡Buena la ha hecho usted! ¡Buena! ¡Buena! ¡Buena! Nos ha reventado usted la excursión» (I, 151).

«—Santas y buenas noches nos dé Dios —y cambiando del tono evangélico al humorístico, hacia el cual sentía pujos frecuentes: —Es decir, noches de perras, perras, perrísimas; noches *gochas, gochas, gochísimas*» (II, 928).

«Pero el tálamo me impone, me impone. Venía volada por la calle, y él detrás, detrás» (IV, 55).

«Ahora ya sé que me quieres de veras. ¿Yo? te adoro, te adoro, te adoro. Kisses, Kisses, Kisses. Tuyísima y para siempre» (I, 458).

El lenguaje de los personajes ayalinos está continuamente salpicado de estas reiteraciones que le otorgan características peculiares de humorismo y emoción en los momentos adecuados; y esto revierte en las estructuras melódica y sintáctica por el ansia de ritmo que en esas repeticiones se observa.

382. *Las Sonatas de Valle-Inclán*, p. 173.

Las repeticiones pueden establecerse de muchas maneras. El mismo adjetivo puede acompañar a los distintos sustantivos dentro de la frase con una intencionalidad rítmica:

«La prosa divina (6) del manco divino (6) (—/——/——/——/—)» (I, 1215).

«Iban vestidas (5) con mucha humildad (6) y con mucho aseo; iban peinadas (5) con mucha lisura (6)» (II, 850).

Las anáforas y anadiplosis se acomodan con fuerza a esta búsqueda del ritmo:

«Ya están en el tren, en un módico departamento de tercera. Ya están embarcados en la aventura. Ya llevan de viaje una hora, dos horas» (IV, 763 y 764).

«Todos empinaban el codo con gentil frecuencia. Todos hablaban y reían a un tiempo. Todos hacían votos fervientes por la salud y felicidad de Mariquita y el recién nacido. Una vez que doña Trina surgió en el comedor, todos se levantaron a ovacionarla y aclamarla. Todo allí era jubilante, bullicioso y gárrulo» (II, 722).

«Aplicóse de nuevo a la lectura y siguió leyendo. Y siguió leyendo una hora, dos horas» (I, 1046).

La alteración en la colocación de los elementos léxicos repetidos en las sucesivas ordenaciones sintácticas, resulta ya un claro juego con los vocablos hacia la búsqueda del ritmo, tanto sintáctico como melódico:

«Don Cristóbal era enorme (8); enorme en todo. Enorme su valor (7); su osadía enorme (6); enorme su bondad (7); su amor y odio, enormes (6); enorme su risa (6), y no menor su acento (7); su prodigalidad (7), enorme también (6)» (II, 996).

«Y siendo el de su parroquia aldeana perdurable mal tiempo, era la del párroco buena cara perdurable» (II, 929).

«Siempre a la zaga *de la suma libertad* (8) y de la belleza suma (8)» (*Hermann encadenado*, 11 y 12).

«Tino el de la Xiblata, aldeano viejo y viejo criado (—/—/—/—/—) de la casa» (I, 917).

«Además del de la Historia, Pandorga ofrece otro contraste estupendo entre la simetría absoluta y la absoluta falta de simetría» (II, 1115).

Se trata de alteraciones deliberadamente buscadas para lograr una más perfecta andadura rítmica (sintáctica y melódica a la vez) en los enunciados:

«Así, pues, como hay un orden de sentimientos que afirman al individuo frente a la sociedad, la especie y la naturaleza, hay otros sentimientos que la ennoblecen y abandonan a merced de la naturaleza, la especie y la sociedad» (III, 257).

«Se derramaba el tropel de mozos. El rosario de mozas se derramaba» (IV, 733).

Las repeticiones de matiz tautológico son consideradas por el Diccionario académico como inútiles y viciosas. Pero por razones expresivas y acústicas, por motivación rítmica, pueden utilizarse como medio estilístico. Se pueden lograr con este procedimiento casos felices de paronomasia y juego de palabras:

«Don Melitón... miró y remiró con reposadas miradas satisfechas a las mujeres hermosas» (I, 1172).

«A menudo *menudearon los sollozos* (8), y el labriego fue cuitándose (8), cuitándose, hasta que su cuitez (7) lindaba con el llanto (7)» (I, 1008).

«... fueron *la causa causante* (—/——/—) de que los autores vivos... perdieran de pronto la autoridad» (IV, 1014).

«Y en cuanto a su producto, se resuelve en estatismo o inmovilidad inamovible» (III, 592).

«Media jornada de fatigoso y asmático ferrocarril, hasta Tendilla de los Burdéganos, y desde aquí la otra media, de poco diligente diligencia» (II, 682).

«Y don Félix se nos aparece en su más externa externidad, porque el autor lo pinta con mofa y en caricatura, sin comprenderlo» (III, 89).

Este tipo de juego rítmico se manifiesta con toda claridad en lo que se suele denominar acusativo interno; aparece con más frecuencia en poesía:

«Y ni siquiera sabía hablar habla del reino» (III, 72).

«Agua que no molinó molino, — no muela molenda de hoy» (II, 664).

«Que gozan mi goce, sufren mis dolores» (II, 48).

«Hila sutiles hilos de lluvia» (II, 124).

Las reiteraciones de cariz tautológico aparecen con similar intensidad tanto en el género novelesco como en el ensayo:

«Analizar esta obra dentro de la dramaturgia de Bernard Shaw nos alargaría demasiado lejos» (III, 355).

«Diamante que corona la corona (—/———/———/—) de la creación» (III, 633).

«¡Pobre Tigre Juan! Acabóse de acabar. ¡Pobre Tigre Juan !» (IV, 623).

«Quería querer al niño y se le figuraba que no podía hacerlo. No quería quererlo, y se le figuraba que lo quería, a pesar suyo» (II, 666).

El último ejemplo es ya un claro juego de palabras por contraste. El contraste y la antítesis son elementos muy fecundos en Pérez de Ayala para el juego rítmico de los vocablos:

«Convencionalismos sociales (9) e ineducación educada (9)» (IV, 261).

«Equivale a una confesión inconfesa» (III, 656).

«En la falta de personalidad e impersonalidad que el conde de Schack advierte en él, reside precisamente su personalidad» (III, 463).

«Paradójicamente, si por algo pecan es por demasiado impecables» (*Herman encadenado*, 24).

«En cuanto al afecto téngame por su hijo, que en cuanto al espíritu, ojalá fuera su sexta generación degenerada» (*Cartas a Galdós*, 93).

Hay en Ayala inversiones conceptuales muy del gusto unamuniano (vid. ejemplos de Unamuno en el trabajo de F. Huarte Morton, «El ideario lingüístico de Miguel de Unamuno», *CCMU*, V, 1954, pp. 171 y 172):

«Cruzan por tierra de campos, desde Zamora a Palencia — que llaman tierra de Campos lo que son campos de tierra» (II, 203).

«Al contemplar la escena del mundo y el mundo de la escena» (III, 252).

«La ninfa Aretusa, símbolo gracioso de la belleza libre o de la bella libertad» (*Hermann encadenado*, 11).

La repetición, dentro de un enunciado, de un mismo vocablo, pero con acepciones diversas, es otro de los procedimientos tradicionales para conseguir el juego de palabras y reforzar el ritmo melódico:

«Pues quiero sufrir la emoción yo solita; y si viene el jabalí, matarlo yo solita, y que la gloria le corresponda a Gloria solita» (II, 962).

«Por fortuna del conde de Romanones, *Vocina* carecía de medios de fortuna con que trasladarse a Madrid» (II, 730).

«Eran puros espectadores, que no espectadores puros» (III, 557).

«¿Ha visto usted cosa más mazorral, yerma y antiestética que el cerebro de este señor Mazorral?» (I, 704).

«Es, pues, la designación íntegra de este íntegro varón don Pánfilo Terranova y Jalapa» (I, 1235).

«La ideología y sentimiento republicanos se revelaban y rebelaban en el seno de los coloquios confidenciales» (III, 1045).

El juego de vocablos se apoya generalmente en un juego de conceptos, que se expresan así con deleite acústico y rítmico. Pérez de Ayala recurre insistentemente a estos procedimientos no sólo por razones conceptuales, sino también expresivas, con lo que el juego rítmico-acústico reviste formalmente el concepto que se desea expresar:

«La mentalidad del señor Bena*vente* (12) / tiene tanto de menta como de *mente* (12)» (III, 124).

«A título gracioso (7), por desgracia, pues también la desgracia (7) puede ser una gracia (7)» (III, 656).

«Vulgaridad la más vulgar del vulgo universal (y sin este vulgo multitudinoso infravulgar el cinematógrafo no podría sostenerse)» (III, 606).

«Como que por eso existe la incertidumbre, y por eso se llama así, porque es un estado fluctuante que no *acierta* a tomar asiento ni hacer pie firme en un terreno *cierto*» (III, 932).

«El *spoiled baby* no toma la vida en serio, porque sólo a sí propio se toma en serio, que es la mayor falta de seriedad» (III, 198).

«Discreparon las opiniones acerca de si el propio libro del conde de Romanones ha sido o no oportuno; pero, una vez consumada la inoportunidad (concedido que el libre fuese inoportuno), es menester subrayarla con mi comentario oportuno. Casi siempre lo oportuno es consecuencia y correctivo de lo inoportuno; y perdóneseme este aparente juego de vocablos» (III, 933).

«La carga del cuerpo, que no es sino un saco de inclinaciones torpes, una mala coyuntura entre la cabeza y los pies, que, como tal coyuntura, no nos sirve propiamente como no sea en contadas coyunturas» (I, 1273).

Este juego de conceptos y vocablos, de contrastes, se encuentra con profusión en los ensayos ayalinos, género apropiado para ello. Pero también en las novelas puede ser un procedimiento adecuado para caracterizar algunas situaciones y a algunos personajes:

«El egoísmo (que es sinrazón), sometido, en adoración insensata, a las leyes de la sinrazón, o a la sinrazón de las leyes.

—Usted sólo transige con el juego de palabras» (II, 814).

«Si bien lo miras, a todo el mundo le sucede otro tanto; las unas se pintan y los otros la pintan. El *quid* de la diferencia es que los que no son pintores de profesión viven para pintarse y pintarla, y los pintores pintamos para vivir» (I, 869 y 870).

«No, señora —murmuró Herminia con soplo casi inaudible—; no me quiere bien. Querer para otros lo mismo que para sí es ir contra el querer de los demás. Así quieren las personas mayores, que como ya no pueden querer porque no pueden conseguir, sólo quieren obligar a los otros a que quieran sin querer. Pero los jóvenes no queremos así, porque queremos para nosotros. No podemos querer sin querer ni dejar de querer queriendo» (IV, 659).

El juego de palabras es un elemento formal y rítmico que expresa adecuadamente esa postura conceptual ayalina basada en los contrastes:

«El orden y la paz reinan en España. Pero, este orden, ¿es ordenación el orden que se engendra de abajo arriba, con base suficiente de sustentación; o es ordenación la orden (y no el orden) que obliga de arriba abajo? ¿Es orden de real orden, o es orden real, de la realidad?» (III, 926).

El humor y la ironía impulsan en muchas ocasiones el juego de vocablos:

«Pues a causa de la mucha emoción que pone en sus palabras escénicas no es raro que se le lengüe la traba, digo, que se le trabe la lengua» (III, 129).

«Quedó España sin rey, gracias a Dios (así como sus reyes lo eran por la gracia de Dios)» (III, 950).

«Además, era tonto, según la voz del pueblo, y la voz del pueblo, según el diputado republicano de la localidad, es la voz de Dios. Véase cómo Jesusín fue declarado tonto por decreto divino» (I, 1078).

«La cabeza es para discurrir y los pies para andar. Si se quiere que sea la cabeza la que ande, entonces se anda de cabeza. Y si se quiere que *a priori* los pies discurran un método, entonces se va al acaso y se discurre con los pies. Y el resultado será una cosa sin pies ni cabeza.

Tal es el espectáculo que nos ofrece el régimen político español: un Estado oficial que anda de cabeza y discurre con los pies» (III, 1055 y 1056) [383].

Tras el análisis efectuado, es evidente que los juegos onomatopéyicos ocupan una plaza de primer orden en la estructura rítmico-melódica de la prosa ayalina. Pero íntimamente unidos a estos juegos existen otros elementos acústicos que completan y complementan la visión de dicha estructura: la «brillantez» vocálica, las asonancias, el ritmo acentual y los metricismos (ya se ha llamado la atención, de pasada, sobre estos dos últimos elementos).

Eduardo M. Torner descubrió el colorido cadencial de las vocales en textos de Azorín, Valle-Inclán y Ortega; y al analizar el colorido vocal en las dos mil primeras palabras de diez obras tomadas al azar, de cada uno de los escritores asturianos *Clarín*, Palacio Valdés y Pérez de Ayala, obtuvo un resultado análogo al obtenido en el análisis de la literatura valleinclanesca en general: predominio de sonoridades «brillantes», es decir, de *aes* e *íes* [384].

La complejidad y ambigüedad de estos análisis es evidente, y Torner, una vez que se ha esforzado por hacer comprender el valor expresivo que reside en el ritmo y el color, y su consustancialidad con el tema objeto de la literatura, reconoce que en ella aparecen esos dos elementos de modo subconsciente, inadvertido por el escritor. Además, la región a la que el escritor pertenece influye también en este colorido vocal. En los lenguaje asturiano y gallego, más suaves, más afectivos, más líricos, en fin, que las demás hablas peninsulares, se hace uso muy frecuente de los sonidos *i, ia, ea* [385].

383. La utilización de la forma verbal *discurrir* constituye en el texto una clara dilogía, que Ayala explica en una nota: «No huelga indicar que discurrir un método significa literalmente recorrer un camino» (I, 1056, nota).
384. *Ensayos sobre estilística literaria española*, pp. 51 y 52, y p. 92.
385. *Ob. cit.*, p. 126 y p. 91. La preocupación vocálica en alguna manera se manifiesta en Ayala, que otorga al sonido *a* unas cualidades específicas. En *Troteras y danzaderas* dice don Sabas: «Por lo pronto, siento una invencible inclinación hacia

Por lo que se refiere a la acentuación, el idioma impone al escritor que lo utiliza un ritmo general. En español e italiano predomina la acentuación trocaica, el ritmo trocaico, TÁTA, frente al ritmo yámbico, TATÁ, que corresponde al francés; pero el italiano ofrece la particularidad, frente al español, de presentar una gran proporción de combinaciones ternarias con acento dactílico; palabras como *popolo, dicono* se mezclan constantemente en la conversación y dan una fisonomía peculiar a su ritmo de intensidad [386]. El español tiene, pues, una tendencia general al ritmo binario [387] de acentuación trocaica. Pero dentro del español, Torner observa que las acentuaciones líricas (ternarias) aparecen en los escritores del Norte de España con más frecuencia que entre los castellanos, en quienes predomina aún más el ritmo Binario [388]. Asturias influyó en Pérez de Ayala más de lo que a primera vista pudiera parecer; el colorido brillante de *aes* e *íes*, de sonidos *i, ia, ea,* puede observarse en su prosa, sobre todo descriptiva, así como las acentuaciones líricas. Pero, de todas formas, es preciso tener en cuenta en Pérez de Ayala el freno que a estas peculiaridades regionales pueda oponer el intelectualismo y el largo exilio de la región. Todo ello hace enormemente complicado el estudio de estas características. He aquí unas muestras de su prosa, escogidas al azar, de épocas diversas y de géneros diversos, en que se observan las peculiaridades expuestas:

«El tren recorría largo rato la vecindad de una gran fundición de hierro.

No lejos de la vía desplegábase una especie de infernal decoración. Infinidad de chimeneas en ringal recortaban su contorno por negro, contorno agrio, escueto, y diabólico, entre los coruscantes efluvios que ellas mismas vomitaban, rojos, anaranjados, sanguinolentos. El cielo pesaba sobre el cuadro, como una techumbre cóncava, deslustrada, de color de ladrillo. Arriscadas montañas en círculo, cerrando el valle...» (I, 131).

«El tiempo había detenido también su andadura; si pisaba, era como si no pisase. Todos permanecían en una estática relación trágica: grupo escultórico de un paso de Semana Santa que perpetuase diferentes escorzos, inestables y patéticos» (IV, 748).

los nombres de mujer que comienzan por A. Entre otras razones, para producir el sonido de la A se abre de pleno la boca, porque A es una vocal admirativa, y dado que es cosa probada que los movimientos y actitudes musculares provocan ciertos estados de ánimo, como el hipnotismo ha demostrado, resulta que al pronunciar un nombre de mujer que empieza con A, involuntariamente propendemos a la admiración. Todo esto parecerá a usted extraordinario, ¿verdad, señor Pajares? En último término, puede que sea una de tantas tonterías como a uno se le ocurren» (I, 528).

386. S. GILI GAYA: *El ritmo de la lengua hablada y de la prosa literaria,* pp. 11 y 12.

387. S. Gili Gaya ya analizó este ritmo binario del español en su trabajo *Observaciones sobre el ritmo en la prosa española,* Madrid - Barcelona, Cuadernos de la Casa de la Cultura, III, 1938.

388. *Ob. cit.,* p. 15.

«Pues bien: hay un público de naturaleza paradójica, y por ende de existencia artificial, que no va al teatro ni a divertirse ni a formarse. Va a fallar, a juzgar, a decidir *ipso facto* la viabilidad industrial y artística de una obra nueva; es el público de los estrenos» (III, 441).

«Cada contemporaneidad clásica supera, pero no anula, a las precedentes. Las supera porque les añade un grado más de integración humana. Superación en extensión, que no en calidad. Lo clásico de cualquier época es siempre lo permanente y lo primerísimo en calidad; o sea, lo que otorga clase. Examinemos esas añadiduras de calidad en la sucesión de las contemporaneidades clásicas modernas. Durante la Edad Media, en que la sociedad y el pensamiento estaban rígidamente categorizados por escala jerárquica...» (IV, 1231).

Los dos primeros textos pertenecen al género novelesco, y los dos últimos al ensayo. Las sonoridades «brillantes» se observan en los cuatro ejemplos con intensidad, lo que ofrece un colorido luminoso a la prosa ayalina. También se advierte el juego de palabras llanas, ayudas y esdrújulas: «todos permanecían en una estática relación trágica»; y: «durante la Edad Media, en que la sociedad y el pensamiento estaban rígidamente categorizados por escala jerárquica...». Se trata de elementos que coadyuvan a la sonoridad y brillantez de la prosa ayalina.

Pero, junto con los juegos onomatopéyicos y la musicalidad que proporciona la alternancia de inflexiones ascendentes y descendentes de la voz en el interior de los enunciados, son las asonancias, y sobre todo los metricismos y el ritmo acentual, los que, desde la perspectiva melódica, llaman la atención con fuerza en la prosa ayalina.

Las asonancias, que con relativa frecuencia aparecen en Pérez de Ayala, aumentan el ya de por sí abundante juego de sonidos que se halla en su obra:

«Don Recaredo se despojó de la boina y recibió la lluvia en la testa y en la f*a*z, con una especie de alborozo veg*etal*» (II, 802).

«Orillando los costados de la bah*í*a, llegó el *brake* a lo más profundo de *ella*, y de allí partióse tierra adentro, cuesta arr*iba*, camino de Mur*iella*» (II, 954).

«A una parte del cam*i*no (8), arrancando de la linde (8), erízase la tierra (7), se crespa y contorsiona (7), cuanto más lejos (5) con renovado br*í*o (7)» (II, 950).

«Y la tristeza de sentir en torno el universo, y de sentirse cojo en medio de él, subía a oleadas por mi pecho» (I, 822).

«A nuestro lado está el Adriático (9), sumiso y cándido (5), blanco y opaco (5), como miga de pan (7), ahora que el cielo se ha nublado» (*Herman encadenado*, 103).

«Le hacían falta mansas caricias físicas, como al terruño yermo (7) el agua de llovizna (7)» (I, 532).

«La fachada de la vivienda doctoral estaba tapizada con una enredadera de campanillas azules, que tañían tácitamente en la brisa auroral, y en vez de sonido despedían perfume» (IV, 421).

«Tan corto plazo trastrueca (8) la apariencia de las cosas (8); remoza a una ciudad (7) y envejece a una moza (7)» (I, 823).

«Color que emanaba de dentro y no se reflejaba desde fuera, como los colores y matices de la tierra» (IV, 270).

«La primera cosa de don Jovino que acaparaba la atención, y lo que después continuaba acaparándola, era el vientre, como acontece con algunos ídolos búdicos, y también, como con tales ídolos acontece, cráneo, brazos y piernas parecían desarticulados del corpachón, o estaban articulados malamente y en sitios inadecuados o absurdos» (I, 623).

«Bajo el boscaje de las cejas retozaban los ojos, dos faunos mozos al cobijo de un laurel sombroso» (I, 6).

Los metricismos son muy abundantes en la prosa ayalina, y ya se han hecho notar en algunas partes de este trabajo. Pérez de Ayala, por poseer un estilo más recortado y analítico que, por ejemplo, Valera, Galdós o Blasco Ibáñez, se inclina a una proporción mayor de frases heptasilábicas:

«Y nunca te he besado (7), si no es con este fuego (7)» (II, 1137).

«El carruaje echó a rodar cuesta abajo, con alegre fanfarria (7, y «con —/——/—») de maderas y herrajes (7, y «de —/——/—»)» (II, 953).

«Una menuda luz rojiza hace signos cabalísticos, como rubí cortando (7) un vidrio opaco y negro (7)» (*Hermann encadenado*, 264).

«Sumidos en los limbos (7, y —/——/—) de cándida ignorancia (7, y —/——/—)» (I, 12).

Las unidades octosilábicas, que son las que predominan en español, son abundantes en Pérez de Ayala:

«No hay arroyo ni regajo (8), por breve y sutil que sea (8), sin su correspondiente nombre propio (11)» (II, 728)·

«La ondulada cabellera (8) de las tonadas errantes (8)» (IV, 733).

«Las golondrinas entraban (8) y salían sin cesar (8) por los abiertos balcones (8)» (II, 806).

«Dulcificado por la distancia, sonó un gran beso selvático (8) entre el canto de las aves (8)» (IV, 374).

«El campo se arrebozaba (8) en difusa luz de ensueño (8)» (I, 84).

«Conchona se arrodilló (8) a mascullar oraciones (8)» (IV, 421).

«Al hierro duro y rebelde (8), abrasado y rabioso (7), lo doblego y lo rindo (7), ¡tin, tan!, con mi martillo pesado (8), seguro y frío» (II, 1137).

También existe en la prosa ayalina una buena proporción de eneasílabos:

«La canción clara del arroyo (9) le acariciaba los oídos (9), y el olor de tanta rosa (8) le mantenía con los labios (9) y los dientes entreabiertos (8)» (I, 292).

«Las manchas claras de los niños (9), que en gran número se agolpaban (9) a ver a los soldados (7), eran como una floración (9), y sus gritos como un perfume (9)» (I, 416).

«Un manso e insinuante susurro (9, y —/——/——/—) que zumbaba en la iglesia (7) hízoles asomar (7) por el arco, maravillados y curiosos (9)» (I, 167).

«Dos vueltas justas y cabales (9) dio madame Levitón (7) sin hacer otra cosa (7) que exhibir su carnosidad (9) estrambótica» (I, 53).

Los endecasílabos son asimismo frecuentes:

«Estos luminares y bataneo (11) residen en el solar de las eras (11)» (II, 1117).

«Del ruido desacorde y formidable (11, y —/———/———/—) de hierros y maderas golpeadas (11, y —/———/———/—)» (I, 144).

«En lo más avanzado de la obra (11, y ——/——/——/—), se abombaba un montículo de tierra (11, y ——/——/——/—), un cabezo triangular (8), siempre con dos farolas a los lados (11)» (II, 757).

He aquí otras medidas:

«En el pardo oleaje (6) del rostro arrugado (6) vagaba una risa (6, y —/——/—, como en el miembro anterior)» (I, 923).

«Del lado frontero (6, y —/——/—) la sombra es morada (6) y —/——/—), casi negra, como hollejo de uva (6)» (II, 1116).

«Los revolucionarios franceses, intolerantes y paladines (9) de la tolerancia (6) y despóticos defensores (9) de la libertad (6)» (*ABC*, 13-VIII-1952).

«En las márgenes (4), los prados verde veronés (9) se alborozan (4) en la viveza de su tono (9)» (II, 871).

«Parecía un frasquito de tinta (10) con corcho de botella de litro (10)» (IV, 632).

«En los uniformes palatinos (10), académicos y diplomáticos (10, y ——/—— y ——/——), perdura todavía el espadín (11), como el ombligo en el cuerpo humano (10)» (*ABC*, 14-VIII-1953)·

«Durante la comida (7), con cierto disimulo y como al desgaire (12), había estado contemplando a Rosina (12)» (I, 122).

«Las *quebradas y laderas de los montes* (12, y —/——/——/—), los hayedos, olmedos y alamedas (12)» (II, 728).

«Promediando la suave curva de la concha (13) hay una espaciosa playa de fina arena (13)» (II, 952).

«Sus ojos se elevaban involuntariamente (14) hacia la cima de los grandes álamos negros (14)» (I, 292).

Puede suceder que un escritor, no conforme con la regularidad entre las frases, busque una más particular regularidad dentro de cada frase, en el sucederse de los acentos [389]. Esta voluntad rítmica acentual había sido un rasgo característico del Modernismo literario, y es un rasgo importante en la estructura melódica de la prosa ayalina, sobre todo en la primera época.

389. Luis ALONSO SCHÖKEL: *Ob. cit.*, p. 75.

Ya se ha hecho notar en páginas anteriores la importancia del ritmo acentual, cómo acompaña con frecuencia a los metricismos y a los juegos onomatopéyicos. De esta manera, sonoridad, musicalidad y ritmo acentual forman la figura melódica de la prosa ayalina. Obsérvese este ejemplo:

«No lejos de la vía (7) desplegábase una especie (8) de infernal decoración (8) (—/———/———/———/———/———/)» (I, 131).

Comienza con ritmo anfibráquico y termina con ritmo anapéstico. En la prosa ayalina lo más frecuente es el ritmo de base anfibráquica, y son también abundantes los grupos silábicos cuaternarios. No son raros los eneasílabos con el siguiente ritmo: —/———/———/—:

«Cantando una copla de burlas» (II, 802).

«Color de cangrejo cocido» (II, 1112).

«La llana morena y redonda» (II, 1116).

«Poblado de rosas carnales» (II, 869).

«Desierto contrahecho y fingido» (I, 204).

«Torrente impetuoso y loquesco» (I, 110).

«Camuesas del último otoño» (II, 1120).

«Rebaños de cabras poblaban (9) los oteros vecinos» (I, 163)·

Tampoco son infrecuentes los endecasílabos con ritmo: —/———/———/—:

«Los prados guarnecidos de laureles» (II, 952).

«Oíase el silencio estremecido» (IV, 421).

«Los nobles animales se engrifaban» (II, 954).

«Tenían las palabras del romero (—/———/———/—) un algo de misterioso y lejano (11)» (II, 881).

El ritmo acentual es muy intenso en los primeros escritos ayalinos, y decae un poco en la segunda fase estilística, menos descriptiva y más analítica. He aquí otros casos de ritmo acentual:

«El sol brillaba a trechos» (—/—/—/—)» (II, 955).

«Arremangó las mangas de la guerrera y los puños de la camisa» (arremangó —/———/— y —/———/—)» (I, 902).

«La lumbrarada, apasionada y devoradora (———/—, ———/— y ———/—)» (IV, 732).

«Fabricante de achicoria y confitero (——/— de ——/ y ——/—)» (IV, 47).

«Serpientes adormiladas y perezosas (—/———/———/—)» (I, 207).

«Pinceles de pluma de cisne mojados (—/——/——/—/—)» (IV, 648).

«Aguda inteligencia retozaba en sus ojuelos (—/———/———/——/—)» (I, 923).

Las estructuras rítmico-sintácticas y rítmico-melódica, con sus respectivos ingredientes en mutua interdependencia, funcionan simultáneamente en los textos literarios constituyendo una unidad con doble vertiente: sintáctica y melódica o acústica. El ritmo que un escritor determinado logra con estos elementos proporciona a su prosa una parte de lo que se denomina arte literario. Como dice Pérez de Ayala, «no se trata de escribir mucho, sino que se debe escribir lo mejor posible» (*ABC*, 15-VI-1952), ya que «lo que separa, en bellas artes, al artista del vulgo es la posesión de la técnica. En literatura es la posesión del estilo. Un escritor es un artista del lenguaje» (IV, 1040).

Pero el ritmo lingüístico no lo es todo en la obra literaria. Las estructuras sintáctica y melódica están insertas en unidades superiores dentro de la construcción general, arquitectónica e ideológica (la estructura del relato literario), de la obra literaria; y la obra literaria constituye un fenómeno social. Por todo ello, la forma únicamente no basta:

«Los artistas, como profesionales, caen, harto frecuentemente, en el vicio de juzgar las obras de arte por la factura, figurándose que la factura es todo el arte, cuando no es sino un elemento, supeditado al contenido, pues por sí nada vale. Ocurre que se encomia de artística una obra a causa de su factura. Pero si carece de contenido, que es por donde el arte se inserta en la naturaleza, o su contenido repugna a la naturaleza humana, esta obra, aun cuando algunos profesionales la tengan en estima, a causa de la habilidad o novedad de su factura, no es una obra de arte. Y así la inmoralidad deliberada se erige como impedimento de la excelencia artística» (III, 225 y 226).

Las imágenes, comparaciones, metáforas, alegorías y símbolos realizan también su juego en la obra a través del lenguaje, partiendo de la afectividad, pensamiento y voluntad creadores, e insertándose en las estructuras sintáctica y melódica de la prosa, que constituyen los cauces inevitables de realización concreta.

BIBLIOGRAFIA

AGUSTÍN, Francisco: *Ramón Pérez de Ayala. Su vida y obras*, Madrid, 1927.

ALCALÁ VENCESLADA, A.: *Vocabulario andaluz*, Madrid, RAE, 1951.

ALEMANY BOLUFER, J.: *Tratado de la formación de las palabras en la lengua castellana*, Madrid, Victoriano Suárez, 1920.

ALFARO, Ricardo J.: *Diccionario de anglicismos*, Madrid, Gredos, 2.ª ed., 1970.

ALONSO, Amado: *Poesía y estilo en Pablo Neruda*, Buenos Aires, Editorial Sudamericana, 2.ª ed., 1951.

— *Materia y forma en poesía*, Madrid, Gredos, 3.ª ed., 1969.

— «Noción, emoción, acción y fantasía en los diminutivos», en *Estudios lingüísticos (temas españoles)*, Madrid, Gredos, 3.ª ed., 1967, 161-189.

ALONSO, Dámaso: *La lengua poética de Góngora*, Madrid, Anejo de la RFE, 1935.

— D. ALONSO y C. BOUSOÑO: *Seis calas en la expresión literaria española*, Madrid, Gredos, 4.ª ed., 1970.

ALONSO SCHÖKEL, Luis: *Estética y estilística del ritmo poético*, Barcelona, col. Estría, Juan Flors editor, 1959.

ALVAR, M. (y S. MARINER): «Latinismos», *ELH*, II, Madrid, CSIC, 1967.

AMORÓS, Andrés: *La novela intelectual de Ramón Pérez de Ayala*, Madrid, Gredos, 1972.

AUB, Max: *Discurso de la novela española contemporánea*, México, El Colegio de México, 1945 (Jornadas, n. 50).

BÁEZ SAN JOSÉ, V.: *La estilística de Dámaso Alonso*, Sevilla, Facultad de Filosofía y Letras, 1972.

BALLENGER, S. T.: «Bound suffixes in Spanish; a frequency count», *Hisp. Calp.*, 1955, XXXVIII, 282-284.

BALLY, Ch.: *Linguistique générale et linguistique française*, 4èm. Éditions Francke Berne, 1965.

BAQUERO GOYANES, M.: «Dualidades y contrastes en Ramón Pérez de Ayala», *Archivum*, XII, 1962, 554-578.

— «Contraste y perspectivismo en Ramón Pérez de Ayala», en *Perspectivismo y contraste (de Cadalso a Pérez de Ayala)*, Madrid, Gredos, 1963.

BARALT, Rafael M.: *Diccionario de galicismos*, Madrid - Caracas, 2.ª ed., 1890.

BEINHAUER, W.: *Spanischer Sprachhumor*, Bonn und Köln, Ludwig Rörscheid Verlag, 1932.

— *El español coloquial*, Madrid, Gredos, 2.ª ed., 1968.

— «Algunos rasgos evolutivos del andaluz y el lenguaje vulgar», *HDA*, I, 1960, 225-236.

— «Dos tendencias antagónicas en el lenguaje coloquial», en *Español Actual*, n. 6, Madrid, 1964.

BENÍTEZ CLAROS, R.: «Problemas del cultismo», en *Estudios dedicados a Menéndez Pidal*, t. VII, vol. I, Madrid, 1957.

— «Clasificación de los cultismos», *Archivum*, IX, 1959, 216-227.

— «Sobre los períodos cultos», *Archivum*, X, 1960, 398-404.

BESSES, Luis: *Diccionario de argot español*, Barcelona, Sucesores de Manuel Soler Editores, sin fecha.

BIAGGI, Z. (y F. SÁNCHEZ ESCRIBANO): «Manifestación moderna y nueva de la apócope en algunas voces», *HR*, V, 1937, 52-59.

BLÁNQUEZ, A.: *Diccionario latino-español*, Barcelona, Edit. Ramón Sopena, 1967.

BOUZET, J.: «Orígenes del empleo de *estar*», en *EMP*, IV, 37-59.

BURNELL, A.: «Spanish and Portuguese '-ez', '-es', *Academy*, London, 1882, XXI, 233 y ss.

BUSTOS TOVAR, E. de: «Algunas observaciones sobre la palabra compuesta», *RFE*, XLIX, 1966, 255-274.

BUSTOS TOVAR, J. J. de: *Contribución al estudio del cultismo léxico medieval*, Madrid, Anejo XXVIII del BRAE, 1974.

CABALLERO, R.: *Diccionario de modismos (Frases y metáforas)*, Madrid, 1905.

CANGE: *Glossarium mediae et infimae latinitatis*, Graz-Austria, 1954.

CASARES, J.: *Divertimentos filológicos. Crítica efímera*, I, Madrid, Espasa Calpe S.A., 1947.

— *Introducción a la lexicografía moderna*, Madrid, C.S.I.C., 1950.

— *Cosas del lenguaje*, Madrid, Espasa Calpe, Austral, 1961.

— *Crítica efímera*, Madrid, Espasa Calpe, Austral, 1962.

— *Crítica profana*, Madrid, Espasa Calpe, Austral, 3.ª ed., 1964.

CASTRO, A.: «Caracteres de los cultismos», en *Glosarios latino-españoles de la Edad Media*, 1936.

CAVIA, Mariano de: *Limpia y fija*, Madrid, Renacimiento, 1922.

CEJADOR Y FRAUCA, J.: *Vocabulario medieval castellano*, New York, Las Américas Publishing Co., 1968.

CIENFUEGOS, Sebastián: «Le roman en Espagne», en la revista *Europa*, Paris, enero-febrero, 1958.

CIROT, G.: «*Ser* et *estar* avec un participe passé», *Mélanges de Phil. offerts à F. Brunot*, Paris, 1904.

CLAVERÍA, Carlos: «Sobre el estudio del *argot* y del lenguaje popular», *RNE*, n. 12, 1941, 65-80.

— «Apostillas al lenguaje de Belarmino», en *Cinco estudios de literatura española moderna*, Salamanca, 1945.

— *Estudios sobre los gitanismos del español*, Madrid, RFE, Anejo LIII, 1951.

— «Studyng the language of the spanish gypsies and its impact upon spanish colloquial speech and literature», en *Year Book of the Amer. Philos. Sec.*, 1952, 276 y ss.

— «Nuevas notas sobre los gitanismos del español», *BRAE*, XXXIII, 1953, 73-94.

— «Argot», en *ELH*, II, Madrid, C.S.I.C., 1967, 349-363.

CONCHA, Víctor G. de la: *Los senderos poéticos de Ramón Pérez de Ayala*, Archivum, tomo XX, 1970, Universidad de Oviedo, 1971.

COROMINAS, J.: *Breve Diccionario Etimológico de la Lengua Española*, Madrid, Gredos, 2.ª ed., 1967.

CORREAS, Gonzalo: *Vocabulario de refranes...*, Madrid, 1924.

COSERIU, E.: «Discussion» (sobre «Los diminutivos en español»), en *Actes du Xe Congrès International de Linguistique et Philologie Romanes*, Strasbourg, 1962, I, Paris, 1965, p. 147 y ss.

CUERVO, R. J.: *Diccionario de construcción y régimen de la lengua castellana*, 2 vols., Bogotá, Instituto Caro y Cuervo. 1954.

Díaz Plaja, Guillermo: *El estudio de la literatura. Los métodos históricos*, Barcelona, Sayma, Ediciones y Publicaciones, 1963.
Dijk, Teun A. Van: *Some Aspects of Text Grammars*, The Hague, Mouton, 1972.

Fernández Avelló, M.: «Ramón Pérez de Ayala y el periodismo», *I.D.E.A.*, XV, 1961.
Fernández, Casimiro E.: *En torno a la obra de Ramón Pérez de Ayala*, Salamanca, Tesis Doctoral, 1966.
Fernández Galiano, M.: *La transcripción castellana de los nombres propios griegos*, Madrid, 1961.
— «Helenismos», *ELH*, II, cit.
Fernández Gómez, C.: *Vocabulario de Cervantes*, Madrid, RAE, 1962.
— *Vocabulario completo de Lope de Vega*, 3 vols., Madrid, RAE, 1971.
Fernández, Pelayo H.: *Ramón Pérez de Ayala. Tres novelas analizadas*, Gijón, Distribuciones «Yepes», 1972.
Fernández Ramírez, S.: «A propósito de los diminutivos españoles», en *Strenae*, en homenaje a M. García Blanco, Salamanca, Acta Salmanticensia, 1962, pp. 185-192.
— «Para la futura Gramática», *BRAE*, XLIV, 1964, 431-448.
Flórez, Luis: «Apuntes sobre el español en Madrid, año de 1965», *BACol.*, XVI, 1966, 363-372.
Franquelo y Romero, R.: *Frases impropias, barbarismos, solecismos y extranjerismos*, Málaga, 1910.

Galli de'Paratesi, Nora: *Semantica dell'eufemismo e la represione verbale, con esempi tratti dall'italiano contemporaneo*, Torino, 1964.
García Berrio, A. (y A. Vera Luján): *Fundamentos de teoría lingüística*, Málaga, Comunicación, 1977.
García Blanco, M.: «Algunos elementos populares en el teatro de Tirse de Molina», *BRAE*, XXIX, 1949.
García de Diego, V.: *Diccionario de voces naturales*, Madrid, Aguilar, 1968.
Gauger, Hans-Martin: *Untersuchungen zur spanischen und französischen Wortbildung*, Heidelberg, Karl Winter Universitätsverlag, 1971.
Gili Gaya, S.: *Observaciones sobre el ritmo en la prosa española*, Madrid - Barcelona, Cuadernos de la Casa de la Cultura, III, 1938.
— *El ritmo de la lengua hablada y de la prosa literaria*, Madrid, Escuela Central de Idiomas, 1962.
Gómez de la Serna, G.: «Un estudio sobre la literatura social de Ignacio Aldecoa», en *Ensayos sobre literatura social*, Madrid, Guadarrama, 1971.
González Ollé, F.: *Los sufijos diminutivos en el castellano medieval*, Madrid, RAE, 1962.
Gooch, Antony: *Diminutive, Augmentative and Pejorative Suffixes in Modern Spanish*, Oxford, 1967.
Grey, L. H.: «L'origine de la terminaison hispano-portugaise '-ez'», *BSL*, Paris, 1935, XXXVI, 163-166.

Hasselrot, B.: *Études sur la formation diminutive dans les langues romanes*, Uppsala, 1957.
Hill, John M.: *Voces germanescas*, Indiana University Publications, 1949.
Huarte Morton, F.: «El ideario lingüístico de Miguel de Unamuno», en *CCMU*, V, 1954.
Huarte Tejada, Félix: *Vocabulario de las obras de Don Juan Manuel*, Madrid, Separata del BRAE, 1956.

Jakobson, Roman: *Ensayos de lingüística general*, Barcelona, Seix Barral, 1975.

Kany, Charles E.: *American-Spanish Euphemisms*, Berkeley - Los Angeles, 1960.

KENISTON, Hayward: *The Syntax of Castilian Prose. The sixteenth Century*, The University of Chicago Press, 1936.

LAPESA, Rafael: *Introducción a los estudios literarios*, Salamanca, Anaya, 1964.
— «La lengua desde hace cuarenta años», *ROcc.*, I, 8-9, 1963.

LÁZARO CARRETR, F.: *Diccionario de términos filológicos*, Madrid, Gredos, 3.ª ed., 1968.
— «¿Consonantes antihiáticas en español?», en *Homenaje a Antonio Tovar*, Madrid, Gredos, 1972.
— «Función poética y verso libre», en *Homenaje a Francisco Ynduráin*, Zaragoza, Facultad de Filosofía y Letras, 1972, pp. 201-216 (artículo incluido en *Estudios de poética*, pp. 51-62).
— «Consideraciones sobre la lengua literaria», en *Doce ensayos sobre el lenguaje*, Madrid, Publicaciones de la Fundación Juan March, Rioduero, 1974, pp. 35-48.
— *Estudios de poética*, Madrid, Taurus Ediciones, 1976.

LEVIN, Samuel R.: *Estructuras lingüísticas en la poesía*, Madrid, Cátedra, 1974. Presentación y apéndice de Fernando Lázaro Carreter.

LÓPEZ ESTRADA, F.: «Notas del habla de Madrid», *CLC*, VII, 1943.

MACRÍ, Oreste: «Alcune aggiunte al dizionario di Corominas», *RFE*, XL, 1956, pp. 127-170.

MALKIEL, Yakov: *The Hispanic Suffix '-iego'; a morfological and lexical study basea on historical and dialectal sources*, Berkeley, Los Angeles, 1951.
— «The *amulatado* Type in Spanish», *RR*, XXXII, 1941, 278-295.
— «Some contrast betwenn verbal derivations in Spanish and Portuguese», Univ. of Wyoming Publ., 1942, IX, 53-67.
— «Los interfijos hispánicos. Problemas de lingüística histórica y estructural», en *Estructuralismo e historia. Miscelánea Homenaje a André Martinet*, Universidad de La Laguna, II, 1958, 106-199.

MARCOS PÉREZ, P. J.: *Los anglicismos en el ámbito periodístico*, Valladolid, 1971.

MAROUZEAU, J.: «Deux aspects de la langue vulgaire: langue expresive et langue banale», *BSL*, XXVIII, Paris, 1929, 63-68.

MARTÍNEZ CELDRÁN, E.: *Sufijos nominalizadores del español*, Ediciones de la Universidad de Barcelona, 1975.

MARTÍNEZ OTERO, R.: «Cultismos», *Archivum*, IX, 1959.

MARTÍNEZ KEISER, Luis: *Refranero general ideológico español*, Madrid, RAE, 1953.

MAYER-LÜBKE, W.: «Métodos para determinar los cultismos», en *Introducción a la lingüística románica*, Madrid, Anejos de la RFE, 1926 (traducción de A. Castro, 2.ª ed.).

MENÉNDEZ PIDAL, R.: *Cantar de Mio Cid. Texto, gramática y vocabulario*, I, 4.ª ed., Madrid, Esp. Calp., 1964.
— *El Padre Las Casas y Vitoria*, Madrid, Esp. Calp., 1966.
— *Manual de Gramática Histórica Española*, 13.ª ed., Madrid, Espasa Calpe, 1968.

MESCHONNIC, Henri: *Pour la poétique*, Paris, Gallimard, 1971.

MOLINER, María: *Diccionario de uso del español*, 2 vols., Madrid, Gredos, 1971.

MONGE, Félix: «Los diminutivos en español», en *Actes du Xe. congrès Inter. de Ling. et Fhil. Romanes*, cit. (vid. E. Coseriu en esta bibliografía), pp. 137-147.
— «Sufijos españoles para la designación de golpe», en *Homenaje a Francisco Ynduráin*, Zaragoza, Facultad de Filosofía y Letras, 1972.

MORREALE, Margherita: «Aspectos gramaticales y estilísticos del número», *BRAE*, LI, enero-abril, 1971.

MOZOS, Santiago de los: *Estudio del gerundio español*, Salamanca, Acta Salmanticensia, 1973.

MUNTHE, A. W. von: «Observations sur les composés espagnols du type *aliabierto*», en *Recueil de mémoires présentés à Gaston Paris*, Paris, 1889, pp. 31-56.

Muñoz Cortés, M.: *El español vulgar*, Madrid, Ministerio de Educación Nacional, 1958.

Murphy, S. L.: «A Description of Noun Suffixes in Colloquial Spanish», en *Descriptive Studies in Spanish Grammar*, ed. por H. R. Kahane y A. Pietrangeli, Urbana, The University of Illinois Press, 1954, pp. 1-48.

Náñez Fernández, E.: *El diminutivo. Historia y funciones en el español clásico y moderno*, Madrid, Gredos, 1973.

Navarro Tomás, T.: *Manual de pronunciación española*, 16.ª ed., Madrid, C.S.I.C., 1971.

— *Métrica española*, Madrid, Ediciones Guadarrama, 1972.

— «Vulgarismos en el habla madrileña», *Hisp.L.*, 1967, pp. 543-545.

Nora, Eugenio G. de: *La novela española contemporánea*, I, Madrid, Gredos, 1958.

Paraíso de Leal, Isabel: *Teoría del ritmo de la prosa*, Barcelona, Planeta, 1976.

Parent, Monique: *Francis Jammes. Étude de langue et style*, Publications de la faculté de Lettres de l'université de Strasbourg, fasc. CXXXI, Paris (VIe.): «Les Belles Lettres», 1957.

Pastor y Molina, R.: «Vocabulario de madrileñismos», *RH*, 18, 1908.

Pemán, J. M.: «Necrología de D. Ramón Pérez de Ayala», *BRAE*, XLII, 1962.

Pérez de Ayala, R.: *Ante Azorín*, Madrid, Biblioteca Nueva, 1964 (edición ordenada y prologada por J. García Mercadal).

— *Tinieblas en las cumbres*, Madrid, Clásicos Castalia, 1971 (edición a cargo de Andrés Amorós).

— *Belarmino y Apolonio*, Madrid, Ediciones Cátedra, 1976 (edición a cargo de Andrés Amorós).

Pérez Minik, D.: *Novelistas españoles de los siglos XIX y XX*, Madrid, Guadarrama, 1957.

Pottier, B.: *Introduction à l'étude linguistique de l'espagnol*, Paris, Ediciones Hispanoamericanas, 1972.

Quilis, Antonio: «Notas para el estudio del habla de Madrid y su provincia», *AIEM*, I, 1966, 363-372.

Ramos Yeves, J. M.: *Elementos griegos y latinos que entran en la composición de numerosos tecnicismos españoles, franceses e ingleses*, Madrid, 1929.

Real Academia Española: *Esbozo de una Nueva Gramática de la Lengua Española*, Madrid, Espasa Calpe, 1973.

Reinink, K. W.: *Algunos aspectos literarios y lingüísticos de la obra de Ramón Pérez de Ayala*, El Haya / HAIA, Publicaciones del Instituto de Estudios Hispánicos, Portugueses e Iberoamericanos de la Universidad Estatal de Utrecht (Holanda), 1959.

Riffaterre, Michael: *Ensayos de estilística estructural*, Barcelona, Seix Barral, 1976.

Rodríguez Castellano, L.: *Contribución al vocabulario del bable occidental*, Oviedo, Instituto de Estudios Asturianos, 1957.

Rodríguez Herrera, E.: *Observaciones acerca del género de los nombres*, 2 vols., La Habana, Editorial Lex, 1947.

Rodríguez Marín, F.: *Más de 21.000 refranes castellanos*, Madrid, 1926.

Roldán, A.: «Notas para el estudio del sustantivo», en *Problemas y principios del estructuralismo lingüístico*, Madrid, C.S.I.C., 1967.

Romeu, P.: «L'humour transcendental d'un intellectuel», en «Les divers aspects de l'humour dans le roman espagnol moderne», III, *BHi.*, XLIX, 1947, 47-87.

Rosenblat, A.: *Buenas y malas palabras*, 4 vols., Caracas - Madrid, Editorial Mediterráneo, 1969.

— «Notas de morfología dialectal», en A. M. Espinosa: *Estudios sobre el español de Nuevo Méjico*, Parte II, Buenos Aires, 1946, BDH II, 238-241.

— «Cultismos masculinos con '-a' antietimológica», *Fil.*, V, 1959, 35-46.
RUIZ MORCUENDE, F.: «Algunas notas del lenguaje popular madrileño», *HMP*, II, 1924, 205-212.
— «Sicalíptico y sicalipsis», *RFE*, VI, 1919, p. 394.
RUWET, N.: «Lingüística y poética», en *Los lenguajes críticos y las ciencias del hombre*, Barcelona, Barral Editores, 1972, pp. 319-335.

SALOMONSKI, Eva: *Funciones formativas del prefijo 'a-' estudiadas en el castellano antiguo*, Zürich, Tesis Doctoral, 1944.
SALVADOR, Gregorio: «La fonética andaluza y su propagación social y geográfica», en *Presente y futuro de la lengua española*, II, Madrid, 1964, pp. 183-188.
SARALEGUI Y MEDINA, M. de: *Escarceos filológicos*, IV, Madrid, Espasa Calpe, 1928.
SCHMIDT, Siegfried J.: *Teoría del texto*, Madrid, Cátedra, 1977.
SECO, Manuel: *Arniches y el habla de Madrid*, Madrid - Barcelona, Alfaguara, 1970.
SEGOVIA, A. M.: «Neologismo y arcaísmo», *BRAE*, I, 1914.
SELVA, J. B.: «Lozanía del habla; el sufijo '-dor'», *CInt.*, 1915, nn. 40 y 41.
SENABRE, R.: *Lengua y estilo de Ortega y Gasset*, Salamanca, Acta Salmanticensia, 1964.
— La lengua de Eugenio Noel», en *Romanistisches Jahrbuch*, XX, Berlin, BAND, 1966.
— «Creación y deformación en la lengua de Arniches», *Segismundo*, n. 4, Madrid, 1967.
— «El eufemismo como fenómeno lingüístico», *BRAE*, LI, 1971.
SMITH, C. C.: «Los cultismos literarios del Renacimiento, breve adición al Diccionario crítico-etimológico de Corominas», en *BHi.*, LXI, 1959, 236-272.
SOBEJANO, Gonzalo: *El epíteto en la lírica española*, Madrid, Gredos, 1956.
SPAULDING, Robert K.: *How Spanish grow*, Los Angeles, Univ. of California Press, 2.ª ed., 1948.
SUÁREZ SOLÍS, Sara: *El léxico de Camilo José Cela*, Madrid - Barcelona, Alfaguara, 1969.
— *Análisis de «Belarmino y Apolonio»*, Oviedo, Instituto de Estudios Asturianos, 1974.

TCHEKHOFF, Claude: «Les formations savantes gréco-latines en français, anglais, italien, espagnol, allemand et russe. Norme et déviations récentes», *Linguistique*, 7, 1971.
TOBAR, Carlos R.: *Consultas al diccionario de la lengua*, Barcelona, 3.ª ed., 1911.
TODOROV, Tzvetan: «Les études du style», *Poétique*, 2, 1970.
TOGEBY, Knud: «Los diminutivos en las lenguas románicas de la Edad Media», en *Studia Neophilologica*, XXX, 1953.
TORNER, Eduardo M.: *Ensayos sobre estilística literaria española*, Oxford, The Delphin Book Co. L.T.D., 1953.
TORO Y GISBERT, M. de: «Voces andaluzas (o usadas por autores andaluces) que faltan en el Diccionario de la Real Academia Española», *RHi.*, XLIX, 1920, pp. 313-347.
TORRE, Guillermo de: «Un arcaizante moderno: Ramón Pérez de Ayala», en *La difícil universalidad española*, Madrid, Gredos, 1965.
TRINIDAD, Francisco: *Arniches. Un estudio del habla popular madrileña*, Madrid, Editorial Góngora, 1969.
— TRUJILLO, Ramón: «El lenguaje de la técnica», en *Doce ensayos sobre el lenguaje*, Madrid, Rioduero, 1974, pp. 197-211.

URRUTIA CÁRDENAS, H.: «Aproximaciones metodológicas en el estudio de la formación de palabras», *Español Actual*, 20 diciembre 1971.
— *Lengua y discurso en la creación léxica*, Madrid, CUPSA Editorial, 1978.

URRUTIA, Norma: *De Troteras a Tigre Juan. Dos grandes temas de Ramón Pérez de Ayala*, Madrid, Insula, 1960.

VERA LUJÁN, A.: *Fundamentos de teoría lingüística* (vid. A. García Berrio en esta bibliografía).

WAGNER, M. L.: *Notes linguistiques sur l'argot barcelonais*, Barcelona, 1924.
— «Zum spanisch-portuguiesischen Suffix '-al'», *VKR*, 1930, III, 87-92.
— «A propósito de algunas palabras gitano-españolas», *FIL.*, III, 1951, 161-180.
— «Sobre algunas palabras gitano-españolas y otras jergales», *RFE*, XXV, 1941, 161-181.
— «Ibero-romanische Suffixstudien», *ZRPh.*, LXIV, 1944, 321-363.
WUEST, Anne: «The spanish suffix '-udo'», *PMLA*, 1948, LXIII, 1283-1293.

YNDURÁIN, F.: «Sobre el lenguaje coloquial», *Español Actual*, 3, Madrid, 1964.
— «Sobre *madrileñismos*», en *Filología Moderna*, 27 y 28, abril-agosto 1967.
— «Para una función lúdica en el lenguaje», en *Doce ensayos sobre el lenguaje*, Madrid, Rioduero, 1974, pp. 215-227.

ZAMORA VICENTE, A.: *Las Sonatas de Valle Inclán*, Madrid, Gredos, 2.ª ed., 1969.
— *Dialectología española*, Madrid, Gredos, 2.ª ed., 1970.
— «Una mirada al hablar madrileño», en *Lengua, literatura, intimidad*, Madrid, 1966, pp. 63-73.
ZULOAGA, Alberto: «La función del diminutivo en español», en *Thesaurus*, BICC, t. XXV, 1970.

INDICE DE PALABRAS

ALGUNAS LOCUCIONES Y REFRANES

INDICE GENERAL